劉禹錫傳

孙琴安◎著

上海社会科学院出版社
SHANGHAI ACADEMY OF SOCIAL SCIENCES PRESS

目录

前　言

对于唐代诗人刘禹锡，我一直怀有一种特殊的感情。

少年时代曾读过他的《竹枝词》《乌衣巷》，也能背诵一些他的名诗，但对他的生平事迹，却一无所知。

后来进大学读研究生，专攻唐诗，指导教师万云骏是吴梅的弟子，精于诗赋、词曲，指定我们重点读两部书，一部是《史记》，一部便是《刘禹锡集》。自此，我对刘禹锡的生平事迹、文学作品和成就地位，才算是有了比较系统的了解与认识。毕业论文《试论刘禹锡在唐诗中的地位》在《文艺论丛》发表以后，三十多年来，我对刘禹锡的研究一直没有停止过，先后又发表了《刘禹锡〈竹枝词〉的音调、形式、内容和影响》《杜甫与刘禹锡》《刘禹锡著作考评》《刘禹锡诗中的哲理》《刘禹锡的七律》《刘禹锡的五律》等一系列论文，共约二十篇。与此同时，我还从各种古籍文献中广泛搜集有关刘禹锡的资料，共积累了四十余万字。

在对刘禹锡资料的搜集和研究过程中，我对他的个性和为人似乎有了更多的了解。说心里话，同样是唐代的著名诗人，我喜欢李白、杜甫、白居易、韩愈、杜牧更甚于刘禹锡。这倒并不是我的性格与他很不相同，最主要的原因是，他太傲，容易得罪人，有时还太偏执，不像白居易那样随和，善于处理人际关系，同时又不失正直。他仅凭自己的才学赢得了在朝中和文人圈子里的地位，个性与柳宗元相近，但恐怕还要犟一些。《旧唐书·刘禹锡传》说他“既任喜怒凌人，京师人士不敢指其名”，又说他“恃才褊心”，这都是指他恃才任性、疾恶如仇和盛气凌人的一面而言的。

不过，说刘禹锡“恃才”，也没冤枉他，因为他性格中的确有恃才自傲的地方；但说他“褊心”，却似乎有点冤枉了他，因为他毕竟与弹劾过他的政敌窦群重归于好，晚年又与白居易诗词唱和，趣味相投，如果他心胸狭隘，就很难做到这些，也很难与白居易如此交好。

也许正是由于他这种倔强固执、不轻易服输的诗人个性，才使他一生“久落魄”，长期贬谪为外官，被朝廷抛掷于巴山楚水、南蛮荒凉之地达二十三年之久。

金无足赤，人无完人。刘禹锡的性格上尽管存在着一些不足之处，但他身上也有一些优秀的闪光点长久地吸引着我：他的正直，对事业的执着，对真理的追求，对朋友的忠贞和真诚，对父母的孝敬，对家庭的责任，对国事的关心和对人民的深切同情，为官的清廉，达观有为的人生态度，还有他那灿烂的才华，渊博的学识，俊逸的诗句和典丽的文章……

平心而论，他的《竹枝词》清新活泼，含思宛转，在唐代真可以说是独步一时的，而他那些著名的怀古律绝，声调苍凉，寄慨深沉，也足以堪称绝唱……

也正因为这些原因，三十余年来，我一边研究刘禹锡，一边也对他始终怀着一种非常矛盾而复杂的心态：一方面，我钦佩他的才华，佩服他的骨气和正直；另一方面，我又为他的自傲偏执、疾恶如仇所造成的曲折人生而深感惋惜，对他的怀才不遇深表同情。在他身上，我始终有一种历史的感慨和遗憾，或者说，是对历史的一种感慨和遗憾。这种遗憾一部分是由历史所造成的，一部分也可以说是由刘禹锡的个人性格造成的。

然而，不管刘禹锡的个人性格如何，与自己的性格同或不同，喜欢他或不喜欢他，作为一个历史人物，作为唐代一位有影响有成就的著名诗人、散文家和哲学家，刘禹锡仍是有一定的研究价值的。就我本人来说，从读研究生起就开始研究他的作品，一直延续至今，这就注定了我与他的缘分。从某种意义上来说，研究刘禹锡已成为我生命的一部分。

正因为如此，长期以来，我一直想写一部刘禹锡传。但究竟如何写，却始终翻来覆去把握不定。最初总想恢复历史的原貌，写出一个完整、客观、真实的刘禹锡，但随着阅历和对历史的理解加深，感到这几乎是不可能的；时下十分流行的“戏说”，添油加醋，凭空臆造，对此我也实在不敢恭维。在写人物传记方面，我比较欣赏法国传记大师莫洛亚的作品，也曾留心过他的一些笔法和处理方式。他是学历史出身，写过许多历史著作，懂得尊重历史，但他写的多半都是近现代人物，我写徐志摩传尚可参照，但刘禹锡毕竟是一千多年前的历史人物，年久代遥，整个社会生活背景和文化环境与我们今天完全不同，很难把握，更不能以我们今人的生活观念去随意推测，否则稍不留神，就会出洋相，闹笑话。

思前想后，权衡再三，我决定还是采用一种尊重历史的态度，以文学的语言来写出刘禹锡一生的主要活动。所谓尊重历史，就是在现有各种历史文献记载的基础上，加以慎重的考察梳理，尽可能如实地再现刘禹锡及其所生活的时代，绝不无中生有，胡编乱造；所谓以文学的语言，就是注意到文字的生动性和可读性，但绝不乱加发挥，离谱走神。不切实际地任意褒扬或贬抑一个人，都是对历史不负责任的一种表现，也会降低一本书的价值。

想写刘禹锡传，是我久许的夙愿，也一直视为自己此生定要完成的一个任务。书成之后，曾先后得到马祝恺、杨秀丽二位女士的鼓励及洪本健、陈如江二位专家的支持，并获得上海文化发展基金会的资助。在此，谨向马祝恺、杨秀丽、洪本健、陈如江、吴兴海，以及使我获得基金资助的所有工作者表示衷心的感谢！

书中如有错漏和不当之处，欢迎各方批评指正。

孙琴安

2015 年 10 月 30 日于上海社会科学院文学所

第一章

成长之路

第一节　难忘的江南

一　动荡的年代

唐玄宗天宝十四年十一月，也就是公元 755 年冬天，范阳(今北京东面)城里阴风阵阵，寒气袭人，身任范阳、平卢、河东三镇节度使，同时又兼尚书左仆射的安禄山，自觉军政大权在握，时机成熟，突然纠集十五万兵马，号称二十万，谎称得唐玄宗密诏，进京讨伐杨国忠，浩浩荡荡杀奔西南。沿路郡县的官员或开门出迎，或弃城而逃，或被捉拿杀死……

一个月不到，安禄山的军队便以日行六十里的速度，攻到洛阳城下。洛阳城里人心惶惶，只要有办法的，不论是朝廷命官还是普通百姓，都四散奔逃，各自谋生。顷刻间，这座号称东都，在当时中国位列第二的大城市，立时陷入混乱之中。

这一片混乱局面使当时的一位官员格外焦虑，这官员便是曾做过洛阳主簿，后又升任殿中侍御史的刘锽。他本是北方匈奴族的后裔，北魏孝文帝时方改为刘姓。其祖先刘亮在北魏时任冀州刺史、散骑常侍。由于散骑常侍是常在皇帝左右规谏过失、以备顾问的官，所以公元493年魏孝文帝迁都洛阳时，刘亮也跟着来到洛阳，并在洛阳定居下来。以后，刘氏家族的坟墓，也都落葬在洛阳和荥阳的近郊。

刘锽的父亲叫刘凯，在唐朝建立后曾当过博州（今山东聊城）刺史。因此，这刘锽虽非名门望族出身，好歹也是个官宦人家。可他怎么也没想到，自从他的祖先定居洛阳，过了二百多年，正当唐王朝国势强大、如日中天的时候，安禄山会突然发动兵变，势如破竹，使洛阳城危在旦夕。

更使他伤脑筋的是，他的独生子刘绪，年正三十，在他的影响和教育下，刻苦攻读，正准备应进士考试，不说荣宗耀祖，至少也是家中的一件大事。如此一乱，岂不全成泡影？

刘锽思前想后，又与家人商量，觉得兵临城下，还是先躲避一下为好。至于刘绪的进士问题，等兵乱以后，总会有机会的。由于安禄山扬言奉密诏诛杀杨国忠，故西京长安一带必是兵火焚烧之地，难以安身，还不如暂往较为安稳的东南地区为好。于是，他就带着刘氏家族老老小小一大帮人，依依不舍地离开了定居多年而又埋葬着祖先的洛阳，慌慌张张、忙忙乱乱地往东南方向而去了。

就在刘氏家族开始流亡生活的时候，整个唐王朝的政局也发生了剧烈的震荡和变化。

同年十二月，安禄山攻陷洛阳。次年正月，安禄山在洛阳称帝，国号燕，年号圣武。六月，安禄山的军队攻陷潼关，唐玄宗与杨国忠、杨贵妃仓皇逃离长安，往蜀奔逃，途中将士将杨国忠杀死，安禄山的军队攻占长安。七月，太子李亨在灵武（今宁夏灵武南）即位，改元至德，是为唐肃宗。六年以后（762），唐肃宗去世，太子李豫即位，改元宝应，是为唐代宗。

也就在这几年里，叛军的首领也在屡屡变更：安禄山才做了一年皇帝，便被其子安庆绪杀死；安庆绪只做了两年皇帝，又被史思明杀死；史思明才过了两年皇帝瘾，又被他的独生子史朝义杀死……

所以，不论是李唐王朝还是安史叛军，都在走马灯似地易主换王。这正是杜甫所说的“烽火连三月，家书抵万金”的年代。

二　诗人出世

再说刘绪。随着父亲举家流寓东南，他虽然时时也为自己失去应试进士的机会而感到可惜，但一想到洛阳、长安相继沦陷，北方兵荒马乱，心里也就平衡多了，只怪自己生不逢时。他的妻子卢氏，本出身于范阳士族家庭，门第很高，这次遇上兵乱，也只得随着刘绪一起踏上坎坷的流寓生涯。

巧的是，卢氏家族中有一个名叫卢征的人，当时正在江南任职，在有名的理财大臣刘晏手下任从事。他见刘绪颇通儒学，文化修养很高，与自己又有些亲戚关系，便主动把他引荐给了刘晏。刘晏当时正任都畿、河南、淮南、江南、湖南、山南东道转运常平铸钱盐铁等使，十分注重有文化修养的读书人来勾检簿书，出纳钱谷，而卢征又在他手下工作多年，很得信任，听了他的介绍，马上就把刘绪介绍给了浙西观察使韦元甫。韦元甫就给了他一个浙西从事的职务。接着，刘晏又设法给他加了一个盐铁副使的职务，参与管理本地区的盐铁事务。

当时的浙西观察使管辖的地方很大，领有润（今江苏镇江）、苏（今江苏苏州）、常（今江苏常州）、杭（今浙江杭州）、湖（今浙江湖州）、睦（今浙江桐庐、建德、淳安等地区）、饶（今江西鄱江、信江两流域）、昇（今江苏南京）十州。正因为如此，朝廷十分重视此地，频频换人。韦元甫之后，大历三年（768），又调李栖筠来任浙西观察使，所以刘绪后来又在李栖筠手下干过一段时间的公务。

刘绪随家族在江南四处辗转，漂泊不定。数年之后，又来到嘉禾（今浙江嘉兴）。嘉禾当时与吴县、昆山、常熟、长洲、海盐一样，都属苏州管辖，可说是典型的鱼米之乡，物产富饶。据李翰《苏州嘉兴屯田纪绩颂序》载："嘉禾在全吴之壤最腴，故嘉禾一穰，江淮为之康；嘉禾一歉，江淮为之俭。"可见嘉禾在当时的富庶程度，似又在昆山、常熟之上。再说这里距浙西节度使的治所苏州又不远，刘绪经过比较和考虑，便决定把家安顿在嘉禾。

不知是什么原因，也许是难产，也许是生育后又中途夭折，刘绪和卢氏虽在安史之乱前便已结婚，却始终不曾有儿女绕膝，夫妻俩也颇感寂寞，直到大历七年（772），两人都约在不惑之年的时候，才生下一个男孩。这个男孩就是后来名闻天下的诗人刘禹锡。

刘禹锡的出世，给刘绪夫妇平添了不少喜悦，家里也热闹了许多。可这刘禹锡生下来以后就体质虚弱，不断生病，不是这儿不舒服，就是那儿出毛病。父母怜爱，总是给他穿得暖暖的。一旦发病，便由保姆请医巫来家中医治。嘉禾毕竟是个小地方，也没有太高明的医者，医巫每次不外乎用针灸、灌药等几种方法来加以治疗，只有几岁的刘禹锡受不了，便在保姆怀中大声啼哭。所以，他从小就饱尝了疾病的痛苦，而身体也比同龄的孩子要瘦弱一些。

当时他们家临近嘉禾的驿站，交通便利。邻居姓裴，是从山西搬来的，他们家也有个小男孩，叫裴昌禹，与刘禹锡差不多岁数，两人从小就在一起玩耍。江南多湖泽，小河池塘，触目皆是，随处可见，而水中又多鱼虾。两个小孩高兴起来，便也学着大人的模样，操起鱼竿，来到河边或池塘钓起鱼来。每次多少总能钓上几条，两人便欢欢喜喜地回家报功。

当时嘉禾县里有座很有名的坟墓，离驿站也不远，那便是晋代名妓苏小小的埋葬处。每当清明前后春暖花开，两个孩子便会结伴而来，拾阶而上，到她的墓碑前嬉戏玩耍。每逢此时，寂寞的古坟边便会传来两个孩子天真的笑声。

然而，刘绪毕竟是仕宦人家，用刘禹锡后来的话说，就是"世为儒而仕"，"家本儒素，业在艺文"。眼看孩子一天天长大，虽体弱多病，但总不能荒废了他的学业，再说，刘家只此独苗，总得悉心栽培，日后方有前途。因此，按照当时仕宦人家的习惯，从刘禹锡略微懂事有点记忆时，刘绪便开始教他读《诗经》《尚书》等书，诵读以外，该背的地方都要他背出。刘禹锡也不管懂与不懂，反正头发束成两个小角，张着小嘴，遵照父亲的要求，咿咿呀呀地又读又背就是了。

刘绪的家教极严，除了教儿子读书识字外，还教他知礼做人，从小就在他的衣服上佩戴着用象骨制成的觿和韘，让他自幼就懂得"子事父母"的道理。

说也奇怪，这刘禹锡虽然体弱多病，天资却极聪颖，凡父亲所教的，大抵都能记得一点；又因在家长的严格管教和熏陶下，他从小便就养成了尊敬父母和长者的习惯。凡遇年纪大的人，他都彬彬有礼，态度恭敬，平时的举止也很庄重安详，显得很文雅，一看就知与其他孩子不一样，出自有教养的家庭。

三 勤奋的少年

由于安史之乱两京沦陷，当时北方的许多知识分子，包括有声望的名门之士，也像刘禹锡家一样，纷纷避乱江南。他们或在江南任职，或在江南流浪，也有的找一块风水宝地，在江南悄悄隐居起来，更多的则与江南的一些当地名流交往起来。一时间，唐代许多著名诗人和文士如戴叔伦、权德舆、独孤及、李华、柳识、包佶和包融兄弟、皎然、灵澈、秦系、朱放、吕渭、严维、皇甫冉和皇甫曾兄弟、刘长卿、鲍防、卢纶、顾况、司空曙、李端、颜真卿、张志和，都在此聚散离合，先后留下了他们难以抹去的足迹，更留下了他们永放光辉的诗篇。

正是在这样一种背景下，再加上刘绪好歹是个官儿，家教又严，所以刘禹锡从小就有机会与当时的一些文化界名流接触。当时吴兴何山妙喜寺中住着一位诗僧叫皎然，他是晋朝诗人谢灵运的十世孙，以诗著称，“江南词人，莫不楷范”。当时名流如颜真卿、韦应物、顾况都曾与他有过交往。而吴兴离嘉禾也不过百十里路，刘绪也早闻他的大名，所以只要有机会，就尽量让刘禹锡与他接触，希望能得些教益。

那时皎然已是花甲之年，正与另一位诗僧灵澈在妙喜寺中朝夕相处，推敲诗艺。刘禹锡只不过初识文墨，充其量也不过八九岁光景，出于好奇和新鲜感，时而也来到两位老诗僧中间，看他们用毛笔写诗句，听他们吟咏诗歌，得意起来，偶尔也会用小手操起笔管，在砚台里沾上点墨，在纸上涂鸦起来；或者便模仿着他们的模样，学他们的声调，也摇头晃脑地吟上几句。

这妙清寺坐落山间，本是个清静地方，除了几个吃斋念经的和尚，极少有人来，现在却突然来了个八九岁的小孩子在寺庙里蹦蹦跳跳、来来去去，头上的两个小头角摇来晃去的，又会用一种稚气的童音吟上几句诗，还会操管写字，给这幽静的寺庙带来了不少活跃的气氛。而皎然、灵澈见这孩子既体弱文雅，又活泼可爱、天真聪明，都十分喜欢他。有时他们对吟五言诗句，刘禹锡也挤在里面凑热闹，居然也会说出个把巧句妙字，令两位老人吃惊不小，面面相觑，都不禁赞叹道："这小孩子倒是可教成才的。"

刘禹锡年纪虽小，却也听得懂大人的夸奖。从此，他更加爱好诗歌，喜欢与那些雅好诗文的人接触。只要见到擅长诗文的长辈，他必定会拿着书写诗文的木简跟随其后，虚心地向他们求教诗文。

刘绪见自己的儿子如此虚心好学、愈加喜欢。有时也就带在身边，有意识地让他接触当时的一些文人名士。那时权棨之子权德舆任朝廷左补阙，并曾任扬子盐官，而刘绪虽为浙西节度使从事、盐铁副使，实际所擅长的是盐务，经常奔走于江南一带，有一段时间曾主务于埇桥（今安徽宿县南），经常路过扬州，故与权德舆也熟识起来。大约在刘禹锡十岁左右时，也许是刘绪领着刘禹锡路过扬州，也许是权德舆一次路过嘉禾，恰巧看见了刘禹锡，一下子被这个孩子文雅安静的神态所吸引，一经接触和询问，方知他小小年纪便已读过《诗经》和《尚书》。而刘禹锡见他是个二十多岁的大人，所以对他也十分恭敬，很有礼貌，给权德舆留下了极其深刻而又良好的印象，以致多年以后仍能记起。

四 小有文名

自唐太宗设考试制度以诗取士后，唐代读书作诗之风便甚盛。如果一个人不会作诗，便很难出人头地，跻身社会。而许多家长为了让自己的孩子今后能考中进士，升官发财，很早就开始对他们进行必要的课程教育，除诵读儒家的经典著作以外，还教他们学作诗赋，精读《文选》。杜甫有诗句说“男儿须读五车书”“精熟《文选》理”，都可以看出当时的读书风气。杜甫去世后的第二年，刘禹锡便诞生了，时间靠得很近，读书风气依旧。所以刘禹锡自小也是勤奋读书，学习作诗，除《诗经》《尚书》等儒家经典以外，对法家、名家、墨家、道家、阴阳家、杂家、农家等各家的书籍也广泛涉猎。正像他后来在诗中所说的：“闻说功名事，依前惜寸阴。”

日月如梭，光阴似箭，不知不觉中，刘禹锡已长到十六七岁了。这时，他发现从小青梅竹马一起玩耍的孩子，现在一个个都长得武力强健，面色红润可爱，相形之下，自己显得瘦弱了一些，心里很不是滋味，再联想到自己儿童时常去医巫家扎针看病，感到自己也应该懂些医药，以便自我把握，强身健体。于是，他又留心医学书籍，从一些擅长医学的人家里借来了《小品方》《药对》《本草》《素问》等书，伏案攻读，并留心搜集、抄录各种单方、验方。

正由于刘禹锡勤奋好学、博览群书，所以，年仅十多岁的他不仅业诗能文，而且对于音乐、书法、医药、天文等许多知识都有了广泛了解，在地方上已小有名气，这对他日后赴京应考也打下了良好的基础。

唐德宗贞元五年(789)，杜佑任淮南节度使，经常出入苏州、扬州一带。他本是一位文武双全的历史学家，爱重文才，不知是他人介绍或其他什么原因，有一次，这位年已五十余岁的高官名人，居然请年方及冠的刘禹锡来起草一篇奏文，这就是《为淮南杜相公论西戎表》。

也许是这篇文章使刘禹锡在本地赢得了一些文名，刘绪看到独生子日益长进，心里十分欢喜，决定让他赴京应试，至少要考取进士，今后方有前途。

依照唐代的科举制度，赴京考进士，不是说去就去，而是要由掌管选举的地方官经过选送，本人才能赴长安应考的。由于刘禹锡文才出众，能诗善赋，所以地方官马上就选中了他。而此时的刘禹锡也正是青春年少，踌躇满志，跃跃欲试，很想将来献身社稷，干一番事业。得此机会，二十一岁的他便摩拳擦掌，随时准备整装待发。

一般说来，唐代考进士都在正月应试，二月放榜，来自全国各地的乡贡举子大都在应试前一年的秋天便来到长安，以便结交名流，了解消息，安稳情绪，做好种种应试的准备。嘉禾离长安甚远，于是刘禹锡便也提前一年辞别父母，带上盘缠，在浓浓的秋色里登上了赴京应试的征程。

第二节　连登三科

一　先中二科

唐德宗贞元九年(793)初，长安城里像往年一样，聚集了约以千数的各地学子，他们都想在此一显身手，考中进士，以便今后宦迹发达。而他们的父母也都翘首以待，企盼京城传来佳音。这一年，由户部侍郎顾少连代行礼部侍郎的职权，主持进士考试，省试诗的题目是《风光草际浮》，甲赋，也就是应试赋的题目是《平权衡赋》。

刘禹锡进入考场，凭着自己的学识和才思，落笔如流，并按时完成了要求所写的诗和赋。

交卷以后，刘禹锡与其他许多考生一样，焦急地等待着放榜的那一天。不久，名单终于公布了。千人之中仅有三十二人考中进士，刘禹锡便在其中。同榜考中进士的，尚有柳宗元、穆寂、卫中行、武廷硕、陈祐、张复元、武儒衡、邓文佐、丘绛、卢景亮、杜行方、裴杞等。其中刘禹锡、柳宗元等个别人的诗赋，特别受到礼部官员的激赏和称赞。

就在这次考试中，刘禹锡认识了柳宗元。柳宗元比刘禹锡小一岁，河东（今山西永济西）人，他在十七岁时曾参加进士科考试，没有考中，这次与刘禹锡同时考中进士，心情格外高兴。那时正是初春天气，长安城里花蕾初绽，柳丝发芽，似乎在向这批新进士招手致意，表示祝贺。而刘禹锡、柳宗元等人也因考试完毕，进士及第，浑身轻松，心情愉快，见长安城里春意盎然，彼此又是难得相逢，于是便与谈元茂、张复元等新友结伴而行，在京城里游览起来。

那时他们也不过二十岁开外的年纪，风华正茂，游兴甚浓。他们来到慈恩塔下，但见塔身雄伟，塔尖高耸，直上青天，不禁连连赞叹。刘禹锡、柳宗元年龄相仿，又有经世报国的凌云壮志，为眼前的宏伟建筑所打动，一时兴起，于是共同在慈恩塔上题下自己的姓名。随后他们又在其他地方畅游，直至天暮，方才尽兴而归。

不过，按照唐朝的科举制度，仅考中进士还不能立即授官入仕；就是考中博学宏词科，也只有考试优秀者才有官做，考试次等的只给出身；只有通过吏部取士科考试合格的人，才能给官位。对于一般考中进士的人来说，只要成绩优秀而有条件的，大多都会选择下一步的考试。刘禹锡、柳宗元两人的成绩既然受礼部官员的赏识，所以很想应博学宏词科的考试。可是正当此际，也就是这一年的五月，柳宗元的父亲柳镇在长安病逝了。依照当时的习惯，父亲去世，儿子必须居家服父丧，在服丧的三年中不能参加制科考试，也不能去应地方官的征召等其他出路。于是，他马上告别刘禹锡，放弃考试，回家协助料理父亲的丧事。随后又到邠州（今陕西郴县)去看望在邠宁节度使府中任职的叔父柳缜。这样,刘禹锡只好一人赴试。不想一考又中,在同年登上博学宏词科。同时考中的还有李绛,他比刘禹锡大八岁,他们都是在这次考试中互相认识的。

按理说,考中博学宏词科,刘禹锡完全可以在长安四处活动,找些关系,好歹弄个官儿当当,但他没有这样做。他的祖母因不习惯南方的生活,在唐王朝收复洛阳以后,又回到洛阳老家去居住了。由于她年事已高,洛阳离长安又不太远,所以刘禹锡考中博学宏词科以后,便到洛阳看望祖母去了。

老祖母见自己的孙子现已长大成人,而且连中二科,如此有出息,满心欢喜,笑得连嘴也合不拢,便关照孙子也应把这喜讯尽快告诉自己的父亲。

那时刘绪的家虽安在嘉禾、湖州一带,但主要事务却在埇桥,仍管理盐务。当看到自己的儿子连中二科,风尘仆仆地从洛阳祖母那儿来到自己身边时,心中自然欢喜。但他对刘禹锡从小就管教严格,欢喜之余,仍然勉励他要好好努力,争取再考上吏部取士科。刘禹锡自小便听父母教诲,自然一一记在心中,准备来日再显身手。

二　再中吏部取士科

贞元十年(794),二十三岁的刘禹锡辞家别亲,再度奔赴长安,去应试吏部取士科。当路过华山时,他为华山的雄伟气势所感动,一时兴起,写下了《华山歌》一诗,在诗中抒写了自己奋发向上、积极进取的志向。

当时长安、洛阳两京虽已收复,唐德宗也在兴元元年(784)回到长安,但政局仍不稳定,战事不断。更糟糕的是,喜欢搬弄是非、为非作歹的宦官本来只在宫廷内借助皇威横行霸道、盛气凌人，对地方，特别是京城以外的军权却无法干涉，但自唐德宗贞元八年(792)开始，宦官又将手伸进军队，对军政事务也发号施令，这使本来就已复杂的政治局面显得更加复杂。而许多年少气盛的知识分子抱着治国平天下的雄心壮志，便在长安城中各抒己见，纵论天下大事。刘禹锡重到长安时，这种风气十分盛行，而在外来的刘禹锡看来，这些高谈阔论总显得有些空洞。但整个京城知识界的风气如此，他也不得不卷进去。于是，刘禹锡在长安一边与同辈青年畋渔书林，刻苦攻读，一边也四处交友，与他们纵谈国事，经常聊到深更半夜，甚至通宵达旦。有时兴奋起来，也与他们饮酒作诗，弹琴调谑，尽欢而散。

有一次，通事舍人崔抗的女儿忽然觉得心口绞痛难忍，马上就要气绝的样子。当时刘禹锡正好在旁边，因他过去学过医药，立刻用地黄加以冷淘，然后让她吃下。不一会儿，崔抗女儿口中便吐出一物，随后便疼痛消失，自此痊愈。崔抗大喜，遂对刘禹锡刮目相看。

那时，因唐德宗早闻曾任扬子盐官的权德舆的大名，正巧在这一年把他从扬州召回京，任起居舍人，同年兼任知制诰，转驾部员外郎、司勋郎中。刘禹锡知道自己的父亲曾在他手下做过事，而权德舆当年也曾在埇桥居住过，作过《埇桥夜宴叙别诗》，不仅认识他的父亲，而且还见过小时候的他，于是，刘禹锡便把自己近来新撰写的十几篇诗文，连同他临时草就的《献权舍人书》，一起呈交给权德舆，以便让这位京官能够了解自己。

贞元十一年(795)，刘禹锡应试吏部取士科。吏部取士科这一关相当难过，韩愈曾三试于吏部无成，十年犹为一布衣。而才华横溢的刘禹锡，凭他的学识和聪慧，居然又是一考而中。与他同时考中吏部取士科的还有韩泰。这就是说，在短短的三年时间内，刘禹锡居然连中三科，而且每次都是一试而中，这对于一位仅二十岁出头的年轻人来说，是相当不容易的。而唐代知识分子能登此三科，是相当耀眼的成绩，进身官界，甚至飞黄腾达便为期不远。所以，在当时一般人的眼里，刘禹锡的仕途是相当得意的，而且前景也十分被看好。

果然，刘禹锡一登吏部取士科，立刻被授予太子校书的职务。他得此职务后，便准备到洛阳去看望自己的祖母，况且自己的父母此时或许也正在洛阳。离京之前，他特去向权德舆辞行。权德舆见刘禹锡年轻有为，连登三科，甚是高兴，当即写下《送刘秀才登科后侍从赴东京觐省序》一文，文中不仅对刘禹锡的文章大大夸奖了一番，而且对刘绪的家教有方，能使儿子文德并行也大大夸赞了一下。

刘禹锡得此勉励，便兴冲冲地离开长安，直奔洛阳。看望了祖母和父母后，才又回到长安任职。

太子校书是东宫属官，专门负责校理崇文馆的书籍，是个清闲职务，能够整日与书打交道，而刘禹锡本来就爱好读书，现在通过校理又接触了更为广泛的书籍，从而进一步拓宽了自己的知识面。

可是，他做此事没多长时间，大概只有一年多，他的父亲便因年老体迈，一次从埇桥回浙西，路过扬州时不幸得病，竟至身亡。刘禹锡是个孝子，从小就得到父亲的教诲，得此噩耗，悲痛万分，便匆匆忙忙离开京城，到扬州奔丧去了。

当他在扬州看到父亲刘绪的遗容，又看到年已花甲的老母亲，想到昔日对他的种种教诲，不禁泪如泉涌，彻夜难眠。

刘家的坟墓，本都在洛阳的北山，后因地方太狭窄，便葬在洛阳东面的荥阳之檀山原，刘禹锡的祖父刘锽即葬于此处，所以这次刘绪也在此落葬。由于刘禹锡是家中的独子，母亲年事已高，因此在料理父亲的丧事上，他也着实忙乎了一阵。

按照当时的习惯，父母去世，做儿女的必须在家守丧三年，所以，在父亲去世的三年里，刘禹锡一直未外出任职，只是住在洛阳附近的老宅中，侍奉着自己的老母亲。

老宅附近有一泊湖，湖边杂草丛生，夹杂着几块石头，其中有一块特别大，石面甚平，在天气晴好的黄昏时分，刘禹锡侍奉完老母，有时就会独自来到此处，坐在大石块上，一边看着晚霞变化、夕阳西下，一边遐想着人生的未来。对于一个未满而立之年就已连中三科的有志青年来说，对未来充满着憧憬，也是很自然的事。

第二章

踏入官场

第一节　初入仕途

一　在史学家杜佑身边

刘禹锡居家服丧的日子是宁静的，但唐王朝的政局却一直不曾宁静过。就在刘禹锡居家丁父忧的最后一年，也就是唐德宗贞元十六年(800)五月，徐泗濠节度使张建封因病去世，徐州一时军乱，不仅拒绝接纳朝廷委派的行军司马韦夏卿，而且张建封之子张愔趁机自立为节度留后，代行父亲的权职，不服从朝廷的命令。唐德宗大怒，同年六月，将淮南节度使杜佑加同平章事(即加封为宰相)，同时兼领徐泗濠节度使，领兵讨伐张愔。

杜佑身兼数职，握有军政大权，自知身上责任重大，亟须物色各方面的人才。他过去曾请刘禹锡起草过奏文，其父刘绪又曾在他手下做过事，此刻听说刘绪已去世，其子刘禹锡服丧期已满三年，便请刘禹锡为徐泗濠节度使掌书记。刘禹锡早就闻知杜佑的大名，又知他精通史学，知识渊博，是著名的历史学家。而他自懂事之日起，便听说藩镇割据作乱之害，自己一家就是因安禄山作乱才迁至他乡的，很想为平定徐州叛乱效点力，再说，自己如赴京继任太子校书，不仅迁升缓慢，而且收入又低，反不如在外使幕升官便捷，而且收入又比较高。权衡之下，他就在这年夏天辞别母亲，到杜佑的幕下去任掌书记之职了。

所谓掌书记一职，主要就是代杜佑撰写各种表章和奏议，相当于现在的秘书或军中文书一类的文官。杜佑虽然精通文史，但因军事、行政事务过多，无暇顾及，所以也很需要这样一位专门起草公文信札事务的文字方面的助手，后来李商隐在令狐楚手下当幕僚，起草文书，属于同一性质。

刘禹锡来到杜佑军队中没多少日子，便会师淮上。与此同时，杜佑一边在扬州大造船舰，做攻打张愔的准备，一边叫刘禹锡代草公文，上书朝廷，要求亲赴行营，与敌作战。他先令部将孟准渡淮进击，被张愔击败。杜佑来到前线，杖责孟准，随后动员蕲县兵力助战，又令泗州刺史张伾率军进攻埇桥，并积极筹集粮饷。但终因朝廷缺乏平叛的决心，结果又遭失败。朝廷无奈，只得被迫承认张愔为徐州节度留后，杜佑不再兼任徐泗濠节度使，但仍担任淮南节度使的职务。

在这短短的几个月里，刘禹锡为杜佑撰写了许多表状，如《为杜相公让周平章事表》《代杜司徒谢平章事表》《为淮南杜相公谢贷钱物表》《为淮南杜相公谢赐手诏表》。杜佑政事、军务繁忙，不说徐泗濠节度使，仅淮南节度使一职，便要管辖扬州、楚州、滁州、和州、舒州、庐州、寿州、光州等地。但杜佑忙到哪里，刘禹锡便跟随到哪里，总陪侍在左右，一有吩咐，便加执行，就连杜佑睡觉也常侍坐在旁，真可以说是随叫随到。而杜佑则通过审读刘禹锡的文章，对他的才情也有了更多的了解，对他也十分器重。杜佑这时已有六十五岁了，多年从政，使他对财政、军事、地理、食货等都十分精通，故在从政之余，对刘禹锡也言传身教，时加指点，使刘禹锡获益匪浅。这年秋天，当杜佑不再兼任徐泗濠节度使，但仍领淮南节度使一职时，便把刘禹锡一同带去，而刘禹锡也乐意跟从，所以，从这年秋天开始，刘禹锡便改任淮南节度使掌书记，继续为杜佑起草文书表章。

这时，刘禹锡结识了一位诗人。这位诗人姓窦名常，字中行，是著名诗人窦叔向的大儿子，京兆金城（今陕西兴平）人，比刘禹锡年长十六岁，早在大历十四年（779）就考中进士，但一直做盐铁转运府的小吏，很不得志，后来也是被杜佑看中，惜其文才，在前两年（798）调到杜佑幕府任淮南节度参谋。因刘禹锡与他都在杜佑手下担任文官，且又爱好诗文，所以两人彼此有了来往。

扬州在唐代是一座非常繁华的城市，南来北往的客人很多，杜佑领淮南节度使常居扬州，因刘禹锡陪侍左右，所以杜佑有时会客，刘禹锡便常有机会得以结识。

有一次，一位名叫杨茂卿的青年诗人客游扬州，并给杜佑一封书信，其中措辞多有阴阳开合之言，口气很大，且以周文王吐握之事为讽。杜佑是个经世致用、讲究实效的大官和名士，读了此信，颇为他高谈阔论的口气所惊讶。当时刘禹锡正在身边，他就干脆派人把杨茂卿请来，三个人一起饮酒聚谈。酒过数巡，杜佑便把杨茂卿的信递给刘禹锡，说：“请文人一为读之。”

刘禹锡接过此信，不一会便读完了。杜佑就问他：“你读后觉得怎么样？”

刘禹锡望了杨茂卿一眼，十分坦率地说："大凡布衣之士，都必须有些放言高论，以此来打动高官尊贵之人的心。"

"不不，"杜佑呷了一口酒，扫了杨茂卿一眼，连连摇手："那些阴阳开合、高谈阔论的事已经太烂了，独不见王舍吗？王舍在陈少游面前高谈阔论，宣扬阴阳开合之说，陈少游把他的头都砍了，今天我不砍你杨茂卿的头，还请你吃饭，真是过犹不及。"

刘禹锡和杨茂卿听罢，一时都不知说什么好，而杨茂卿尤其觉得尴尬。第二天，他也不来向杜佑道别，便独自离开扬州了。

约在这件事的前后，总在贞元十七年(801)，也就是刘禹锡任淮南掌书记的第二年春天，诗人李益来到了扬州。李益那时已五十余岁，以写边塞诗闻名，《夜上受降城闻笛》已被乐工谱成歌曲，天下传唱。所以刘禹锡能见到这位比自己大二十余岁的前辈诗人，非常兴奋，于是便在一个夜晚，与李益、张登、段平仲等人一同在扬州的水馆聚会，彼此饮酒谈心，对酒联名，超过时间想不出诗句，就罚酒一杯，一直闹到凌晨。结果李益、张登、刘禹锡等六人统统酩酊大醉，相继倒在枕上呼呼大睡。也不知什么时候，刘禹锡醒过来了，当他望着台上依然燃着的烛花，又望望李益等人烂醉如泥的样子，寂然中不禁吟成一首绝句，随手便题写在段平仲的枕头上：

寂寂独看金烬落，纷纷只见玉山颓。
自羞不是高阳侣，一夜星星骑马回。

写完以后，他便乘着满天的星光，独自骑马回到了自己的住地。

二　年轻的渭南主簿

自从刘绪去世以后，刘禹锡便独力侍奉老母。母亲卢氏过去在嘉禾一带生活尚能适应，自儿子在杜佑幕府任职，便常在江淮一带生活。江淮较贫瘠，与江南苏州等地的富庶是难以相比的，再说这一带时受战事干扰，不及江南稳定。当然，以她的本愿，自然是回洛阳老家居住，所以，她曾不止一次地对儿子说："我不喜欢住在江淮之间，你是否能另外想些办法。"

"好，为儿一定想办法。"刘禹锡非常理解母亲的想法和心情，每当母亲提及此事，他总表示尽量努力，以改换母亲的居住环境。

其实，他早就看出母亲不喜欢住在江淮一带，两年前杜佑初请他为徐泗濠节度使掌书记时，便已向杜佑陈述过这个情况，杜佑那时也许急于要用人才，而刘禹锡或许因当时汴泗路阻，通行不便，况且在幕府中薪水又较高，也就暂时留在杜佑幕府。现在他见母亲又提出要离开江淮的要求，无奈之下，只得又向杜佑提出请调的想法。杜佑也一向知道刘禹锡孝顺母亲，又见徐州军乱已定，道路畅通，便欣然答应："可以。"

不久，大约在贞元十七年（801）末或贞元十八年初，刘禹锡得到调补京兆渭南簿的命令，便辞别杜佑、窦常诸人，带着母亲和家属，离开江淮，迎着凛冽的寒风，向西北方向走马上任去了。

渭南（今陕西渭南）在长安的东北面，离长安很近。在唐代，渭南为畿县，属京城管辖的地区。畿县簿尉只有进士出身的人才能担任，而且担任此职后，升官入朝的机会远比一般地方的簿尉要多，那时有不少人，包括白居易、王涯等人都是由此而任翰林学士的。因此，刘禹锡任渭南主簿虽只是正九品上，但品级比普通的州县为高，而且升迁的机会也比较多。再说，母亲对这里的生活也比较习惯，离洛阳老家也相对近了一些，母亲满意，他也安心了许多。

当时，渭南县属京兆府管，而任京兆尹（相当于现在的首都市长）之职的便是韦夏卿。原来，朝廷在张建封去世以后，本打算由韦夏卿来接替其徐泗濠节度使的职务，不料张建封之子张愔与朝廷分庭抗礼，拒纳韦夏卿，自立为节度留后，朝廷又一时难以用武力征服他，只得把韦夏卿调回京城，先任吏部侍郎，贞元十七年(801)十月改任京兆尹。所以，刘禹锡一到渭南，便直接受到韦夏卿的领导，成了韦夏卿的属下。

从年龄上说，韦夏卿比刘禹锡年长约三十岁，完全是他的前辈。但韦夏卿有一个很突出的特点，就是喜欢有才华的文人名士，并以此闻名于当时。早在他任常州刺史、苏州刺史时，就曾听说过刘禹锡的文名，后来刘禹锡连中三科，为杜佑草表文章，名声益著，韦夏卿一听说他来自己属下任职，便主动邀请他前来交谈，并请他代为自己撰写表状。刘禹锡没想到刚离开杜佑，便又能得到韦夏卿的赏识，心里自然高兴，便欣然应命，一一照办。

那年冬天，长安城里下了一场大雪，刘禹锡望着漫天的雪花凝视良久，写下了《为京兆韦尹贺元日祥雪表》一文。以后，他又以典雅流畅的文笔，为韦夏卿写下了《为京兆韦尹贺春雪表》《为京兆韦尹贺雨止表》等文。韦夏卿每次读罢他的文章，脸上都会露出满意的笑容。

更巧的是，差不多就在刘禹锡调任渭南县主簿的前后，柳宗元被调到蓝田县来任县尉，官阶是正九品下。蓝田在长安的东南面，与渭南县南北相对，也属京兆府的管辖。韦夏卿也早听说到过柳宗元的文名，又知他与刘禹锡是同年登榜的名进士，干脆就把他留在京兆府内任文书工作。因此，柳宗元名为蓝田县尉，实际上并未去做县尉的具体事务，而是留在长安为韦夏卿起草文章，如《为京兆府请复尊号表》《京兆府贺嘉瓜白兔连理棠树等表》均作于这一时期。刘禹锡公堂离长安很近，又要为韦夏卿撰写表状，难免要去长安，所以经常能遇到柳宗元。这两位当年同榜及第的名进士在长安分手近十年以后，想不到又能在长安城里重逢，真是喜出望外。两人在回忆了当年同游京城慈恩寺的情景后，也畅叙了各自分手以后的情景。

从交谈中，刘禹锡得知柳宗元服父丧期满以后，便与少年时订婚的杨凭之女杨氏结婚，同年参加博学宏词科的考试而未中，随后两年继续应考，到贞元十四年（798）被录取，同年即任集贤殿书院正字。不料刚进入仕途，与他结婚仅三年的妻子杨氏便离开人世，年仅二十三岁，也没留下子女，使得柳宗元孑然一身。

刘禹锡听罢他的经历，感慨之余，也诉说了自己近十年来的经历和状况，柳宗元也是不胜感叹。从此，长安城的街道、酒馆，时而可以看到这两位文士的身影。

当时，太学博士施士匄是一位知名度极高的学者，尤深于儒家经典。韦夏卿本人也深谙儒术，对经学之士特别敬重。在其任职期间，施士匄在京城里公开讲授《诗经》。消息传开，轰动京城，在京的士大夫纷纷赶去听讲，讲堂立呈爆满之势。刘禹锡、柳宗元等慕其学问，也都前去听讲。有时同去的还有韩泰，他是雍州三原（今陕西三原）人，贞元十一年（795）登进士第，年龄与刘、柳也大致相仿，性格坚毅端庄，高朗振迈，刘禹锡、柳宗元对他的印象极好，彼此也很快成为朋友。

施士匄讲解《诗经》，不像汉代的经学家那样墨守成规，拘泥古训，与初唐孔颖达那种"疏不破注"的方法也不相同，而是凭自己的理解，缘词生训，自由发挥。这种解说特别投合刘禹锡、柳宗元这班年轻人的口味，听来觉得特别新鲜有趣，启发很大，多年以后仍还记得。

三　在朝任官

正当刘禹锡来往于渭南与京城之间，贞元十九年（803）二月，原任淮南节度使的杜佑被征召入朝，任检校司空、同平章事。即除了身居宰相之位以外，还担任了掌管全国各工程、屯田、水利、交通等政令方面的最高长官。他来京担任要职以后，并没有忘记刘禹锡，对他仍很器重，凡遇重要的表状，仍请他代为撰写，如《为杜相公自淮南追入长安至长乐驿谢赐酒食状》《代杜相公谢就宅赐食状》，均出自刘禹锡的手笔。

由于刘禹锡多次为杜佑、韦夏卿这些大官撰写表状，而且文字规范典雅，文句流畅切实，随着时间的推移，他的文名逐渐增高，影响也逐渐扩大。不久，即在该年的闰十月，在御史中丞李汶的奏报下，他被调到朝廷任监察御史。

监察御史的官职是从隋朝开始设置的，到唐代，御史台分为三院，其中监察御史属察院，论品级，只有正八品上阶，但权力范围很大，如察看百官的工作情况，到各地郡县去巡按，以及纠视刑狱、肃整朝仪，都属于其管理的范围，所以一旦出轿上马，显得很威严，连京兆尹在路上遇见都要让道。当时人有这么一种说法："监察御史振举百司纲纪，名曰'入品宰相'。"可见其威风的程度。再说，从地方官转入朝官，特别是品级上有着明显的升迁，这对刘禹锡来说，当然是十分兴奋而乐意的。因此，调令一到，便带着老母和家属，高高兴兴地离开渭南，直赴长安。

当时，长安城内繁华异常，大小马路纵横交错，车来人往，煞是热闹。那些有身份的官家，为上朝方便，大多居市中心，城内的居住环境很好，街道两旁除种植果树以外，也种有槐树和大量的柳树。每到春夏，柳树初绽或绿叶成荫，随风飘拂，那景色分外好看。可惜刘禹锡这次赴京上任，与他前次从淮南到渭南上任一样，都是冬天，故长安城中尽是枯枝秃桠，绿意全无，但刘禹锡心中却是喜滋滋的。他在长安城的光福里选了一套住宅，正好与权德舆的独生子权璩为邻居，成了权璩的东邻。权璩也早听到过刘禹锡的大名，也知道自己的父亲权德舆早就认识他，所以彼此都很高兴。而刘禹锡老母听说光福里紧挨安仁里的南面，离皇城朱雀门仅隔三条小道，更觉满意。总之，刘禹锡一家人在外几经周折，现在总算有了一个较好的居处，在京城安顿下来了。

朝官毕竟与地方官不同，不仅消息灵通，而且交际面广，接触的人多。刘禹锡初来御史台任监察御史时，四方诸侯以及过去认识的亲朋好友，都纷纷写信来向他表示祝贺。在这里，他认识了一位同事——韩愈。韩愈字昌黎，比刘禹锡大四岁，幼孤，由兄嫂抚育成人，比刘禹锡早一年考中进士，后三次考吏部取士科而不成，只好在汴州、徐州等处任地方小官，直到贞元十六年(800)冬天才回到长安，这次也是刚从国子监四门博士调到御史台任监察御史的。两人当时都已很有文名，因此都很觉欣喜。穿着碧色的朝服，在御史台的察院内进进出出，说不上神气十足，也颇为时人注意。

韩愈那年三十六岁，他从二十九岁开始做官，仕途上虽然没有什么大的发展，但在文学和学术思想上的影响却日渐扩大，受到人们的重视。他在国子监任四门博士，实际上就是在当时国家的最高学府教书。他一边教书，一边写文章，宣传儒学思想的复兴和古文的好处，《师说》《争臣论》《送孟东野序》《答李翱书》等许多重要的文章，都写于这一时期。他的渊博知识和流畅的文笔，赢得了许多弟子的钦佩。即便调任监察御史的职务后，他仍旧热衷于儒学的改造和古文的写作。现在见刘禹锡这样一位有才华的文士前来共事，正是求之不得，马上就与他共同探讨起文学创作和学术思想诸问题。而刘禹锡在与韩愈的交谈和接触中，也深深感到他是一个很正直聪明的人，而且在学术思想和文学创作上都敢于冲破传统，大胆创新，对自己启发不少。

韩愈(768—824),与刘禹锡曾为一个部门的同事。韩愈主盟文坛,“同时伦辈”,只有柳宗元与刘禹锡,三人都是“古文运动”的倡导者。(图据明拓《历代圣贤图》)

更令刘禹锡感到高兴的是，正当他来御史台没几天，认识韩愈不久，柳宗元也从蓝田县尉被调到御史台来担任监察御史里行。所谓里行，实际上就是监察御史的见习官，品级比正八品低一点。他一见刘禹锡，便来拜访叙旧，因为这还是他们第一次在朝共事，所以彼此都格外振奋。而韩愈也久知柳宗元的文名，也为他的到来感到高兴。从此，这三位著名的文学家便经常在一起创作诗文，交换心得，切磋学术问题。这一年，元稹和白居易才刚赴京参加书判拔萃科的考试，杜牧还刚刚出世，所以，刘禹锡、韩愈、柳宗元三人的相聚，在当时的文坛和学术界，实在是一件举足轻重的大事。难怪韩愈的好友李翱后来说："翱昔与韩吏部退之为文章盟主，同时伦辈，柳仪曹宗元、刘宾客梦得耳！"

当时，在御史台任监察御史的除刘禹锡、韩愈、柳宗元等人以外，还有李绛、韩泰等人，他们都颇有文才，堪称一时俊彦。但是，在韩愈的眼光里，刘禹锡、柳宗元二人似乎更有才华，而且，他们都提倡散体的文章，反对浮华的骈体散文，倡导古文运动，对当时文坛上所存在的弊端的看法是一致的。所以，韩愈也特别愿意与刘、柳二人接近，互相交流，他们三人很快便建立了友谊，成了很熟悉的朋友。

四 朝政腐败与韩愈遭贬

再说刘禹锡来朝为监察御史，韦夏卿也从京兆尹的职务调开，来朝任太子宾客，彼此又有了往来。他对刘禹锡仍很器重，遇有重要的表状，仍请刘禹锡代笔。如他在该年十月以太子宾客调为东都留守后，就请刘禹锡代笔写了《为东都韦留守谢赐食状》一文。而韦夏卿原来的京兆尹一职，则由李实来接任。

李实在当时也以接纳文士相标榜，韩愈因被撤四门博士一职，为求一个新的官职,走投无路,就曾投书给他。因韦夏卿任京兆尹时常请刘禹锡代草表状,李实久闻刘禹锡的大名,所以任此职后,也请刘禹锡起草表状。刘禹锡既然能为韦夏卿起草文章,自然也不能拒绝李实,何况李实又深得德宗皇帝的宠信,岂能得罪?所以自李实任京兆尹后,刘禹锡为李实也代写了不少文章,如《为京兆尹降诞日进衣状》《为京兆李尹答于襄州第一书》,都曾使李实眉开眼笑。

不过,这个李实虽然对刘禹锡十分器重,但却是一个恃宠暴戾、无视百姓死活、一味横征暴敛的酷吏,与韦夏卿判若两人。就在他接任京兆尹之职的这一年春夏,长安一带一连几个月不下雨,田地因大旱而龟裂,到了秋天又逢早霜,庄稼颗粒无收,京城出现了少有的严重粮荒。长安城里人心惶惶,乱作一团。

就在刘禹锡初任监察御史不久,一次下班路过街上,只见饥饿的人群拥挤在马路上,携儿带女,衣衫褴褛,沿街乞讨,不时有人因饥饿而倒下死去。即便勉强活着的人,也个个面色灰暗,骨瘦如柴,在寒风中瑟瑟发抖……

眼望着这一切,作为一位朝廷命官,刘禹锡深感愧疚,心绪不安,一夜没睡好。第二天上任,遇到韩愈,便谈起了昨天的见闻。不料韩愈更为气愤,大声对刘禹锡说:“你所看到的一切,我也都亲眼看到了。我回家后只有叹气,连饭也吃不下,仿佛鱼儿吞下了有刺的钩似的。”

“百姓如此疾苦,再加上宫市,唉!”说到这儿,刘禹锡不禁叹了口气,“百姓的负担实在太重了!”

这时柳宗元也来了,也谈起了这几天长安城里的粮荒问题。

“我还听说,”韩愈继续说道:“有些人家孩子养不起,就丢弃在水沟里;有些狠心的男人干脆连妻子也不要了,以求口食。以前男孩子人人都视为宝贝,但是现在抱出去想换一斗米,也无人肯要,这已到了什么地步!”

刘禹锡说:“李实身为京兆尹,是京城地方政府的负责人,现在看他怎样来处置今年的粮荒问题了。”

转眼就到了年底,长安城里寒风呼啸,老百姓已经无米下锅,还要交纳官税,根本无法度日,弄得家家怨声载道,愁容满面,纷纷上诉京兆府。但李实只知拍皇上的马屁,对百姓的死活视而不见,全然不顾,却依然要老百姓聚敛征发,进奉皇帝。老百姓一听,更是怨声沸腾。渐渐地,连德宗皇帝也有所耳闻,便召见李实,问道:“听说今年关中大旱,百姓收成不好,可有此事?”

不料这李实只知对皇帝负责,而不顾百姓的生死,竟献媚地欺骗皇帝道:“今年虽然天旱,谷子却很好。”

唐德宗本来就是一个昏君,猜忌成性,听信谗言,而且只顾宫中的享用,好聚私财,不顾国家的利益和人民的死活,一听这话,满心欢喜,便信以为真,说:“既然如此,依然征税。”

这样一来,各种沉重的苛捐杂税依然落到了老百姓的身上,一下就把成千上万的百姓推到了死亡的边缘。许多人家诉状无门,只得拆屋卖瓦,甚至忍痛卖掉田里的麦苗,作为上交政府的赋敛。

监察御史本身就有弹劾参奏政府官吏的职责和权力,目睹百姓的惨状和李实的残暴,韩愈义愤填膺,忍无可忍,立刻写了一份给皇帝的奏章,题为《御史台上论天旱人饥状》,准备呈交皇上。当时的规定,臣子的奏章,只有皇帝和宰相可以看到,而其他人都无权阅读。因韩愈知道刘禹锡、柳宗元也都同情百姓,与他看法一致,便把有关这封奏章的内容告诉了他俩。他俩因都受过李实的器重,为他起草过文章,对李实的胡作非为虽然有看法,却不便直说,现见韩愈大胆上书,为民请命,不仅钦佩,而且都加赞同。

没想到韩愈这篇为民请命的奏章交上没几天,宠信李实的昏君唐德宗便大为不悦，发下诏书，贬韩愈为连州阳山（今广东阳山）县令。在漫天的大雪中，悲愤交集的韩愈告别了自己的妻儿，被宦官驱逐出京城，然后与一个同样为民请命的张署一起被押解着登上了贬谪的征途。

一路上，韩愈始终想不通自己为何会罹此大祸。他状告的是李实，触怒的却是德宗，而李实一向欺君害民，陷害忠臣，德宗又一向宠信他，喜欢听信谗言。但李实不是宰相，不可能看到奏章，那么又是谁把奏章的内容泄漏给了李实呢？他思前想后，感到递交奏状前，内容只有刘禹锡和柳宗元两人知道，而这两人又都很受李实的器重，看来他们两人泄漏情况的可能性较大。因此，他在赴江陵途中，心里便不禁埋怨起刘禹锡和柳宗元来了。当他写下《赴江陵途中寄赠王二十补阙、李十一拾遗、李二十六员外翰林三学士》这首长诗时，也写到了对刘禹锡与柳宗元的埋怨："同官尽才俊，偏善柳与刘。或虑语言泄，传之落冤仇。"但他又没证据来证实这个可能，仅仅是个人的猜疑，无法判断实情，所以他接下来又写道："二子不宜尔，将疑还断不。"并感叹道："朝为青云士，暮为白首囚。"

从此，在他与刘禹锡、柳宗元之间的友谊上，蒙上了一层很难解说得清楚的阴影。

第二节　志同道合的朋友们

一　在京结婚成家

冬去春来，长安街上的柳树又绽出了新芽。韩愈被罢免了监察御史的职务，而刘禹锡与柳宗元仍在御史台任职，这时柳宗元已升迁为监察御史。在与刘禹锡的共事和交往中，他深深感到刘禹锡不仅有才华，还是一个明信之人，做事靠谱，对一件事或一个人在未了解之前，绝不随意表态，信口开河；而一旦开口或表态，总能得到应验，符合实际。

没多久，也就是这一年的五月，当初奏辟刘禹锡为监察御史的御史中丞，也就是刘禹锡的上司李汶去世，由武元衡来接任御史中丞之职，成了刘禹锡的新上司。

武元衡是武则天的曾侄孙，比刘禹锡大十四岁，也是考中进士后，从监察御史等职位一点点升上去的，诗也写得很好。由于李汶在世时，刘禹锡曾为其代笔起草文章，所以武元衡接任后，有时仍请刘禹锡代笔。刘禹锡曾为他代写过《为武中丞谢赐春衣表》《代武中丞谢赐新花样第一表》《代武中丞谢赐新花样第二表》等。

在以往，凡监察御史都兼任监祭使一职，后来被取消，但到了这一年，也就是贞元二十年(804)，从刘禹锡开始又恢复了这一旧制，即刘禹锡既任监察御史，同时又兼任监祭使。监祭使的工作主要是负责检查祭礼时的牲牢、器具、服饰等，如发现有不敬的地方，可弹劾祭官。所以，刘禹锡兼任了这一职务后，便又多了一项公务。

恰好权德舆的女婿独孤郁为奉礼郎，凡有宗庙郊祀活动，监祭使与奉礼郎必定要协调一起进行，缺一不可，所以刘禹锡那时在公务中经常要与独孤郁接触，两人相处得很好。刘禹锡曾写有《监祠夕月坛书事》一诗，就是描写立秋日在西郊祭祀白帝的场面的。他在兼任此职时，也提出了一些改进的措施，如："凡制令有不宜于时者，必复于上，革而正之。"

由于刘禹锡的职责范围有所扩大，接触的人也逐渐多了起来。当时有位名叫薛謇的官员任京兆水运使，刘禹锡初来京师时就已认识他。他见刘禹锡身为朝官，又是一时名士，早就劝他应娶妻室。而刘禹锡因忙于监察之务，时常又要写些诗文，一时又没合适的，也就耽搁了下来。随着接触的增多，薛謇见刘禹锡不仅有文才，而且为人明信可靠，又是名门之后，就把自己的大女儿许配给了他。两人结婚以后，感情十分融洽，生活也很好，薛謇心中暗喜。卢氏更为自己的儿子娶了媳妇而心满意足。

这一年，刘禹锡三十三岁。

二　初识王叔文

刘禹锡成家以后，就他个人和家庭来说，是平静的，但整个国家和朝廷却很动荡，各种矛盾错综复杂，各种政治力量互相角逐，政局不稳，危机四伏。

唐德宗继位之后，为了自己的享乐和私欲，对民脂民膏的搜刮有增无已，改租庸调为两税法，并征收间架税、茶税等。与此同时，他还大兴宫市，派宦官为宫市使，在京城里面公开抢掠老百姓的财物。对于藩镇割据，他无能为力，总是姑息迁就；对于朝廷的忠臣良将，他却无端猜忌生疑，把敢于直谏的贤相陆贽贬斥出朝，又派宦官到军队去监视将领，并让宦官兼管禁军，造成了宦官得以伸手军权的恶果。除此之外，他还听信谗言，宠信像李实那种欺压百姓、挑拨是非、阿谀奉承的贪官污吏或奸佞小人……

对于这一切，不仅老百姓普遍对政府不满，就连许多正直忠贞、忧国忧民的朝官，也对这些腐败现象深恶痛绝。特别是当时那些出身寒微、通过科举考试得以进身仕途的中青年诗人，如刘禹锡、柳宗元、韩愈、白居易、元稹、李绅、韩泰、王涯、张籍，更是义愤填膺，忧心如焚，总想革除弊政，改变现存的一些腐败现象。

那时，刘禹锡与柳宗元作为同榜进士，又是志同道合的同事，几乎无话不谈，但他们谈得最多的，仍是当前的国事和政局。有一次，柳宗元来刘禹锡处时，带来了一位陌生人，刘禹锡正想发问，柳宗元就笑着说："今天我给你介绍一位朋友。"说着，他就指着这位陌生人对刘禹锡道："这也是我多年的老友，就是我过去跟你说起过的吕温，吕化光也……"

刘禹锡不待柳宗元说下去，便连连作揖："久仰大名，久仰大名，今日经子厚介绍，得以相见，真是幸事。"

"哪里，哪里。"吕温也连连拱手还礼。

原来，刘禹锡从柳宗元嘴里早就听说过他有个叫吕温的朋友，很有才华，但一直未见过面，此次见面，彼此都很高兴。从交谈中，刘禹锡知道他与自己同岁，是河中府河东（今山西永济）人，郡望东平（今山东），字化光，又字和叔，其祖父吕侹曾任浙江东、西道节度使，父亲吕渭曾任湖南节度使，可以说是名门之后。而他本人则在贞元十四年（798）考中进士，吏部登科，授中书省校书郎。

接着，他们又谈起了国家和社会存在的一些问题。从吕温的言谈中，刘禹锡发现他与自己一样，也是从少年时代起就有济世安人之志，有学问，有抱负，且不为文学所限，喜与隽贤交往，有很强的交际能力。

这时，另有一个叫李景俭的人，字宽中，为李唐宗室，贞元十五年（799）考中进士，对当时的腐败政治也极为不满，虽自负了一些，喜谈王霸之略，但博闻强记，敢于议政。于是，有一段时间，刘禹锡、柳宗元、吕温、李景俭四个人就经常在一起议论朝政，纵谈国事，几乎到了朝夕相处的地步。

有一次他们在一起聚谈时，柳宗元忽然叹道："我与王叔文接交多年，深知他是一个了解民情而又有才能的人，可惜仍不为朝政所用。"

“就是，太可惜了。”吕温、李景俭也为王叔文不能得到重用而感到遗憾。

“我早就听子厚说起过他了。”刘禹锡听他们再次谈起王叔文，便也凑了进去，“这人我也知道。据说他是北海人，自称是十六国时前秦丞相王猛的后代。王猛过去与桓温扪虱而纵谈天下大势，后整顿吏治，压制不遵守法令的贵族，我看王叔文在这些方面也颇有远祖风范。”

其实，王叔文未必是北海(今山东寿光东南)人，也未必一定是王猛之后，而是越州山阴(今浙江绍兴)人，出身寒微。唐代人有时为了让社会上的人看重自己，便往往把自己与历史上同姓的名人拉扯在一起，有些人相信，有些人不一定相信。至于王叔文究竟是不是王猛的后代，可能是，也可能不是，只有他自己或他的祖上知道。最初的时候，作为翰林待诏，他以善棋而侍候在太子李诵身边。至于这“棋”，自然是陪太子下棋对弈(也有人以为可能是数术一类)，但有一点不会错，总是陪伴侍候太子的差使。

当然，当时陪伴侍候皇太子的不只王叔文一个人，还有陪伴他读书的，谈天的，游戏的，前不久——即德宗末年，还请来了一位名叫王伾的擅长写字的人来教他书法。所以，皇太子虽在东宫，但生活一点也不寂寞。

李诵是德宗李适的儿子，自他被立为太子以后，知道自己如不发生意外，迟早要继承父业，登上皇位，管理天下。为了使自己当皇帝之后不至对政治太陌生，因此被立为太子后，他就很关注当时的国家大事。对于当时宦官上蹿下跳、横行霸道、兴风作浪、耀武扬威的模样，他就相当看不惯。

有一次，李诵在东宫与身边侍读的人一起谈论为政之道。开始还谈一些古代的，不知不觉地便谈到了当前的政局。在谈到宫市时，旁边的人都争着向他诉说宫市的种种弊端，只有王叔文一个人缄口不言。李诵注意到了这个情况，望了望他，又继续听大家的诉说，然后又对大家说："寡人日后见到皇上，一定要把宫市的弊端好好说给他听一听。"

大家听了，都很高兴，并称赞李诵贤明，只有王叔文仍沉默不语。

众人散去以后，李诵总为王叔文的沉默不语而感到奇怪。过了几天，李诵独自召见王叔文，问道："前些时谈论宫市，只有你一个人不说话，这是为什么呢？"

王叔文答道："你皇太子事皇上，除了视膳问安之外，不适合再去干预以外的事。因为皇上在位已有很长时间，如有小人从中挑拨离间，说你皇太子在收取人心，那你皇太子怎么自我解释呢？"

李诵一听，恍然大悟，忙谢王叔文道："假如没有先生，怎能听得到这种话！"

从此以后，他对王叔文特别器重，凡东宫里的事，都要听听他的意见，靠他来裁决。而王叔文见李诵对他如此信任，便也大胆发表他对时政的看法。有时李诵问他一些朝官的情况，他也会坦率地说出哪一个人可以做宰相，哪一个人可以为大将，并诚恳地说："希望皇太子以后能够信用他们。"

王叔文的口才非常好，说起为政治道之事，头头是道，很能令人信服，所以李诵每次听后，总点头称是，对他更加器重。

有一次，德宗过生日，由皇太子李诵献佛像，命韦执谊为画像写赞语，然后德宗又叫李诵赐给韦执谊丝绸，以作为报酬。韦执谊收到以后，特到东宫来谢李诵。李诵很是高兴，但韦执谊突然一下子说不出答复李诵的话。李诵见状，便笑着问他："学士知道王叔文这个人吗？他可真是一个伟才。"

韦执谊没想到李诵对王叔文评价如此之高，心中不禁暗暗吃惊。离开东宫以后，他便主动去接触王叔文，交谈之下，觉得王叔文也读过一些书，虽不多，但大致能通；说话间虽显得有些任气自许，但对当前政治所存在的问题及所解决的办法，却也分析得头头是道，一清二楚，而且与自己的看法大致相同。从此，他们之间就有了很密切的交往。

三 韦执谊其人

韦执谊也是进士出身，京兆（今陕西西安）人，从小就很聪明，二十几岁就被召入翰林为学士，唐德宗很喜欢他，曾与他对诗相唱和。贞元十九年（803），补阙张正一以及韦成季等认为韦执谊与王叔文时常往来，有朋党嫌疑。有人知道后，便来悄悄告诉韦执谊："张正一等上疏将告你和王叔文接交朋党的事。"

韦执谊听了，也不以为然。不久，唐德宗召见他，问起此事，韦执谊却说："韦成季等人经常朋聚觊望。"

唐德宗马上派人去探听虚实，正好韦成季、王仲舒等几个人互相来往饮食数次，德宗闻报大怒，立刻把他们六七个人全部贬逐出朝廷，弄得他们丈二和尚摸不着头脑，被贬逐了还不知是怎么回事。

唐德宗如此宠信韦执谊，但韦执谊对唐德宗横征暴敛、鱼肉百姓、大兴宫市，同时又过于信用宦官的做法却很有看法。但他也知道唐德宗已六十多岁，年事已高，要他改变也不可能，只好等他驾崩，皇太子李诵继位以后，再来想办法改革一番，以改变当前的一些状况。

不过，他和王叔文都很清楚，即使太子以后登上皇位，光靠他们两个人也改变不了局面，解决不了问题，还必须有一批志同道合、精力充沛，又颇有才能的朝官才行。于是，随着唐德宗年龄的增高，他们除了私下互相秘密来往以外，也分头物色一些坚定可靠、政见一致而又才能出众的名士。

韦执谊是韦夏卿的从弟，而韦夏卿任京兆尹时，常叫刘禹锡、柳宗元二人代为起草一些表状，所以韦执谊很早就听说过二人的文才。当刘、柳二人来御史台任监察御史时，作为吏部郎中的韦执谊，便与他们有了来往。而刘、柳二人也早就闻知韦执谊的大名，又知他是韦夏卿的从弟，论岁数也长他俩二十多岁，足以当他们的前辈，因此，他们对韦执谊也是相当敬重的。

贞元二十年(804)，韦执谊忽然听说长安南面有个叫牛僧孺的人，十五岁开始就不出房门，在家从师刻苦攻读，便想结识褒拔此人，当即就派刘禹锡和柳宗元去邀请他。刘禹锡、柳宗元素知韦执谊好结交有为后辈，便欣然前往。见了牛僧孺，刘禹锡便上前施礼，说明来意。牛僧孺比刘禹锡小七岁，那时不过二十六岁，得知韦执谊派人前来邀见，连忙还礼，并爽快地说："愿得一相见。"

于是，他便骑着一头毛驴，随刘、柳二人来到韦执谊门下，韦执谊忙出门相迎，一见面就高兴地说："就是他！"

刘禹锡见韦执谊如此兴奋，不禁望了望柳宗元，两人也相视而笑了。

四　其他友人

除了韦执谊在外结交青年有为之士，王叔文也同样在团结联合与自己政治观点相同的人。就在贞元末年的一段时间里，除了刘禹锡、柳宗元、吕温、韩泰、李景俭等几个人以外，他与韦执谊还分别联络了陆淳、韩晔、陈谏、凌准、程异、房启等人。其中陆淳、程异、房启数人的历史记载甚少，其他几人的生平大致如下：

韩晔，生卒年不详，其父韩滉在贞元初年曾为宰相，并封晋国公，世称韩晋公，不久即去世。韩晔本人也有才华，韦执谊很赏识他，而他本人也愿投靠韦执谊，曾任尚书司封郎中。

陈谏，生卒年不详，只知其郡望为颍川（今河南许昌），大历年间曾在刘晏属下任职，后来到京做朝官。

凌准（？—808），字宗一，杭州（今属浙江）人，通史学，尚古文。当他二十岁时，曾以书文被宰相看中，擢崇文馆校书郎，建中年间以金吾兵曹为邠宁节度掌书记，后因破敌有功，加大理评事、御史，贞元二十年（804），从浙东观察判官、侍御史被召入朝廷，与王叔文有旧交情，所以一入朝廷，便被王叔文看中，私下交往起来。

最后要提到的一个人便是王伾。他的生卒年虽然不详，但大概与王叔文、韦执谊这些人的年龄差不多，杭州人，因其擅长书法，所以最初便是以书法而任翰林侍书待诏。据《旧唐书》《新唐书》《资治通鉴》诸史所载，王伾这个人相貌丑陋，品格低下，喜收贿赂，志气等方面都不如王叔文，入长安多年，仍说一口改不掉的吴地方言。《旧唐书》《新唐书》还说他一直被皇太子李诵所“亵狎”或“亵宠”。所以，同样是浙江人，同样姓王，同样服侍东宫太子，岁数也差不多，但李诵对他们两人的态度是不一样的。也正因为如此，王伾可以在东宫出入无间，随心所欲，无所禁忌，王叔文反不能如此。王叔文所能进入的，只到翰林为止，王伾却能一直进入翰林院，直接见到皇后牛昭容等人。但宦官中除了李忠言等少数人，一般人对他如此得宠是不满的，而王伾对宦官擅权的现象也不满意。

王叔文是个颇有谋略的人，正是看到了王伾与宦官之间的不和，同时又觉得王伾出入东宫如此方便随意，又得到李诵的宠信，今后总有能借力的地方，所以他与王伾之间的关系也相处得很好。

但是，贞元末年的各派政治力量相当复杂。宦官得到德宗宠信，十分得势，自然盛气凌人，可是作为皇位继承人的太子李诵却不喜欢宦官，从不以好脸色来讨好那些得宠的宦官，却信任陪他侍读的王叔文、王伾等人。

因太子不喜欢宦官，所以宦官也就不喜欢太子。再说，宦官之间也有矛盾，如深得德宗宠信的俱文珍与深得皇后宠信的李忠言之间就各恃一方，不相往来。宦官权势一重，一些贵族士大夫的心态又不平衡，以期得到皇帝的重用，这样就未免遭到宦官的妒忌，所以贵族士大夫与宦官之间也有离合与矛盾。

与此同时，贵族士大夫为得皇帝宠信，互相之间有时也难免争风吃醋，互相诋毁，内部关系也不和谐，于是便注意提拔拉拢一些出身寒微而又有才华的进士出身的中青年知识人才，引入自己的政治圈子，扶植自己的政治力量。由于那时的朝政大权除皇帝以外，几乎都被宦官和贵族士大夫把持着，所以那些出身卑微而又有志报国、锐意仕途的中青年知识人士，如韩愈、柳宗元、元稹、白居易、李绅、李翱、张籍，就不得不投靠或借一些名士贵人的援引而进入朝廷，否则便报国无门，壮志难酬。刘禹锡本人连中三科，他的才华固然是他得以仕进的条件之一，但如果没有杜佑、韦夏卿、李汶等人的赏识和举荐，他也未必能在京城担任朝官。

官场上的政治嗅觉和敏感度也是惊人的。如王叔文、韦执谊暗中拉拢刘禹锡、柳宗元，而刘禹锡、柳宗元与他们政治主张相同，也愿投靠他们，这就使这两位监察御史的顶头上司——御史中丞武元衡大为不悦，嘴上不说，心里却对这两位部下大有看法。这一点，刘禹锡和柳宗元二人心里也很清楚，却不想去做什么解释。

对于朝官、宦官之间各种错综复杂的关系，德宗心里很有数，也很注意动向，因此也就养成了猜忌的习惯。而王叔文、王伾以及刘禹锡、柳宗元这些生活于朝廷下层的人物之间的来往，也必然要引起其他朝官的注意，所以皇帝猜疑大臣，大臣之间互相猜疑，便成了贞元末年的一种朝廷风气。诚如白居易在《论左降独孤朗等状》中所说的："人家不敢欢宴，朝士不敢过从。"当时政治空气的险恶，由此也可见一斑。

五　德宗驾崩

然而，就当王叔文、韦执谊与刘禹锡、柳宗元等互相谨慎往来，关注着政局的变化发展时，这年九月，李诵忽然中风，不能说话。这对刘禹锡来说，不能不产生种种顾虑和想法。因为他知道李诵宠信王叔文等人，而王叔文也必须得依靠李诵才能实现自己的政治宏图。现在李诵得疾，口不能言，怎不令他着急呢？

但更着急和伤心的还是德宗皇帝，因为李诵是他的长子，早已册封为太子，自己年事已高，不久于人世，今后朝政大事，都要靠他来继承和决断，现在突然中风而不能说话，岂不坏了大事。所以，作为一国之主，他又不得不为今后的皇位和朝政问题操起心来。

不久，春节来临，历史翻到了贞元二十一年(805)，按照当时宫中的惯例，诸王、亲戚都要入宫来为德宗恭贺新禧。但今年他人都来庆贺，只有太子一人因病不能前来，德宗一想到这一点，便对新年的兴趣大为减少，觉得索然无味，不禁老泪纵横，涕泣悲叹。旁边的人也个个低首默立，整个皇宫笼罩着不欢的气氛。

没过几天，德宗便因思虑太子和今后的国事而得了疾病，而且一天比一天沉重。宫内的人都急坏了，为了安稳人心，立刻封锁德宗患病的消息。所以在春节过后的二十多天里，刘禹锡等朝廷命官因里外消息不通，根本就不知道皇帝和太子的近况如何。

德宗生病时，诸王子和亲戚都来看望他，侍候他服药，只有太子李诵一人卧病不能前来，所以德宗在弥留之际，愈加思念太子，涕咽良久。二十多天后，他便去世，终年六十四岁。

德宗去世以后，便由太子李诵继承皇位，是为唐顺宗，那年已经四十四岁。

第三章

惊心动魄的“永贞革新”

第一节　新政推行与“二王”“刘柳”

一　与武元衡积怨

俗话说：“一朝天子一朝臣。”德宗的去世和顺宗的继位，对于当时的宦官和李实等受宠信的官员是不利的，但是对于王叔文、韦执谊、刘禹锡等一批有志变革的官员来说，却是十分有利的。

顺宗虽然中风在床，口不能言，但脑子却很清楚。他即皇位以后，虽不能正常上朝会见百官，但经常住在宫中，施帘帷，只有宦官李忠言和皇后牛昭容侍病左右。文武百官的奏议，自帷中准其奏。王伾在东宫侍奉太子时，本来出入就很方便，李忠言和牛昭容也知道顺宗宠信王伾，所以德宗一去世，王伾便先入宫中，得顺宗默许，称诏召王叔文进宫，坐镇翰林，让王叔文来决断各种大事。

王叔文得此权柄，自然十分振奋，同时也很小心谨慎，每逢重要之事，便悄悄找刘禹锡、柳宗元等人商量，然后便转告王伾，王伾再转告李忠言，李忠言便把王叔文的意思再称为是顺宗的诏书，向下宣布施行。所以在顺宗刚继承皇位的日子里，外面的文武官员还不知皇帝诏命的由来，只有皇宫里的大小太监们稍稍知道一些内幕。

同年二月，天稍暖和，顺宗才开始在宣政殿北的紫宸门上朝，会见百官。由于顺宗信任王叔文，而王伾等人的才能又远在王叔文之下，所以朝中的国政大事和重要的人事安排，基本上都是由王叔文决断之后，再以顺宗的名义颁布天下。仅在二月，朝廷中的人事便有了以下几个较大的变动：

以杜佑为摄冢宰，兼山陵使；

以御史中丞武元衡为山陵副使；

以吏部郎中韦执谊为尚书左丞、同平章事（也就是宰相）；

以殿中丞王伾为左散骑常侍，保持他原先的翰林待诏；

以苏州司功王叔文为起居舍人、翰林学士。

需要说明的是，王叔文之所以请杜佑为摄冢宰兼山陵使，一则是由于杜佑年已七十，德高望重，二则是他对于典章制度、祭礼仪式等相当精通。他请韦执谊为宰相，主要是因为韦执谊在时为太子的顺宗介绍下，与他已结交多年，两人志同道合已久，都想对弊政有一番改革。再说，韦执谊喜欢提携后隽，善于交结，这也是他十分需要的。

也是在这个月里，刘禹锡在杜佑的推荐下，在监察御史的职务之外，另兼崇陵使判官的职务。

可以这样说，在德宗病重去世、顺宗即位的一段日子里，刘禹锡对政局始终都处于极其关注的状态。对于德宗的去世，他当然也是悲哀的，曾写过《德宗神武孝文皇帝挽歌》二首，以示哀悼。但是，他对顺宗的即位，似乎更有信心，因为他知道顺宗信任王叔文，而王叔文又很器重自己，如王叔文得势，一定会提携自己，而自己过去所信奉的一些“达则兼济天下，穷则独善其身”的人生追求和理想，多少也可实现一些。所以，那些天他经常与柳宗元、韩泰等人议论国事，私下交换看法，他们都觉得自己的顶头上司武元衡也是进士出身，精通诗赋，有文才，职位也很重要，如能同心协力一起干，对改革弊政一定很有帮助，便建议王叔文可以把他一起拉过来。

王叔文觉得御史中丞在殿中兰台掌管图籍秘书，在外督部刺史，监察郡国行政，在内则领侍御史，考察四方文书计簿，劾按公卿章奏，职位的确相当重要，为了施展自己的政治抱负，顺利实施自己的改革意图，便派人以形势利害来劝说担任此要职的武元衡。不料这次武元衡竟一口回绝。原来他自恃出身高门，又得德宗器重，根本就看不起王叔文、王伾、韦执谊、刘禹锡、柳宗元这些出身寒微的朝官。再说，他对王叔文、韦执谊等人暗中来往，拉拢他底下的人才也甚为不悦，所以根本就不想与王叔文、韦执谊等人搞在一起，而自有另一套政治主张。

因德宗去世，要奉德宗山陵，朝廷便以武元衡为仪仗使。刘禹锡觉得自己身兼崇陵使判官，便向他要求充任仪仗判官。不料武元衡对刘禹锡与王叔文、韦执谊来往一直心怀不满，对他的要求便一口加以回绝。

这件事把刘禹锡一时弄得十分尴尬，也觉得很失面子，从此，他与武元衡之间便留下了一道不和睦的阴影。

再说，王叔文此时正需要把握朝政，树立自己的威信，当他听说武元衡对刘禹锡如此轻视无礼，十分不快，联想起过去拉拢他而遭拒绝的事，感到武元衡在政治上必定会与自己唱反调，于是，没过几天，便罢免了武元衡御史中丞的职务，让他去担任右庶子一职，实际上就是让他去当皇太子李纯的侍从官。

武元衡调离御史台以后，刘禹锡、柳宗元、韩泰等人做起事来都放手许多。而王叔文一边罢免或调离那些与自己政见不同的人，一边又不断提拔那些与自己政见相同的人，有时多到一天数次拜官授职。他办事干净利索，绝不拖拉，有时手下推荐某人以后，不超过一两天，便委任其到一个合适的官位上。

这样一来，也惊动了不少本来就想升官发财的人，于是，不仅是韦执谊的家，就连平时少有人问津的刘禹锡的家门前，不论白天黑夜，总是停满了车马，来访者络绎不绝。其他像柳宗元、韩泰、李景俭的家门口，也是不论昼夜，访者如流，车马如市。至于等候着要见王叔文、王伾的人，更是通宵等候，有的干脆睡在长安城左右街坊中卖饼或卖酒的摊位上，以便第二天一早就能见到他们。

当时，二十四岁的牛僧孺正来京赴考。因见刘禹锡正是朝廷的红人，而且又有文才，自恃与他曾有一面之交，便拿着自己写的诗篇，到刘禹锡门下拜谒，想通过自己的诗作来与刘禹锡相结交。

谁知刘禹锡因参政以来事务繁忙，接待人物又多，一时也没十分注意牛僧孺，顺手接过他递交的诗作，一边阅读，一边就修改起来，遇有不妥之处，便随意飞笔点窜勾画，不一会儿就阅改完毕，交还给了牛僧孺。

牛僧孺原想通过这次诗歌创作上的交流来进一步结识刘禹锡，没想到他居然这么快就修改了诗作，连句客气话也没有，颇有点老资格的味道。他一方面固然佩服刘禹锡才思敏捷，点窜涂改有合理之处，但一方面又觉得他有点傲气和自负，似乎有点看不起他，所以取回自己的诗作便没精打采地走了。

二　大获民心的新政

不过，刘禹锡那时的确忙，除了接待牛僧孺等一些慕名来访的人以外，还要接待其他各种人物。而且，那时王叔文每每遇上一些大事要事，也就把他引入禁中，与他商量。每到这时，刘禹锡便直抒己见，坦率提出自己的看法。王叔文听了他的意见，几乎是言无不从，都加采纳，就如同宰相一般来器重他。而刘禹锡见王叔文如此器重自己，也就心甘情愿地跟从他，积极地为他献谋划策。

由于顺宗口不能言，在此特殊情况下，他与臣下联络的大致程序便是这样的：先由牛昭容领会顺宗的旨意，向宦官李忠言宣旨，李忠言再传给王伾，王伾再转给王叔文，王叔文接领旨意后，便与刘禹锡与柳宗元等人商量，决断以后，便下达中书，再由韦执谊加以施行。这与德宗刚去世，王叔文初执权柄时的程序已略有不同。同样的，下面的情况也是通过这样的递转程序传到宫中或顺宗耳中。

一般说来，王伾以出入内外、往来传递为主，王叔文主决断，是决策人，决定每件事情的可行与否，韦执谊则是具体的执行者，而刘禹锡与柳宗元等则以采听外事、了解情况为主，然后再与王叔文共同谋议。如果说在贞元末年刘禹锡与王叔文、韦执谊等人的交往还是私下的，到了现在，他们之间的交往则是公开的了。

刘禹锡和柳宗元在采听外事的过程中，深知老百姓对各种苛捐杂税的憎恨，老百姓同时抱怨的还有宫市、五坊小儿、送良家民女入宫等。

所谓宫市，兴于唐德宗年间，即宦官有时打着皇上享用的旗号，在京城里横行霸道，随意掠夺民间财物，一见街市商铺里有自己喜欢的物品，便以皇帝的名义强行夺走。而百姓一听皇帝享用，怎敢问其要钱？所以有不少百姓只能眼睁睁看着自己的东西被抢。

所谓五坊小儿，也是前几年刚兴起。五坊即雕坊、鹘坊、鹞坊、鹰坊、狗坊，那些在五坊内张捕鸟雀的人便被人唤作小儿。他们有时故意把网张罗在人家门口或井口，让人不得行走或汲水饮用，如稍靠近一点，小儿们便围上来诬告道：“你惊动了我供奉给皇上的鸟雀！”随即便拳打脚踢，痛打一顿，直到被打的人出财物求饶，才肯放行。这些小儿有时还相聚饮食于街市，醉醺醺而去，实际上就是群流氓。

所谓宫女，都是从民间召来的少女，被选入皇宫来服侍皇家人员的。据白居易说：“天宝末，有密采艳色者，当时号花鸟使。”到德宗年间，后宫中宫女越积越多，她们十几岁便离开父母和家庭，到老仍深居宫中，不能嫁人，不得自由，生活相当苦闷，家长也很抱怨。

实际上，出身寒微的刘禹锡，早就开始同情百姓，注意民生的疾苦，而王叔文等人，甚至包括顺宗在内，也想对这些弊政加以废除或调整。只是德宗在位，年事已高，不便提出，现顺宗即位，在他的支持下，王叔文与刘禹锡等人才把老百姓长期积怨的一些事情，逐一拟定对策。

不久，也是在二月里，顺宗抱病亲自来到丹凤门，由人宣旨，大赦天下，除正常贡赋之外，一切苛捐杂税和乱七八糟的进奉全部免除。同时宣布取消宫市，驱逐五坊小儿，把关在后宫中的宫女们放回家去，由她们的父母到后宫接回。

这些政令出台以后，人情大悦，老百姓们无不拍手称快，许多父母纷纷来到后宫门口，来接自己多年未见的女儿，而女儿们见到自己多年未见的双亲，更是悲喜交集，止不住放声痛哭……

刘禹锡望着这一幕幕动人的情景，脸上也绽出了由衷的笑意。这一切，都是他梦寐以求，也是他多年所向往的，现在居然都实现了，其心情的愉快可想而知。

据史载，唐王朝后宫关闭宫女曾达数千人之多，王叔文等人曾放过几批宫女，三月放出三百人，后又放出后宫及教坊女妓六百人，前后共约近一千八百人，这个数字是相当可观的。

很显然，王叔文、刘禹锡等人这样做，首先是为了赢得人心。因为他们很清楚，以他们原先的官衔和影响，突然出现在政治舞台上发号施令，是很难有号召力的，只有为民办事，取得民心，方可推行自己的改革方案。

为了争取民心，王叔文、刘禹锡等除了改革弊政，还罢免了李实的京兆尹一职，把这个民愤极大、老百姓对其咬牙切齿的恶官贬为通州长史。当老百姓获知这一消息，无不欢腾，在他贬谪离京的那天，都在袖口里藏了瓦片或石块，拥向街头，向他的脑袋砸去，吓得李实只得从月营门的苑西灰溜溜地逃出京城，后在贬谪的道路上死去。

王叔文、刘禹锡等人的做法，虽然深得民心，却也得罪了一些宦官和贵族士大夫。他们本来就瞧不起王叔文、刘禹锡这些出身既低、官阶又低的小官，现在看到他们趁顺宗口不能言的机会，代替皇上发号施令，岂不眼红？一下子却又拿他们没办法，因为他们都知道王叔文善于决断，敢于作为，所以，京城里的各方人士，无不知王叔文、王伾的名字，也无人不知刘禹锡、柳宗元的名字，却又不敢直呼其名，即使路上相遇，也只有以目相视，称他们为“二王”“刘柳”。而这个称呼，几乎已成了王叔文政治集团的代名词。

更有一些别有用心、猜忌成性的人，在背后造谣生事，暗放冷箭，或说王叔文等暗中与藩镇有来往，或说韦执谊接受贿赂，一时间流言四起，诽谤之语时有传播。

当然，作为自下而上的当权派，“二王”“刘柳”一时得势，有些人想以贿赂来求个一官半职或许总免不了，如《旧唐书·王伾传》中说王伾家门车马填塞尤盛，“珍玩赂遗，岁时不绝。室中为无门大柜，唯开一窍，足以受物，以藏金宝，其妻或寝于上”。《新唐书》《资治通鉴》等都有同样内容而文字略有不同的记载。实际上《旧唐书》中有关“二王”“刘柳”以及“永贞革新”的记载，均从《顺宗实录》中来，《顺宗实录》为韩愈所撰，而韩愈又是反对王叔文等改革的，所以像这一类的记载，有可能是根据当时的事实记载，也有可能是根据当时的传言记载，或许存在，也可能不存在，令人一时难以辨别清楚。

然而，王叔文、刘禹锡等人却不顾当时持不同政见者的目光和态度，依然照原先预定的改革方案进行下去。

取得民心之后，接下来便是进一步充实自己的政治力量。三月，王叔文、刘禹锡等计议之后，把在德宗时因敢于直言而遭贬谪的贤相陆贽召回京城，同时召回的尚有正直官吏阳城、郑余庆等人。可惜此时陆贽、阳城已分别在贬所去世，王叔文等得知后，立刻赠官追封以示褒奖。

当时担任尚书右丞的是韩皋，他自恃自己是贵门之后，对于王叔文从苏州司功和东宫侍读的区区小官而一下子执掌国政发号施令，大肆改革极为不满，十分愤嫉，曾对人说：“我韩皋是不可能去为这些新贵做什么事情的！”

不料其从弟韩晔正是王叔文集团的骨干，便告诉了王叔文。王叔文闻后大怒，立刻罢免了韩皋的尚书右丞之职，让他离开京城，出为湖南观察使。

三　窦群的告诫

正当王叔文与刘禹锡等人积极谋划，进行大刀阔斧的改革，不断罢免一批人、提拔一批人时，有一天，王叔文家中忽然来了一位客人，王叔文抬头一看，原来是侍御史窦群，便立刻命令侍从撤去卧床，迎他进来。

王叔文如此礼遇窦群，并不是偶然的。

窦群字丹列，比刘禹锡大七岁，也是窦叔向的儿子，他的哥哥窦常曾与刘禹锡共过事，另一个哥哥窦牟、弟弟窦巩也都考中进士，唯独他宁愿当一名处士，不求仕途，隐居毗陵（今江苏常州），以节操闻名于士林。韦夏卿在任苏州刺史时，就听说过他的名字，以为有奇才。后韦夏卿任吏部侍郎，改京兆尹，就向朝廷推荐窦群，朝廷便召他为左拾遗，升侍御史，充入蕃使秘书监张荐判官。于是，窦群在一次应召入对时向德宗对奏道："陛下即位二十年，才开始把臣从草泽升任为左拾遗，这是多么难以进入啊；今陛下又把我这个二十年难进之臣用为和蕃判官，这一下子又显得多么容易啊。"

德宗听了这番话，觉得很奇异，也极少听到，便不再使他入蕃，留在朝廷，仍任侍御史一职。从此，窦群在朝中，众官多以为奇，觉得他有些与众不同的特异之处，故多刮目相看，都以名士相待。所以，王叔文知他此番登门，必有要事相谈，才有以上殷勤相迎的举动。

再说窦群进门以后，便对王叔文作揖道："事有不可知者。"

王叔文知道他话中有话，便问道："此话怎讲？"

窦群便直言提醒道："去年李实自恃宠贵，甚嚣尘上，不可一世，倾动一时，那时你逡巡路旁，只不过是江南一个小官吏罢了。

如今你实际上也已处在了李实当年的形势和处境，又怎能不考虑一下路旁有当年像你这样的人物呢？”

王叔文一听，不觉为之一震，感到还很少有人如此提醒，竟将他与李实加以比较。但又一想，自己的所作所为，毕竟与李实不同，甚至是截然不同，所以虽然觉得窦群的话很奇特，也很有些道理，竟没有引起警觉，并不表示认同，更没有加以重视和采纳，只是沉默不语。窦群见他不听，也只得拱手而去。

四　遭人弹劾

早在王叔文微贱之时，便经常说钱谷是经国之大本，可以盈缩，也可操柄市士。而刘禹锡自结识王叔文以后，也常常听他谈起过钱谷的重要性。因此，当王叔文收取了人心、充实了自己的政治力量之后，接下来便与刘禹锡、柳宗元等人一起商量如何来控制和掌握国家的财政和经济诸问题。

计议之后，王叔文、刘禹锡等都认为如让杜佑出面任职，朝野和新旧官僚的争议不会太大，于是，同年三月，任杜佑为度支盐铁使，主持财政工作，王叔文为度支盐铁副使。同时又调浙西观察使李锜为镇海节度使，并解除了李锜原先担任的盐铁转运使之职，让杜佑兼任诸道盐铁转运使的职务。其实，杜佑那时年已七十一岁，虽德高望重，但精力有限，实际权力仍在度支盐铁副使王叔文手中。

王叔文在与刘禹锡的交往和交谈中，知道其父刘绪生前曾任扬子盐官，擅长于盐务；再说，刘禹锡本人也曾在杜佑手下任过事，多少懂点经世明志之道，而且杜佑对他也很赏识，于是，在征求了刘禹锡本人的意见之后，同年四月，在王叔文的主荐下，任命刘禹锡为屯田员外郎，以接替段平仲的职务，同时又任刘禹锡为判度支盐铁案，仍兼崇陵使判官一职。

在唐代，屯田员外郎负责掌管天下屯田，包括京城文武官员的职田，对于诸司公廨钱，则按品给之，所以权力相当大。刘禹锡知道王叔文安排他这一职位，以及任命他为判度支盐铁案之职，不仅是对他的信用，同时也是对财政和国家收入方面力量的加强，所以干起来特别起劲。

但他没想到的是，这实际上也是一个难题。因为屯田员外郎一职中的有些事情，直接牵涉有些政府官员的利益，稍有疏忽，便要引起他人的不满，容易得罪人。也不知他在公务处理上哪一个环节中出了毛病，也许是他人的误会，身为侍御史的窦群，本来就有权力举报和弹劾政府官员的非法行为，于是突然向上禀奏："屯田员外郎刘禹锡，挟邪乱政，不宜在朝廷任职。"

王叔文知道此事以后，马上召集刘禹锡等人，问刘禹锡道："这是怎么一回事？"

刘禹锡一时也不知如何回答是好，只得无奈地摇摇头："我自己也不知道是怎么回事。"

"会不会我们以前太怠慢了他？"柳宗元插话道。

刘禹锡想了一下，觉得也不是没有可能。原来，刘禹锡、柳宗元与窦群都在差不多的时候陆续来朝任官，而且同在御史台任职，刘禹锡、柳宗元总认为窦群不是进士出身，一直有点看不起他，在他面前一向显得有点傲慢；而窦群偏偏又有点名士性格，你看不起我，我也看不起你，所以，窦群与刘禹锡、柳宗元之间的关系一直不和。他明知刘禹锡、柳宗元之间关系密切，却偏偏不愿附和进去。再说他上次主动上门提醒王叔文，王叔文居然无动于衷不当一回事，因此也不愿继续与王叔文来往，而相反却与武元衡有了共同语言，受到了武元衡的器重。

大家商量了以后，有些人觉得窦群屡与新政作对，总是个障碍，不如把他贬谪，逐出京城算了。这时韦执谊却不赞成，发话阻止道：“窦群虽然不与我等站在一边，但他在朝中一直以刚强耿直、敢于直言而闻名，现在只因他弹劾了刘禹锡，就把他贬逐出朝廷，恐怕未必妥当，还是暂时不碰为好。”

王叔文先是不语，这时却说：“我也以为窦群是奇人，有奇才，敢直言，但他弹劾刘禹锡‘挟邪乱政’，显然是对着我们的新政而来，不能纵容。我看不宜在朝的是他而不是刘禹锡。”

于是，窦群当即被罢免侍御史一职。朝中敢说话的人更少了。

五　矛盾激化

顺宗即位，转眼已有两个多月了，但身体一直未见好转，有时还是被人扶着才来到殿上，文武大臣只是在远处瞻望他一下而已，没有一个人能够与他面对面地上奏对话，全靠牛昭容、李忠言等代为传达圣旨，或由刘禹锡、柳宗元在禁中代王叔文草拟文诰，告示百官。长此以往，总不是个办法。所以，每念及这一点，无论宫内宫外，朝上朝下，都为国家和朝政的未来担心。

因为照当时人的观念，皇帝是一国之主，统治一切，而现在的一国之主既不能说话，又不能站立，老是躺在龙床上，这怎么行？所以，为了国家的未来，很多朝官都希望能早点立一位皇太子，以便在适当的时候继承皇位，主持国事，以免政局动荡。

然而，王叔文、王伾、韦执谊、刘禹锡、柳宗元等人却另有想法。因为顺宗虽不能说话、站立，但却支持他们的改革，他们也正是在顺宗的支持下才革除了许多弊政，掌握了许多权力，推行了许多新的政治主张，所以，他们只想顺宗的身体能健康一些，把皇帝的宝座继续坐下去，而不愿意听那些另立皇太子的主张和建议。

但是，皇宫里的宦官俱文珍、刘光琦、薛盈珍等人却仍主张应早立太子。因为他们在德宗时曾受到宠信和重用，现在德宗去世，顺宗继位，却不宠信或重用他们，宫中大权都掌握在李忠言、王伾等人手里，而朝中又是王叔文、韦执谊等人的天下，故心中极为不满，于是也聚在一起共同密谋，然后启上传召翰林学士郑絪、卫次公等人再次来到金銮殿，要他们起草册立太子的制文。

郑絪、卫次公等人本来就认为顺宗身体有病，应该让当时的广陵王李纯来继承皇位，结果未能如愿，而顺宗继位后，反让王叔文等人掌了大权，心中也早已不满，希望立个太子来继承皇位，所以与翰林学士李程、王涯等一到金銮殿，便与俱文珍、刘光琦、薛盈珍等人一起商量，都觉得按照惯例，应立长子李纯为太子，作为皇位的继承人。于是就把这个意见禀报了上去。

在顺宗左右侍候的牛昭容等人接了郑絪、卫次公等人建议立李纯为太子的奏议后，甚是不悦。也许是李纯比较英睿，原来牛昭容等人一向不喜欢他，所以也就没有把这个奏议的内容禀报给顺宗。

再说郑絪、卫次公等人上奏以后，一直得不到皇上的批复，估计是牛昭容等人从中阻梗，奏议未必传到顺宗手里。于是，郑絪不再通过这条渠道，而干脆在纸上写了“立嫡以长”四字交给宦官俱文珍等人，让他们转呈给顺宗，宦官趁牛昭容、李忠言等人不在顺宗边上的时机，呈给顺宗看。顺宗虽然不能说话，眼睛尚可，看了这四字，便点头表示同意。

就这样，立李纯为皇太子的事，在宫内便初步定下。

顺宗为帝时，朝廷宰相有五人，分别是：贾耽、杜佑、高郢、郑珣瑜、韦执谊。其中贾耽年龄最长,已七十六岁。当时他对王叔文等人执政施令十分反感,常称病不出朝,只是屡屡乞求自己尸首以后有个埋处即可。高郢、郑珣瑜则处中立。杜佑当时虽为王叔文等人所重用,但只是用他的名声和资历,外面的人未必把他当王叔文集团里的人看待,所以真正属王叔文集团的宰相,只有韦执谊一个人。

有一天,杜佑、高郢、郑珣瑜、韦执谊四位宰相一起在中书省聚餐。按照当时的旧例和规矩,如宰相正在吃饭,文武百官都不可以打扰,不准谒见。这时,王叔文因有急事,匆匆忙忙地来到中书省,对值班的官吏说:"我有要事要与韦相公商量,请你赶快去通报他。"

值班官吏说:"韦相公正与其他相公用餐,照历来的规定此时是不能见客的。"

王叔文大怒,立刻叱斥道:"我有紧急要事,耽搁了由你负责!"

值班官吏知道王叔文权倾天下,见他发怒,吓得只好进去禀报韦执谊:"王叔文在外求见相公。"

杜佑、高郢等均把眼光投向韦执谊,因为他们知道此时任何官员都可以不接待。实际上韦执谊心里也明白这一点,但想王叔文来找,必有要事,再说,他的宰相之位也是由王叔文上奏后才得到的,岂敢怠慢?于是只得红着脸,惭愧地向三位宰相逡巡作揖一番,竟然离开席位,去迎王叔文,然后就在中书省的楼上密谈起来。

杜佑、高郢、郑珣瑜三人见韦执谊离席,只好都停下筷子,等待他一起吃。不料过了很长时间,韦执谊还没谈好,却有小吏前来报道:"王叔文饭也没吃,想取一点饭,韦相公已经与他在楼上同食了。"

杜佑、高郢、郑珣瑜闻罢，面面相觑。他们知道韦执谊在用餐时接见官员，已是失礼；破坏了一贯的制度，与王叔文密谈这么长时间，让他们停箸以待，又是失礼；现在王叔文公然在宰相的中书省内要饭吃，且让韦执谊撇开其他宰相与他个别密谈，更是目中无人，失礼已极。杜佑和高郢心中明知这是违反规定的，但又知王叔文、韦执谊两人现在掌握朝政大权，不敢得罪，只得默不作声，郑珣瑜则气愤已极，独自叹气道："如此状况，我怎么能够再待在宰相这个位置上！"

说罢，他看了看杜佑和高郢，饭也不吃了，骑着马独自回家去了。从此，他也与贾耽一样，称病不出，也不来问什么朝政大事了。

实际上，贾耽、郑珣瑜在当时都是天下颇负重望的宰相，现在相续不来朝廷问事，消息传出，文武百官都是又惊又怕。而王叔文和韦执谊等人非但不知官场人心正在远离他们，还认为少掉两个障碍也是好事，因此发号施令起来更加没有什么顾忌。

而刘禹锡、柳宗元、韩泰、陈谏、凌准等人见王叔文、韦执谊等大权在握，更加得意扬扬，他们经常一起上朝，一起谋划，一起朝回。又与王叔文、韦执谊等互相推奖，以伊尹、周公、管仲、诸葛亮等互相比况。当时刘禹锡除了在禁中图议政治、起草文诰之外，还搞了一些接待事务，门吏每天接到的书信就达数千，刘禹锡每次都一一报谢。由于书信回谢太多，每天都需用一斗麸来煮成糨糊，放入绿珠盆中，以供封缄书信之用。刘禹锡当时的繁忙程度，已可想见。

这无疑是刘禹锡一生中最风光、最辉煌的时期，但他怎么也没有料到，一场政治危机已经在朝廷潜伏着，并且正逐渐向他们的政治集团蔓延。

第二节　形势剧变

一　争夺太子之战

应该说，王叔文、韦执谊、刘禹锡等人所推行的一系列政治主张和弊政改革，如废除宫市，驱逐五坊小儿，蠲免百姓所欠各种课利、租赋、钱帛，禁绝各种苛捐杂税和例外进奉，贬谪贪污残忍、民愤极大的李实，召进被贬的贤相陆贽，放出后宫宫女及掖庭教坊女乐，打击藩镇割据势力，削除宦官在军中的势力，都是很符合民心民意的。问题在于：朝廷内的政治派别和党派之争本来就很复杂，现在突然冒出了一批官微职贱的新人物来掌管国家大权，发号施令，多数官员心里已不平衡，而且，顺宗又不能亲自上朝理政，多是由牛昭容、李忠言、王伾、王叔文、韦执谊等一批人来代为宣布各项政令，这就越发使一部分朝廷贵官和宫内宦官们感到疑惑猜忌，使他们分不清究竟是皇上的旨意还是王叔文等人的意思。再加上这批新上台的政治人物，除了韦执谊等个别人注意到一些与其他派别的关系，考虑到一些外界影响和周围环境的反应，其他像王叔文就很少考虑要注意团结大多数人，王伾更是贪小利，行为不检，受到外界舆论的指责。而刘禹锡、柳宗元等也都是性格耿直、自视很高的人，你不买我的账，我也不买你的账；你武元衡是我的顶头上司，对我有看法，态度粗鲁，我偏不来依附你。再说，王叔文等人动辄罢免或贬谪某一个官员，动辄又提拔或任命某一个官员，全从对自己的政治态度来衡量，大有顺我者昌、逆我者亡的味道。因此，他们的改革措施虽好，但仍引起了许多人的不满。

与此同时，顺宗也自知体力不支，难以亲理朝政，再加上大臣中有一部分册立太子的呼声很高，于是，这年四月，他被人扶着亲自来到宣政殿，宣布册立李纯为皇太子的圣旨。

在隆重的仪式中，年轻英俊的李纯拜谢了父王，接受了皇太子的册立。当时在京的文武百官都参加了这一盛典，回来以后，许多大臣都互相祝贺皇太子的册立，甚至有的人竟感动得哭泣起来。武元衡因被贬后正好在李纯身边陪侍，也一向主张和极力赞成引李纯为皇太子，现见已如愿正式册立，也是喜不自禁。

但是王叔文回来后却面有忧色，敏锐的政治嗅觉已使他感觉到近期内的政局可能会再次发生动荡，而这种动荡对自己及其政治集团的成员是很不利的。因为顺宗的身体毫无起色，迟早要退位，他一退位，便是皇太子李纯继位，而自己与政治集团成员刘禹锡、柳宗元等与李纯一向没有密切关系，相反，反对自己的武元衡、郑絪等人却与李纯关系密切，如此一来，新政必不能继续推行……

想到这儿，他不禁叹了口气，吟起了杜甫的诗句："出师未捷身先死，长使英雄泪满襟。"

李纯被立为皇太子以后，不仅使王叔文深感忧虑，就连韦执谊、刘禹锡等人也感到不安，因为武元衡目前正在东宫陪侍太子，他一定不会在太子面前说革新的好处，也不会说他们的好话，一旦顺宗退位，太子继位，一定是起用武元衡等人。想到这些，韦执谊、王叔文、刘禹锡等人觉得太子现在不过二十余岁，尚年轻，应赶快向他灌输一些新政思想，让他同情他们现行的政治改革，赞成他们的政治主张。再说，韦执谊也意识到自己身为宰相，许多事情只与王叔文商量，不与其他大臣通气，也很专权，恐怕引起太子的不悦，于是，他就委派主张政治革新的人物陆质去陪太子侍读。

陆质精通《春秋》，学问极好，当时担任给事中一职，现受韦执谊委托，任太子侍读，自然领会韦执谊的真实用意，于是便来到太子李纯的身边，向他讲授先秦及汉儒的各种经典著作。李纯也知他是一位深受士大夫礼重的著名老学者，对他的讲解听得也很认真。可是，他从武元衡以及其他士大夫的嘴巴里，已经听到了不少有关王叔文、韦执谊改革政治的情况，以及他们如何在父皇病卧在床、口不能言的情况下把持朝政大权的种种坏话，心中已经对王叔文、韦执谊等人颇为不满，所以，每当陆质谈论当今政治时，他马上就发怒道：“陛下是令先生来为寡人讲解经义而已，为什么要去干预其他事情呢！”

陆质一听，知道事情不妙，满面通红，只得惶惧而出，把情况告诉了韦执谊。

韦执谊听了陆质的汇报，知道太子已被武元衡等人拉去，不可能再支持他们的政治主张，心情更加沉重。

二　宦官的阴谋

正在此时，韦执谊的丈人杜黄裳来到相府，韦执谊真心以礼相迎。杜黄裳因受裴延龄的排挤，自佐朔方军来担任侍御史后，留滞台阁十年，也没提升过一次，还是前不久他的女婿韦执谊任宰相后，才提拔他担任太常卿的职务。

这杜黄裳本是个性情雅淡之人，自从韦执谊为相，与王叔文一起把持朝政后，他听到了不少流言蜚语和各种议论，对王叔文等十分气恼，从不到王叔文家去。这次因太子册立，特来劝说韦执谊，希望他能与王叔文分道扬镳，不要搞在一起。

双方施礼完毕，分别坐下，杜黄裳便说：“现在皇上身体不好，朝中对王叔文言论颇多，新近太子册立，你身为宰相，应该下个命令，率文武百官请皇太子监国，这样才有利于朝廷和国家。”

韦执谊听罢，吃惊地说：“丈人刚刚才得到一个比较像样的官，怎么一开口就议论起皇宫内部的大事来了？”

杜黄裳见女婿不听劝告，勃然大怒：“我黄裳受恩三朝，岂是一官就能买下的吗！”

说罢，便拂袖而起，气呼呼地走了。

杜黄裳走了，但韦执谊从他的谈吐中，也知道他的政治倾向与自己有分歧，而从陆质那儿得到的信息，也可以明确知道皇太子李纯——也就是未来的皇帝也是不支持他们的，对于这样的局面，颇有忧虑，不得不再次找王叔文、刘禹锡、柳宗元等人一起商量。

这时，王叔文也已经意识到问题的严重性，再加上一些别有用心的人散布流言，宫内外的整体舆论对他们也很不利，他每次确定一些命令或意见，虽然宫内的其他人不敢反对，但大宦官俱文珍等人却不服气，总要加以阻挠，引起争论。他与韦执谊、刘禹锡等人商量以后，觉得最好的办法，便是夺取宦官的兵权，以此来巩固自己的政治营垒，期望扭转不利处境。即使以改革的步骤来说，收取人心、扩充政治力量、主持财政以后，也必然要涉及兵权问题。

他们经过反复商量，感到检校右仆射、右金吾大将军范希朝屡建战功，守备有方，德高望重，而且年老有病，便于利用，于是，同年五月，王叔文、韦执谊等便以范希朝为左右神策、京西诸城镇行营节度使，以度支郎中韩泰为范希朝的行军司马。实际上是以范希朝之名召集诸军，而让度支郎中韩泰来专门主持军队指挥。

韩泰受此重托，当即离开京城，前往赴任。诏令宣布以后，朝中的许多宦官和士大夫都觉得蹊跷，心想，范希朝久在军戎，与王叔文、韦执谊本无来往，为何突然授给他这么大的军衔？他们虽然一时还弄不清王叔文、韦执谊的意图，但猜测很多，心里也有些担忧和害怕。

没几天，也是在五月，王叔文除了任度支盐铁转运副使之外，又被任命为户部侍郎，掌管全国的土地、户籍、赋税、财政收支等事务，实际上就是进一步扩大对财政大权的控制。

俱文珍等人本来就对王叔文这样一个陪太子下棋的人突然掌管朝政大权颇为不满，现在见他不仅对自己势力范围内的人一再提拔升官，而且对自己也是一再兼职，从翰林学士一直到户部侍郎，集数职于一身，这还了得？于是也急忙召集诸宦官和一些士大夫暗中商量对策。

他们感到，王叔文之所以能如此轻而易举地发号施令，提升或罢免官员，除了牛昭容、李忠言、王伾等人的作用之外，与王叔文担任翰林学士的职务有关。因为翰林学士在唐玄宗时的政治地位并不重要，但到了德宗以后，则成了皇帝最亲近的顾问兼秘书官，经常值宿内廷，承皇帝之命撰写或草拟有关任免将相和册立太子等事的文诰，政治地位陡增，有“内相”之称。所以，要控制王叔文的权力，首先必须把他的翰林学士一职搞掉。

于是，俱士珍等人凭借自己的资历和政治力量，暗中勾结朝臣，组织人力起草文告，在王叔文、韦执谊、刘禹锡等人毫无准备的情况下，突然宣布罢免王叔文的翰林学士之职。

王叔文见了制书，大惊失色，对刘禹锡等人说：“我王叔文日日时时在翰林院这个地方商量公事，如果得不到此院职务，就没有权力和理由到这个地方来了。”

刘禹锡也感到王叔文任翰林学士一职，对他们的职权来说实在是太重要了，就是在这个地方，他与柳宗元常被王叔文召来共商朝政大事，草拟各种重要文诰，做出各种重大决策，度过了多少不眠之夜，如现在王叔文此职被解，就只剩王伾为翰林学士，而王伾的治政为道和决断能力要比王叔文差得多，所以，无论如何也不能让王叔文离开翰林院。

王伾也意识到这件事的严重性，于是上疏请保留王叔文的翰林学士。但不知为什么，自从李纯被册封为皇太子以后，虽未正式监国，但王伾、王叔文的发号施令却已不如前几个月那样畅通，而俱文珍等人的权势却略有发展，所以王伾上疏以后，上面并不同意，也搞不清楚究竟是顺宗的意思还是其他人的意思。

王伾见上不从，愈觉奇怪和疑惑，便再次上疏。这次上面才传下命令：允许王叔文每隔三到五天到翰林院去一次，但免去他的学士之名。

王叔文得此通告，以他的政治敏感度，已感觉到其中必有人捣乱，但一时又无法查清，现在又失掉翰林学士一职，只有财政大权，能成何气候？再想到顺宗瘫痪在床，太子迟早继位，形势将对自己更加不利，不由有点害怕起来。

三　王、韦内讧

不过，王叔文虽然被免去“学士”称号，但毕竟仍能三五天去一次翰林院，仍可与王伾、刘禹锡等人商量对策，顺宗还在皇位上，他还有些任免大权，韦执谊还是宰相，遇有一些朝政要事，通过与韦执谊的商量和沟通，基本上能得到实施和解决。

五月很快过去了。六月，宣歙观察使巡官羊士谔因公事到长安来，正好听到朝廷里不少人都在议论王叔文现在独掌大权的事，觉得很不是味道：皇上有病，你王叔文也不能代替皇上行使命令。于是，他也不去多问其中缘由，就当众说起王叔文的种种不是。

王叔文听说以后，勃然大怒，立刻就想宣诏处斩羊士谔。

“不，”这时韦执谊立刻加以制止：“不能处斩。”

王叔文感到奇怪，过去每遇赏罚之类的事，与韦执谊交谈，几乎马上就能达成共识，而现在却加制止，不知何故。

原来，韦执谊自从顺宗为太子时向他推荐了王叔文以后，交谈之下，的确感到王叔文很有政治见解和谋略，口才、交际、言道都有一套，与自己的政治主张也大致相同，遂来往密切，订为生死之交。顺宗即位以后，承王叔文信任，又设法引自己登上宰相之位，心中很感谢他，也愿意依附他在政治上大干一番。然而，自己做了宰相以后，在与王叔文的合作中，又感到他当机立断有余，谨慎小心不足，特别是对于团结大多数人一起从事改革，或者争取一些持中间立场和观望态度的政治力量无甚兴趣，用来用去还是刘禹锡、柳宗元等那么十几个朝官，对于一些持不同政见者，动辄罢免、贬黜，弄得人心惶惶、人人自危，再加上他不少地方不注意小节，朝廷内外怨谤之声颇多，舆论对他们改革一派很不利，所以韦执谊想改变一些方式方法，注意一些影响，免得再引起一些不必要的非议。现在见王叔文为了羊士谔几句不中听的话便大动肝火，要加处斩，感到实在没这个必要，反而有害无利，才加制止的。

而王叔文根本就没想那么多，他见韦执谊不赞成处斩，便说：“如果韦相公觉得处斩不妥，那么把他杖杀也可以。”

韦执谊摇摇头，又加制止道：“杖杀也不妥当。”

“那依韦相公之见，怎么处置才算妥当呢？”王叔文虽是询问，语气中却充满了不悦。

“还是以贬谪为妥。”

于是，羊士谔就被贬为汀州宁化（今福建宁化）县尉，即刻逐出京城。

这件事情虽然过去了，但王叔文从此对韦执谊大为反感。

“据说王叔文和韦相公之间为处理羊士谔一事弄得很不愉快，你应该也知道了吧?”一次，刘禹锡在碰到柳宗元时，不禁问道。

“听说了，”柳宗元点点头，心情沉重地说：“据说搞得很僵，王叔文对韦相公很不愉快，这如何是好?”

“他们都是我们的前辈，劝又不太好劝。”刘禹锡也不禁担心地说。

这件事的确使刘禹锡等人十分尴尬，因为王叔文和韦执谊两人可以说是他们这一群人中的领导核心，王叔文主事于朝廷内，韦执谊实施于朝廷外，王叔文是事情的决断人，韦执谊是事情的执行者，而刘禹锡、柳宗元等人则来往于二人之间，或与王叔文在翰林院商量要事，起草公文，或与韦执谊在宫外采听外事，处理公务，井井有条，顺理成章，甚觉有序。不料政治革新搞到一半，这两个领导人之间却闹起了矛盾，产生了分歧，这肯定是一件使亲者痛、仇者快的事。刘禹锡不仅为内部的团结问题顾虑重重，而且也为改革的前途担心起来。

没过多久，剑南西川节度使韦皋因想统领三川的广大地盘，知道王叔文现在京城掌握朝政大权，便特意委派剑南支度副使刘辟从四川来到长安，单独找到王叔文，对他说：“韦皋派我向公表示一点诚意：如将剑南东川、西川和山南西道这三川都让韦皋来加统领和管辖，他将以死来相助你王叔文；如果不给他统领和管辖，他也会以礼相酬。”

王叔文一听，又是勃然大怒，马上就想把刘辟杀了。韦执谊听说是韦皋派他前来讨地盘的，知道韦皋年已六十，屡建军功，曾任陇州节度使、左金吾卫将军等多种军中要职，并且又因军功而被德宗加检校司徒、中书令，封南康郡王，岂可轻易得罪？如把刘辟杀了，韦皋必定会上疏追查，弄得不好还会兴师问罪，逼天子以追杀手，那样就被动了，于是坚决劝王叔文不要杀刘辟，以免引起麻烦。

因刘辟久在四川军中，难得来京城，便顺便在长安街上各处走走逛逛，游览一番，忽听说羊士谔因公开说王叔文的不是，险些被王叔文处死，幸亏韦执谊相劝才被贬逐远地，心想自己弄得不好也会遭殃，吓得连忙逃离长安，回到四川去了。

实际上，王叔文上次想杀羊士谔而被韦执谊制止，已经不悦，这次想杀刘辟，又被韦执谊制止，心中更加不悦。韦执谊也是个聪明人，也已经觉察出王叔文对自己有意见，但从局势和舆论上来看，不制止又不行。刘禹锡等人出于对整体事业和革新出路的考虑，也极希望王、韦二人不要为一些小事闹意见，而应该团结一致，于是便劝韦执谊以大局为重，可主动向王叔文做些解释和让步，以求得他的谅鉴和理解。

韦执谊听了刘禹锡等人的劝说，也觉得有道理，于是便主动派人去对王叔文解释道：“我韦执谊日前制止王叔文兄处死羊士谔和刘辟，并不是背负我们以前所订的盟约和交情，而是想通过其他的方法和途径来促成兄之政治大事罢了。”

不想王叔文并不表示理解，反而觉得韦执谊优柔寡断，处处与自己唱反调，有意与自己作对，又把韦执谊怒骂了一通，更加不信任他了。

韦执谊觉得自己主动调解，王叔文非但不予理解，反而把自己诟骂一顿，觉得他太不通情达理，也发怒了。从此，这对力图政治革新的盟友便成了冤家。

四　左右为难

王叔文与韦执谊两人反目成仇，不仅对他们共同进行的政治革新极为不利，而且也为难了跟随他们一起搞改革，推行新政的刘禹锡、柳宗元等人。

论气质，刘禹锡比较接近王叔文，有时得意起来，未免显得自负了一些，也不太注意周围的环境和外界的舆论，虽不像王叔文那样易怒，但也比较直率，心里有话便要倾吐，干事也比较干脆利索，不像韦执谊那样瞻前顾后、斟酌再三。不了解他的人，便会认为他骄傲自大、盛气凌人；了解他的人，如柳宗元，才会知道他是一个明信可靠，不爱说大话，也会知错的人。

论倾向，在王叔文和韦执谊之间，刘禹锡似乎更倾向王叔文。因为王叔文虽不是进士出身，门第也很寒微，原来的官阶也极卑微，但他有魄力，有谋略，有魅力，在经世治国方面很有一套，虽然不太注意官场礼节和外界影响，但办事果断坚决，能成大事；而韦执谊虽然是进士出身，人也聪明，也注意提携后辈，在政治上没什么野心，但顾虑太多，在谋略和魄力方面都不如王叔文。所以，从内心来讲，他更钦佩王叔文，认为王叔文比韦执谊更有才华。然而，现在他们两人闹起了矛盾，成了冤家对头，倒使他为难了起来，一时不知如何处置是好。

顺便一提的是，刘禹锡对音乐一直有着爱好，在他随王叔文出入翰林院，或与韦执谊等同来朝廷时，经常有机会听到皇宫中的一些音乐。贞元末年偶尔上朝时，他曾听到过一些供奉皇上的乐曲，感到很新鲜，现在因谋议和撰文的需要，经常出入朝廷和禁中，则有了更多机会来欣赏皇宫中的音乐。

由于他经常在宫中听乐曲和唱歌，所以也认识了宫廷中的一些歌手，如何戡、米嘉荣。何戡、米嘉荣等人见他爱好音乐，有时听得如痴如醉，也觉得碰上了知音，便热情地为他介绍宫廷中的各种乐曲和歌调。

因此在这一时期，刘禹锡利用在朝廷中处理公务的机会，曾欣赏了许多平民百姓和一般官僚无法听到的宫中音乐，觉得这些乐曲典雅、优美，与京城中所听到的一些市民音乐很不相同。也由于经常听音乐的关系，他与皇宫中的歌手，也就是我们现在所谓的歌唱家或歌星，如何戡、米嘉荣都交上了朋友，结下了很深的友谊。

第三节　改革节节败退

一　夺兵权失败

再说刘辟逃离京城，回到四川以后，向韦皋汇报了与王叔文私下交谈而又遭王叔文拒绝的事，同时又把王叔文欲斩羊士谔不成，贬他到远地的情况讲了一下。韦皋见王叔文本一东宫侍读的小官吏，得势以后竟不领情，居然敢拒绝自己的要求，又见自己愿望未能达到，十分恼怒，极希望王叔文早日下台，于是便给顺宗上了一封奏表，其中写道：

> 陛下哀毁成疾，重劳万机，故久而未安，请权令皇太子亲监庶政，候皇躬痊愈，复归春宫。臣位兼将相，今之所陈，乃其职分。

韦皋自恃朝廷重臣，又远处西蜀，手握重兵，料想王叔文在朝廷再耀武扬威，专擅国政，也奈何自己不得，于是，他又给皇太子李纯写了一封书信，希望皇太子早日临朝的同时，也把王叔文等人狠狠地咒骂了一顿。他在信中写道：

> 圣上远法高宗，亮阴不言，委政臣下，而所付非人。王叔文、王伾、李忠言之徒，辄当重任，赏罚任情，堕纪紊纲。散府库之积以赂权门。树置心腹，偏于贵位；潜结左右，忧在萧墙。窃恐倾太宗盛业，危殿下家邦，愿殿下即日奏闻，斥逐群小，使政出人主，则四方获安。

韦皋投靠王叔文不成，现在干脆站到太子李纯一边，希望李纯早日亲政。就在他的奏表和信件发出不久，紧接着，荆南节度使裴均、河东节度使严绶也纷纷上表顺宗和皇太子，对王叔文等人掌管朝政大权表示不满，内容与韦皋大致相同。也不知道是韦皋煽动他们，还是他们自发所为。

由于这些节度使手中都拥有重兵，权力很大，一般情况下，连皇帝也不敢轻易去惹他们，现在都纷纷上表上奏，极言王叔文等人之非，要他们下台，这引起了朝廷内外的极大震动。武元衡、窦群等人都纷纷拍手称快，引以为援助，而王叔文、韦执谊、刘禹锡、柳宗元等人却感到惊骇，一时不知所措。

本来遇到这种大事和重要的情况，王叔文必定要与韦执谊会晤，商量对策，现在两人已成怨仇，只得各行其是。

韦皋等人的上疏和对王叔文等人的抨击，使王叔文意识到了兵权的重要性，于是便督促到范希朝那里去的韩泰，要他迅速将宦官的兵权夺到自己手中。

实际上，自从韩泰在上个月被任命为左右神策、京西诸城镇行营节度使、行军司马的军职以后，到了范希朝的部队，便积极设法夺取军权，并以范希朝的名义，命令边塞诸将领于某天统一到奉天(今陕西乾县)集合，听候调度。

边塞诸将领虽各拥有重兵，但自德宗派宦官监督军队以后，十三年来，虽对宦官监督军队的制度不满，但也已习惯了宦官对军队的监督，总认为宦官代表了皇上的旨意。特别是顺宗继位以后，时闻皇上卧床不起、口不能言，朝中大权已落入他人之手，也弄不清究竟是怎么一回事。所以，范希朝虽为军中老将和名将，现突然召集诸将领到奉天集中，宦官是否知道，也拿不准，只得把有关状辞纷纷交给了军中的宦官，并说明今后诸将领将归范希朝统一指挥。

军中宦官得到这一消息，马上派人到长安，直接谒见俱文珍、刘光琦等大宦官。俱文珍等人听了情况汇报后，如梦方醒，这才开始明白王叔文为何任范希朝和韩泰为左右神策、京西诸城镇行营节度使和行军司马的真正原因，不由大怒，对刘光琦等宦官说：“如果中了王叔文、韩泰他们的阴谋，我们这些宦官必然要死在他们的手里！”

于是，他马上秘密对来使说：“你马上回去告诉边塞诸将，皇上最近从来没有把兵权委派给哪一个人。”

来使接此密令后，便逐一告诉了边塞诸将。边塞诸将在范希朝的命令和自京城归来的使者面前，自然认为后者是代表皇上旨意的，所以结果都未到奉天来。

再说范希朝、韩泰在与边塞诸将所约的那一天来到奉天以后，发现一个将领也未到。韩泰知道大事不妙，赶快骑马回京城向王叔文告急。

王叔文一听韩泰的汇报，便估计宦官已有所警觉，从中捣鬼，兵权是夺不成了，只得连连顿足叫苦：“怎么办？怎么办？”

刘禹锡曾在军队中工作过数月，也深知军权的重要，得知韩泰回京，也急忙问起，当听韩泰把夺兵权失败的过程叙述完之后，也深感可惜，知道后果严重，不堪设想。

二　节骨眼上出事情

然而，更糟糕的事情还在后面。就在韩泰回京后没几天，王叔文的母亲禁不住夏天热浪的袭击，奄奄一息，即将去世。

按照当时的惯例，父母亲去世，为儿的即使官再大，哪怕是宰相，都得回家居丧三年，不得过问朝中之事，原先的职事则由其他官吏代管。王叔文深知现在正在改革的节骨眼上，如果母亲一去世，自己非但翰林院去不了，就连户部郎中等职事也都无法履行了。这下可如何是好？况且自己与韦执谊关系已弄僵，兵权又未夺到手，而朝廷内外，包括许多地方的节度使又对自己不满，俱文珍等人的权势则有增无减，倘因母亲病故而归家居丧，那改革必然失败，自己也如同等死。所以，假如有人能在此时以言相助，或在顺宗，或在太子的面前说明情况，让他们明白自己报效国家人民的心迹，也许会好一些。

于是，他就派五十个人挑着酒，在翰林院安排了一次丰盛的酒席，与翰林院诸学士以及李忠言、俱文珍、刘光琦等大宦官一起共饮。酒过数巡，王叔文便站起来对大家说："我的母亲生病了。因为全身心都扑在国家大事上的缘故，所以不能亲自为她服侍医药。今天将请假回家服侍她老人家。我叔文全心竭力，不避危难，都是为了回报朝廷之恩。一旦回家，各种各样的诽谤之语肯定会交集而来，不知哪一位肯体察我心，以一言相助于我呢？"

"哪里，哪里。"俱文珍听说其母生病，心中暗喜，随即说道，"你王叔文做了那么多大好事，谁还会来诽谤你呢？"

王叔文知道他是在嘲讽自己，过去他宣诏发令，与他顶撞争辩的也大多是俱文珍。于是，他想今日人多，有些事也该澄清一下，便又说道："前些时，羊士谔来京公开诋毁我王叔文，我将杖杀他，而韦执谊懦弱无能，不敢做。刘辟以韦皋的名义来迫胁我王叔文私下给他三川的广大地盘，让他管辖。我平生从来不认识刘辟，我现在的名位如何，大家都是知道的，而刘辟竟要上前来拉我的手，他这不是想要行凶吗！我当时很生气，已命令打扫木场，准备将他当众斩首，韦执谊又坚持说不能这样做。我每想到让这两个贼人逃逸，心中就很不快。”

说到这儿，他停顿了一下，望了望大家，又接着说：“我王叔文自任度支、盐铁转运副使以来，所做的一切都是为国家兴利除害，在财政方面也支出了不少钱，不说苦劳，也总有些功劳吧。”

“对对，有功劳。”俱文珍又说道，“你的功劳大得很呢。”随即又把话题转开去。

王叔文一时也想不出什么话来对他说，只得命人满满地斟了两杯酒，对俱文珍说：“来来，干杯！”

俱文珍举起酒杯，与王叔文共饮而尽。接着，大家又喝了几杯酒，才告罢席，各自回家。

王叔文回家后的第二天，他的母亲便去世了，也有人传说王叔文设宴那天其母已死。反正其母离世，必须在家服丧，王叔文便暂时离开朝廷，抛开一切官位，一时没了权力。

韦执谊为了羊士谔与刘辟的事，本来就已与王叔文不和，现在知他因母丧而居家丁忧，更加不把他的话当一回事。王叔文见自己的意见总是被韦执谊回绝，则更加发怒。同年七月，王叔文虽然在家服丧，仍经常与手下的人日夜会晤，其中也可能包括刘禹锡、柳宗元等人，商量怎样才能重新返朝执政，推行改革。王叔文并且咬牙切齿地发誓：“要搞新政，就必须先把韦执谊处斩，然后把那些不同政见者斩尽杀绝。”

凡是听到王叔文说这话的人，没有一个不感到胆战心惊的。

却说王伾本来就没才干，当王叔文在朝任职时，一切大事都由他裁决，自己只要上通下达，来回奔忙，跑跑腿、传传话即可，现在王叔文回家居母丧，他失去了依靠，凡事一下不知怎样处理是好。于是，他便天天求宦官能出面帮帮忙，奏请皇上能起用王叔文为宰相。那些宦官对王叔文打击和抑制自己势力的做法本来就恨之入骨，现在见他回家居母丧，正求之不得，谁也不希望他来朝再掌大权。

王伾又想到杜佑是五位宰相中的首相，并且总领北军，于是又去请求杜佑帮忙上奏。杜佑知道王叔文的有些改革主张并不错，私下也是赞同的，但他动辄罢免、斩首，不注意团结各类朝官，打击面太宽，得罪的人太多，在朝内外的影响并不好，而且有时还显得太专断和无礼，如上次宰相会餐，他居然冒昧闯入，不仅与韦执谊私下长谈，还派人来要饭吃，完全无视宰相的制度，目中无人，就给他留下了不好的印象。再说，现在太子册立，俱文珍、武元衡等人的权势都有所增加，他即使上奏顺宗，也未必能奏效。因此对于王伾的请求，觉得有点难办，也只好暂时应付着，或者想等再有合适的机会。

王伾见自己的请求屡屡碰壁，便降低要求，希望王叔文能出任威远将军、平章事，但又遭到了宦官们的拒绝。

实际上，在王伾连连上疏和请求宦官、杜佑协助时，刘禹锡也在关心着这件事。因为他很清楚，王叔文是他们新派人士中的核心人物，现在他与韦执谊闹矛盾，军权又未夺到，让太子出面监国的呼声又很高，在这种形势下，如王叔文长期居家服丧，不理朝政，那他们的政治改革必败无疑。

正当刘禹锡、柳宗元等人忧心忡忡、无以自保的时候，王伾又中风了，从此便卧床不起，不再入朝。

俱文珍等人见对立派中的又一个头面人物患病倒下，喜不自禁，马上趁机罢免陈谏仓部郎中、判度支案的职务，让他出任河南少尹，离开朝廷。

至此，王叔文政治集团的人物，分化的分化，病倒的病倒，离京的离京，在朝廷中再无立身之地，剩下的刘禹锡、柳宗元等人，只能坐以待毙，等待厄运的来临。

三　宪宗登位

王叔文与韦执谊闹成冤仇，又居家服母丧，王伾中风不起，韩泰夺兵权不成，对于刘禹锡等人来说，是一个又一个的坏消息，对于俱文珍等宦官，以及郑絪、武元衡等反对派来说，则是一个又一个振奋人心的好消息。

不过，俱文珍等深知王叔文有谋略，活动能力强，刘禹锡、柳宗元等人的文名也是天下皆知，他们的不少改革方案也颇得人心，如不趁此有利时机将他们彻底收拾，很难说以后会不会东山再起、卷土重来。

于是，俱文珍等人屡屡上奏，请顺宗诏令太子李纯出面监国。

顺宗口不能言，耳却能听。他刚即位时，极其信用王叔文、王伾等人，但后来常听俱文珍等人向他打小报告，说王叔文等人如何专权，朝士们如何不满，久而久之，也对王叔文等人产生了看法，不知道他们究竟在搞些什么。至于太子监国的事，他也曾考虑过，只因前些时信用王叔文等，总想他们能把朝政搞得好一些，没想到朝臣们意见这么大，而自己的身体每况愈下，更无法临朝，所以太子监国也是迟早的事。再说，让太子监国，即使作为一个登位的过渡，也没有什么坏处，于是便点头表示同意了。

俱文珍等人见顺宗点头默认，大喜过望，连忙为太子监国之事张罗起来，趁机提拔了一些与自己关系好，同时又反对王叔文的旧臣：以太常卿杜黄裳为门下侍郎，以左金吾大将军袁滋为中书侍郎。

紧接着，俱文珍等人又以郑珣瑜为吏部尚书，高郢为刑部尚书。

当刘禹锡等听到这些人事变动，知道俱文珍等人已掌握大权，便知失败已成定局。

没过几天，太子李纯在俱文珍等人的拥戴下，走过大明宫含元殿的夹殿，来到左面翔鸾阁下的东朝堂，会见百官，而文武百官见太子监国，也一起拜贺。

李纯当时不过二十七岁，第一次亲临如此隆重的盛大场面，竟感动得涕泣起来，也没有答拜群臣。

同年八月，顺宗内禅，下诏：

> 令太子即皇帝位，朕称太上皇，制敕称诰。

第二天，改称太上皇的顺宗即搬进兴庆宫居住，改元永贞，立良娣王氏为太上皇后，即李纯的母亲。

第三天，俱文珍等见顺宗已移居兴庆宫，李纯即将登位，便下令贬王伾为开州（今四川开县）司马，王叔文为渝州（今四川重庆）司户，马上逐出京城。

第六天，李纯在宣政殿登基，继承皇位，是为唐宪宗。

四 厄运降临

唐宪宗登上皇位，可以说宣告了王叔文等人“永贞革新”的彻底失败，同时也意味着刘禹锡等人灾难降临。

实际上，当顺宗宣旨令太子监国以后，刘禹锡便预感到大势已去，觉得有点惶恐不安，每次罢朝回家，总是闷闷不乐，寡言少语，有时连觉也睡不好。夫人薛氏知他有心事，几次问他，他都避而不答，觉得妇道人家即使知道了，也解决不了问题，还是少知为好，免得多增一份烦心事。

薛氏虽然不懂朝政，但从刘禹锡年初时的兴致勃勃、精神振奋，家中客来人往、川流不息，到现在的沉默寡言、精神不振，有时还有点紧张不安，以及门庭冷落、少人问津的情况来看，就知道大事不妙。现见他既然无心交谈，也只得作罢，只在得便的情况下好生安慰几句，仅此而已。

可说也奇怪，及至王叔文、王伾被贬出京，李纯登位，俱文珍等宦官及其他新贵重新执政，刘禹锡也索性横下一条心，准备接受厄运的降临时，反倒不像以前那样惶惶不安了。

宪宗继位后，也像他的父亲顺宗一样，先大赦一批人，提拔一批人，再打击贬黜一批人。而刘禹锡则属于被打击贬黜的那批人。

宪宗当上皇帝一个月，在他把一些重要的军政人物安排停当以后，便来处理刘禹锡等人了。当时朝廷上掌权的都是反对王叔文改革的一批人，如武元衡、窦群等人都极力抨击刘禹锡等人的种种不是，极少有人敢出来为刘禹锡等人说话。杜佑虽仍为宰相，了解刘禹锡的为人和才华，但孤掌难鸣，只能为刘禹锡的不幸伤心而已。

同年九月，也就是宪宗登位的第三十四天，宪宗下诏：因刘禹锡、柳宗元、韩泰、韩晔四人与罪人王叔文等相勾结，原京西神策行营节度行军司马韩泰被贬为抚州（今江西临川）刺史，原司封郎中韩晔被贬为池州（今安徽贵池）刺史，原礼部员外郎柳宗元被贬为邵州（今湖南宝庆）刺史，原屯田员外郎刘禹锡被贬为连州（今广东连州)刺史。

而当年被王叔文派往太子李纯处侍读的陆质,因年老体迈,受不住惊吓,在刘禹锡等人被贬后的第二天,便与世长辞。

依照当时的规定,刘禹锡这次被贬,也如同韩愈两年前被贬为连州阳山令一样,必须限时马上离开京城。所以,刘禹锡又想与老友柳宗元、韩泰等道别,又怕遭人嫌疑滋事,正犹豫间,却碰上了曾为他唱过歌的何戡。

何戡已经听说了刘禹锡等遭贬的事,他见刘禹锡神情沮丧,消瘦了许多,便主动上前问道:“刘大官人,你们的事我都已知道,不知何日起程?”

“就这两天吧。”刘禹锡见何戡非但无讥讪之意,还善意相询,便如实相告,并略带遗憾地说,“今后再也听不到你的歌声了。”

何戡知道刘禹锡精通音乐,也爱听自己唱的歌,如他离京,自己也将失去一个知音,于是便主动说道:“刘大官人莫愁,我今天为你单独唱一曲,就算为你送行,也聊表我的心意。”说罢,他就放声唱了起来:

渭城朝雨浥轻尘,客舍青青柳色新。
劝君更尽一杯酒,西出阳关无故人。

刘禹锡是位感情丰富的人,对王维的《渭城曲》相当熟悉,但今天听来,特别有情调,觉得别有一番滋味在心头,听完以后,便向何戡连连作揖:“多谢! 多谢!”

第二天,刘禹锡便匆匆带了行李和家眷,迎着深秋的凉风,离开长安,到荒凉遥远的连州上任去了。

第四章

贬谪朗州

第一节　困境中的诗文创作

一　途遇韩愈

深秋的云层，凝重而略呈铅灰色，已不像初秋时分那样蔚蓝明丽、活泼可爱。秦岭以南，洵河以东的广大地盘，不论是山脉，还是平原湖水，也都笼罩在一片浓浓的秋色里。古树枯萎，落叶满地，四周相当寂静。可每当北风吹来时，漫山遍野的树枝便会发出古怪的尖叫声，而满地的黄叶也会随风旋转，到处飘飞。

在长安通往荆州道的羊肠小道上，刘禹锡骑在马上，另加随行的几个人，向南进发。时而有一两只南飞的大雁，发着凄厉的呼叫声，从头顶上飞掠而过，消失在南方的云层中。

刘禹锡生平第一次在政治上遭到打击，也第一次尝到政治上失败的滋味，心情很不好受，而一路上那荒凉的晚秋景色，也增加了他心中的愁绪。

他虽然是个失败者，但心中很不服气，也觉得委屈：为何自己所追随的政治理想，所革除的弊政都深得民心，却落得遭贬的下场？那些宦官在百姓面前横行霸道，在朝臣面前盛气凌人，在皇帝面前则奴颜婢膝、阳奉阴违，却为何屡屡得逞、擅权得势？

一路上，他想了很多，也深感宫廷内部政治斗争的激烈、复杂和残酷。想当初，德宗被宦官们围在当中，难以分清朝政中的是是非非，到顺宗继位，好不容易把宦官的政治圈子打破了一些，现在宪宗继位，宦官出力居多，而宪宗又年轻，难免又要被这些宦官包围在当中了。

走过了坎坷曲折的羊肠小道，翻过了无数的高山大川，一连近二十天，从秋到冬，刘禹锡一行终于走到了荆州道上。

荆州道是通往南方的主干道，马路宽阔平坦一些，好走多了。虽然沿途仍多荒凉景色，人烟稀少，但前朝留下的古迹也不少，刘禹锡少年时在书中曾读到过一些，那毕竟是书本上的，而现在沿途所见，却是真正的古代遗物。因此，他一边赴任，一边游览，走累了，就下马在路边歇一会儿，吟两句诗，借以消愁解闷，倒也不坏。如他路过后梁宣、明二帝的碑堂时，便作诗一首；路过纪南城时，又作诗一首；路过荆州时，作《荆州歌》二首。当他在荆州道上行走时，望着南朝遗留下的宋台梁馆陈迹，以及道旁的古树和麦苗，不禁想起了当年庾信被虏北方日夜思归的事情，写下了《荆州道怀古》一诗：

南国山川旧帝畿，宋台梁馆尚依稀。
马嘶古树行人歇，麦秀空城泽雉飞。

风吹落叶填宫井，火入荒陵化宝衣。

徒使词臣庾开府，咸阳终日苦思归。

望着脚下的荆州道，他从庾信忽然又想到了两年前因上疏而被贬的韩愈。他当时也是被贬到连州那一带去的，是连州属下的阳山县，当年恐怕走的也是这条道；没想到两年之后，我刘禹锡步其后尘，也走上这条道来，而且所贬之地也是连州，只是官衔比他大一点罢了。

想到韩愈，刘禹锡便又想到当年与他同在御史台任监察御史的往事。没有想到的是，两年以后，他们又将一起在同一地方任职了，但不是在繁华昌盛的京城，而是在荒凉偏僻的连州。不过，好歹有一个熟人和文友在那里，今后能彼此谈诗论文，对吟酬唱，也就行了。想到这一点，刘禹锡心里也就稍有了几分宽慰。

走完荆州道，不过数日，便到江陵，总在荆州南面的地方。刘禹锡感到人困马乏，便翻身下马，执辔而行，想找一个地方用膳，顺便歇歇脚。这也是他的习惯，每到一个城市或大的集镇，便是投宿用膳、调剂体力的最佳机会。

可是就在此时，忽见前面一人行色匆匆，好生面熟，颇似韩愈。刘禹锡觉得疑惑，毕竟两年不见，异地他乡，不敢冒昧，待到近前，定睛一看，不由大声惊叫起来："昌黎兄！"

那人果真是韩愈！他开头只管走路，忽听有人叫，先是一怔，待停步一望，也不觉惊呆了："啊，原来是刘梦得！"

顷刻间，两人又惊又喜。刚寒暄了几句，韩愈便一把拉住刘禹锡的手："走，喝酒！"

他们来到一酒家，韩愈便尽地主之谊，点来好酒好菜，热情款待刘禹锡。

刘禹锡一路上走马赴任，心情又不好，所以吃睡都很马虎，还就数韩愈的这次招待最好。再说，与韩愈又多时未见，虽然自己已是被贬之臣，但仍十分欣喜，有点悲喜交集的味道，两人似有说不完的话。

“昌黎兄前些时不是被贬阳山令，何故却到江陵来了？”刘禹锡端起酒杯，不禁发问。

“一言难尽。”韩愈也是感慨万千。他喝了一大口酒，然后说道：“前几个月，大概是夏秋之交吧，突然有使者驰马来告，说我可得宽赦，被准许离开阳山，不过要先到郴州去等候第二次命令。等我到了郴州，正好碰到张署，他当初也因上疏谏宫市之弊而被贬临武令，这次与我一样，也被宽赦，到郴州来等候新的命令。谁知一直等到秋天即将过去，我和张署的新任命才下来。”

“那和我差不多时候。”刘禹锡插话道，“我也是在深秋时节才得到被派往连州的命令的。本以为可以在连州与兄相见，彼此往来，想不到在这里就碰上了。”

“是啊！”韩愈也感到太凑巧了，一个北上，一个南下，竟在此处相会，只能感谢命运之神的安排了。

“如此说来，昌黎兄也是初到江陵？”刘禹锡又问。

“大概只比你早几天。”

“那到此处来任何职呢？”

“别提了。”说到职务，韩愈显然兴致不高，他喝了一口酒，搛了一筷子菜，然后才用牢骚的口气说，“我本以为皇上恩赦，到郴州等候第二道命令，总会有个比较像样的差使，想不到却让我到江陵来担任法曹参军，张署则担任功曹参军。太不像话，我们两人都不满意。”

刘禹锡一听，也觉得这种恩赦没什么意思。因为参军的职位很低，而法曹只是一个掌管刑狱、督捕盗贼的地方小官吏，稍有过错或不慎，就要受到长官的笞刑。而张署的功曹参军也只是一个掌管考绩的地方小官吏。心想：韩愈是对王叔文的政治改革持反对态度的，与自己和王叔文等人在政治上也没有什么瓜葛。何以得不到升迁信用？莫不是宦官们对他上疏极言宫市之弊至今仍耿耿于怀不成？

"我韩愈在阳山两年，远离京城，孤陋寡闻，而梦得兄自京城来，不妨谈谈朝廷近况？"

正当刘禹锡有点为韩愈抱不平时，韩愈却又问起他京城的近况来了。

于是，刘禹锡便把德宗去世，顺宗继位，而今顺宗内禅，宪宗继位，以及自己和柳宗元等被贬的情况，一五一十都告诉了韩愈。

韩愈闻罢，感叹不已。从内心讲，他在削平藩镇、废除宫市、抑制宦官擅权、减轻百姓负担等方面的观点，与刘禹锡、柳宗元等人的主张几乎完全一致，但他对王叔文等人的整个政治革新的主张却是不赞成的。现在听说王叔文失败，心里固然高兴，但又听说刘禹锡、柳宗元都被贬到远地任职，心里又觉得不好受。因为他虽然曾经怀疑过刘禹锡、柳宗元是否泄露了自己上疏皇上的内容，但他毕竟爱才，在感情上总把刘禹锡、柳宗元视为自己的朋友。因此，他便启发刘禹锡道："相公杜佑一直待你甚厚，你过去也在杜佑幕府做过事，这不是我韩愈一个人知道，天下之人也都知道，你不妨上书向杜佑陈情，或许他能帮你一点忙。"

"承兄好意，为弟谋划。"刘禹锡作揖道，"杜相公已为我尽了力，也责怪过我，与我洒泪而别。我到连州后，总要给他写信以报平安，届时不妨再请他帮忙解脱。只是连州路远地僻，弟不明真相，不妨请兄先与弟介绍一番，以便弟上任前有个准备。"

“可以，不过我是在阳山，在连州东面，靠近连州，那儿山多。”韩愈也没想到刘禹锡会步自己后尘而来，于是一边饮酒，一边介绍连州一带的气候环境、风土人情。而刘禹锡则洗耳恭听，时而点点头，时而插问两句。韩愈特意关照道：“过了郴州，有一桂岭，当地人称香花岭，险峻陡峭，十分难行，你当留心。”

说到兴奋处，韩愈忽然想起了什么，问刘禹锡：“窦庠这个人的名字听说过吗？”

“听说过。”刘禹锡点点头，“他的哥哥窦常过去还与我共过事，另一个哥哥窦群还弹劾过我，说我‘挟邪乱政’呢。”

“是吗？”韩愈听罢，不觉笑了，说道，“我路过岳州时，窦庠正任武昌节度副使，权领岳州，邀我共登岳阳楼，设酒款待，在临别时，我写了一首《岳阳楼别窦司直诗》，窦庠当场和了一首，题为《和韩十八侍御登岳阳楼》，今日难得与你相逢，是否也请你和一首呢？”

刘禹锡是个好胜心很强的人，听韩愈要他和诗，而且窦庠已先和了一首，自然不会示弱，便微微一笑，说：“那先把你的诗拿来一读。”

“好吧。”韩愈当即就把自己的诗作递给刘禹锡，脸上流露出一种比较得意的神情。

刘禹锡接过韩愈的诗，展卷一看，是首五言古诗，很长，有一百余行，诗中极写岳阳楼四周景色之壮观，雄奇高迈，有摧藏之态，的确不错，难怪韩愈有点自鸣得意，而窦庠的和诗只有四十句。于是，他默想片刻，挥笔洒去，一气呵成，即刻写了一首一百余行的和诗，也是五言古诗，题为《韩十八侍御见示岳阳楼别窦司直诗，因令属和，重以自述，故足成六十二韵》，递给了韩愈。

韩愈展卷一看，不禁轻声吟道：“楚江何苍然？曾澜七百里。孤城寄远目，一写无穷已。荡漾浮天盖，迴环宣地理。积涨在三秋，混成非一水。……”

韩愈读罢，觉得刘禹锡完全用另一种语言来描写岳阳楼四周的壮观景色，瑰丽多姿，有浩荡之情，与自己的风格迥然不同，却自成特色，不禁连声赞叹：“好诗！好诗！”

刘禹锡与韩愈虽然各有诗文才华，满腹经纶，一个南下，一个北上，方向不同，但毕竟都是流放荒蛮之地、不受朝廷重视的地方小官吏，所以和诗完毕，临将分手时，一种流落他乡的失意之感和悲喜交集的酸楚之情又袭上了两人的心头。但是，此时两人只有互相叮咛，保重身体，以待来日再见。

二　初到朗州

刘禹锡在江陵告别了韩愈，继续走马上任，向南进发，准备经长沙再到连州。

然而，就在他刚准备向连州进发时，京城又传下命令：改授刘禹锡为朗州（今湖南常德）司马。

此外，他在政治上的几位其他同道者和友人也分别加以改授：

韩泰为虔州（今江西赣州）司马，韩晔为饶州（今江西波阳）司马，柳宗元为永州（今湖南零陵）司马，陈谏为台州（今浙江临海）司马，凌准为连州司马，程异为郴州（今湖南郴县）司马，韦执谊因在永贞后期与王叔文观点有分歧，不主张随意杀人，又是杜黄裳的女婿，而杜黄裳才提升为门下侍郎，所以一直拖延到十一月份，才被贬为崖州（今海南琼山）司马。

刘禹锡被突如其来的改贬弄得莫名其妙。论地方，朗州虽然比连州离京城稍近一些，但也是人烟稀少、贫穷偏僻的荒蛮地；论官阶，司马一职又比刺史要低。所以，他知道朝廷把他和柳宗元等人从地方刺史改贬为地方司马，实际上是对他们进一步的打击和制裁，对他本人来说，并不是什么好事而是坏事。

原来自宪宗继位，顺宗入兴庆宫后，虽名为太上皇，实则被软禁，犹如唐玄宗晚年的遭遇一样。由于顺宗身体不好，所以民间都盛传宪宗有逆伦害父之谋，而此时又有勤王之举，特别是当时有个叫罗令则的山人，从长安到秦州，称太上皇诰，向秦州刺史刘澭征兵，并怂恿刘澭参与废立。刘澭不肯，反把罗令则执送长安，而罗令则本与人相约在十月份德宗山陵时伺机行动。宪宗此时继位才两个月，便见有人造自己反，要顺宗复出，心中十分恼怒，在把罗令则捕拿下狱的同时，心想这罗令则即使不是王叔文那伙人所指使，也说明百姓、官场中心附顺宗的人仍大大存在，由此又联想到王叔文、韦执谊、刘禹锡那一批朝官。而这时武元衡恰好又被重新任命为御史中丞，他和窦群等人朝议时，都认为把刘禹锡等人仅以受王叔文连累致罪而贬为远州刺史似乎判得太轻，所以宪宗见群臣既然有些意见，干脆顺水推舟，对他们再行压制，把他们贬为司马算了，所以才有上面的临时改贬。历史上便把这事与王叔文、王伾被贬的事合称为“二王八司马事件”。

朗州毕竟比连州近多了。所以，刘禹锡离开江陵，渡过长江，朝西南方向走不数日，大约在十一月底，便来到了朗州。

在唐代，州分上、中、下三等，凡四万户以上为上州，二万户以上为中州，不足二万户的为下州。郎州属于下州，仅统辖武陵、龙阳两个县，人口加起来也只有四万多一点。一般说来，凡在下州任司马的，官阶为从六品下，原先司马还有协助刺史纲纪众务、通判列曹的职权，相当于州佐，但自中唐以后，下州司马多用来安置那些被贬谪的官员，非但没有实权，而且还要受到州府长官的盘勘。在这种情况下，即使刘禹锡再有雄心壮志，想施展一下政治抱负，也是不可能的了。

这年夏季，朗州武陵、龙阳两个县江水暴涨，泛滥成灾，吞没了万余户人家，使当地百姓流离失所，无家可归。刘禹锡来时，已是冬季，大水早已退去，江水平静，但水灾对当地所造成的各种破坏景象，仍历历在目，随处可见。而脚下所经之地，多为杂草枯树；再纵目远眺，又多为荒山秃岭……

望着眼前的这一片荒凉而又偏僻的南蛮土地，作为一位刚从绮丽繁华的京城而来的朝官，刘禹锡的心里倍感凄凉。

在北方居住多年的刘禹锡，一时还适应不了南方的阴湿环境。为了防潮，他经过考察，特地选择了城南鼓楼旁的一块高地，筑楼而居。因为这里靠近沅水，风光不错；旁边还有一片枫树林，间杂橘树，时而又可听到鹧鸪的叫声，颇有情趣。更重要的是，这里还与当地的名胜招屈亭相邻近，因为他少年时读《楚辞》，便思慕屈原之品德学识，想见其为人，而今自己也来到当年屈原流浪放逐的地方，邻此亭而居，更能发自己怀古思贤之幽情。

作为朗州司马，与前些时在京任屯田员外郎的朝官比较起来，自然不可同日而语，但刘禹锡毕竟要在此处任职安家，要熟悉当地的情况和百姓的生活，乃至风土人情、习惯风俗。于是，他定居以后，一方面通过读地方志了解情况，另一方面则深入民间，不懂就问。

没多少时间，他凭借自己学过的各种知识，查阅方志，询问民情，实地考察，已对郎州地方的历史沿革、山川景物有了一个大致的了解，并写下了一首一百行的长诗，题为《武陵书怀五十韵》。诗中对武陵地方的自然风光、地理位置、风土人情、历代变革极尽描写与想象之能事，且囊括无遗。写完以后，他吟咏数遍，修改数字，似乎觉得还比较满意。

不久，他在这里迎来了第一个春节。

春节过后不久，忽然传来顺宗去世的噩耗，刘禹锡闻罢，十分悲痛。因为顺宗支持他们的改革，而他在政治上的主要发迹，也是在顺宗继位的几个月内。随着顺宗的内禅，退居兴庆宫，他的政治命运也一落千丈，如果顺宗健康在位，他绝不会被贬逐到这么遥远荒僻的朗州来。至于顺宗的死因，究竟是自己痛死或被他人杀死，他也想过许多，做过种种猜测，但因朗州人生地不熟，终究不敢与别人谈起。

大约在顺宗去世之前的半个月光景，宪宗便改动年号，将顺宗的永贞改元为元和，同时大赦天下，下达《改元元和赦文》的圣旨。刘禹锡作为地方官，也读到了这份文件。希望能被大赦的愿望不禁油然而生。

因为在唐代，除了那些拥有重兵、在地方上能称王称霸的节度使，对于绝大多数政府官员来说，都喜欢在京城做朝官，而不喜欢到外地去做地方官，刘禹锡也不例外。这一方面固然与在京任职比较容易得到升迁有关系，另一方面与京城的生活水平比较高、交通方便、信息流通比较快也有关系。所以，刘禹锡读了赦文，经过反复考虑，决定给杜佑写一封信。

由于杜佑德高望重，在王叔文执政时虽任首相，却并不因王叔文的倒台而受牵连，仍在其位。刘禹锡从踏入仕途之初，乃至入京任朝官，都相随于他，与他交往密切，而杜佑对他也十分器重，褒奖有加，这一点不仅朋友之间了解，文坛和朝士中的许多人也知道，难怪韩愈在江陵时曾建议刘禹锡可给杜佑写信求助。现在朝政既有赦令，韩愈又有建议，而自己离京后还未曾给杜佑写过信，何不就此吐露一下自己的情怀呢?

于是，他就给杜佑写了一封很长的信，信中既追述了过去两人的交往，同时也直接指出了杜佑曾听信小人之言而对自己突然疏远的不足，最后又极言此处“猿哀鸟思，啁啾异响”的凄苦，以及“暮夜之后，并来愁肠”的思归之情，希望杜佑能在合适的时候伸出援引之手，帮他跳出这个地方。

然而长信投出，杳无音讯，等到八月，却等来了王叔文被赐死的消息和宪宗的另一道诏令：

> 左降官韦执谊、韩泰、陈谏、柳宗元、刘禹锡、韩晔、凌准、程异等八人，纵逢恩赦，不在量移之限。

也就是说，像刘禹锡、柳宗元这样的人，即使遇到皇上大赦，也不在恩赦、量移的范围之内。这对刘禹锡来说，不能不说是一个极其沉重的打击。

从此，刘禹锡便断绝了被召回京师的想法，暂且在朗州安下心来，尽量适应这里的生活、环境和公务事宜。然而，对于王伾去年死在贬所和今年王叔文的突然被赐身亡，他也是深为不平，由衷地为他们扼腕叹息。

据当时的史书记载，朗州“地居东南夷，土风僻陋，举目殊俗，无可与言者”。也就是说，朗州在唐代尚属东南蛮夷之地，没有什么开发，当地人民的风土习惯也都很落后僻陋，眼前所见，都是些奇怪少见的风俗，这里所说的话又都是南方蛮语，甚至是当地土语，作为在京城说惯中原华语的刘禹锡，对这些话听都听不懂，而当地人也没有学说华语的习惯，所以彼此在语言上就存在着很大的障碍，影响了彼此的了解和交流。

这里的街道小巷，虽说纵横也略有几条，但住的人极少，也相当简陋，每当夜幕降临，便有一些野狗奔来窜去，无端狂吠，或者便是狼嗥狐鸣，时而还可听到家鸡或飞禽的惊骇之声。这种景象，在京城里生活过的人是不可想象的。

最有趣的是，在刘禹锡刚被贬谪来的那一年，朗州闹水灾，可在刘禹锡来后的第二年，这里又闹起了旱灾，一连数月滴雨不下，田地干裂，禾苗枯焦，当地百姓祈祷拜神，用各种方式求雨，也感动不了上苍。望着似火的骄阳、饥渴的百姓，刘禹锡也心急如焚，但也无济于事。

还算好，这一年，朝廷派来了宇文宿为朗州刺史。宇文宿也很体恤百姓的苦衷，初来之时，作为地方上的最高长官，与刘禹锡一起探访民情，互相配合，虽不能从根本上解决旱灾，但也尽了最大努力，使人民度过了又一个灾年。

三　诗情勃发

唐代作诗成风，上至天子、皇后，下至牧童、妓女，都会吟咏几首。刘禹锡本是进士出身，精通文史，小时候又曾得皎然、灵澈等人的教诲或指点，后来又与李益、权德舆诸人结识，在诗歌方面显露过一定的才能，后来因辗转任职，忙于政治改革事业，除了撰写一些奏疏、表章、文告之类以外，很少有时间去写诗，只是在从京城被贬谪南方的途中，反倒因景感物，写了几首怀古抒怀的诗，又承韩愈之命，和了一首长诗，除此之外，所作寥寥。现在贬谪朗州，政治地位固非昔日可比，而应酬交际等行政事务也相应减少许多，司马一职又是个闲官，空闲的时间因此增加了不少，如能以诗自娱，消愁解闷，聊度时光，倒也不差。

平心而论，一个人在失意落魄的时候最易唤起诗心，刘禹锡现在闲暇较多，而朗州地方的江山风物，恰又能激起他的诗情，因此，他偶有所得，便发而为诗。他在政治上失败，被谪朗州，心中甚是不服，故初来朗州，所作诗歌多为不平之鸣。如他有一次骑马出游，北风迎面而来，不禁想起了晋人阮籍，于是便仿他的《咏怀》而作成了《学阮公体》三首，其二写道：

朔风悲老骥，秋霜动鸷禽。
出门有远道，平野多层阴。
灭没驰绝塞，振迅拂华林。
不因感衰节，安能激壮心？

写完以后，觉得意犹未尽，又写下一首：

昔贤多使气，忧国不谋身。
目览千载事，心交上古人。
侯门有仁义，灵台多苦辛。
不学腰如磬，徒使甑生尘。

正当刘禹锡准备以写诗来陶冶自己的性情，磨砺自己的意志，打发孤身离群的寂寞岁月时，就在他来朗州后的第二年，即元和二年(807)冬天，驿马忽然送来一大捆东西。刘禹锡初不知何物，打开一看，原来是白居易寄给他的一百首诗，这不禁使他在寂寞中平添一喜，当日便在烛灯下饶有兴味地阅读起来。

白居易与刘禹锡同岁，贞元十六年(800)考中进士，比刘禹锡迟七年。贞元末年，当刘禹锡在京城任监察御史时，白居易曾在长安生活过一段时间，特别是永贞年间，刘禹锡参政，与王伾、王叔文、柳宗元并称“二王”“刘柳”时，白居易更是闻知刘禹锡的大名。在那一段时间，他们两人之间是否有过来往，尚无法确认，但白居易在自己刚从盩厔县尉、集贤校理被提拔为翰林学士，地位升高时，敢把自己这么多的诗篇一下子寄给远谪朗州的逐臣刘禹锡，如果彼此之间没有一定的了解或交往，是很难想象的。至少白居易把刘禹锡引以为知音，或尊重刘禹锡在诗歌方面的才华，才会做出此番举动。

窗外寒风呼啸，烛花忽暗忽明，刘禹锡伏案读诗的身影也时隐时现。四周一片漆黑，除了风声，再也没有其他声音，他已经完全沉浸在白居易的诗篇里，在他的诗国里徜徉。当他读到白居易的《赋得古原草送别》，不禁为“野火烧不尽，春风吹又生”一联叫好；当他读了白居易的《长恨歌》时，又不禁为诗中的缠绵之情而动容，似乎自己也进入了唐玄宗的那个时代……

读完以后，夜深人静，刘禹锡对着案前的烛花凝视了一会儿，然后提笔，在纸上写下了一首七律——《翰林白二十二学士见寄诗一百篇，因以答贶》：

吟君遗我百篇诗，使我独坐形神驰。
玉琴清夜人不语，琪树春朝风正吹。
郢人斤斫无痕迹，仙人衣裳弃刀尺。
世人方内欲相寻，行尽四维无处觅。

写完以后，第二天又吟咏一遍，然后寄给了远在京城的白居易。

寄出之后，他想：白居易身为朝官，尚且如此勤奋作诗，数量颇为可观，我刘禹锡昔日多忙于政务，所作不多，而今有的是时间，何不多作一些呢？况且朗州地处沅、湘，过去屈原放逐行吟，已留下了许多灿烂诗篇，自己现在不过三十六岁，何不也多写一些诗，采风俗、抒情怀，留诸后人呢？

从此以后，刘禹锡的诗歌创作更为勤奋了。

四　采风与民歌

朗州的冬天是阴冷潮湿的，但每当春暖花开，这里却是另一番欣欣向荣的景象。农人下田耕地，原野春草新绿，沅江春水荡漾，两岸树枝绽芽，这些自不必说，单是这里的五月竞渡，就已经够热闹的了。

沅、湘一带本是屈原的放逐之地，当地人民除了建招屈亭、屈平祠来纪念他以外，并在每年的五月五日以竞渡的方式来祭吊屈原，长期以来已成为当地最重要的风俗节日之一。每到这天，沅江两岸彩旗飞扬，旗下站满了穿着各色服装的男女老少，对着江中的木船大声欢呼叫喊，而江中的木船也都被打扮一新，五颜六色，各船上的小伙子们个个身强力壮，举楫划桨，互相竞争，看谁的船划得最快，最先到达终点。

刘禹锡的家本来就建造在沅江边的高地上，并且离招屈亭不远，而他本身又是地方官吏，因此他的居家周围，自然成了竞渡赛舟的中心。不过，刘禹锡本人也被眼前这奇特的风俗所吸引了，站在高处，趣味甚浓地望着江中竞赛的木船和两岸鼓劲的人群，春风吹来，拂动着他的袍服和帽带，颇有几分潇洒。

夫人薛氏初来朗州时，生活也不习惯，随着严冬过去，春天到来，她的心情也好转了许多，并为眼前竞渡赛舟的场面感到欣喜新奇。因为举楫划桨的小伙子们一边争先恐后地赛舟，一边嘴里不停地用当地土语乱喊乱叫，薛氏听不懂，便问刘禹锡："这些人一边划船，一边在喊些什么呢？"

刘禹锡便解释道："我当然也听不懂。但据《图经》载，屈原当年刚刚投江自尽时，当地百姓便马上乘船去寻找他，想把他救上来，因为大家都急于想找到他，各船之间便出现争先之势，并用话语互相询问找到没有，以致形成了竞舟活动，一直延续到现在，我估计他们口中所叫喊的，或许也是屈原在何处之类的意思，或者竟演变为互相鼓劲追逐。”

“对，对。”当地一位稍有年纪的侍从马上接口道，“是这个意思，刘先生说得完全对。”

竞舟活动一直闹到太阳下山，欢乐的人群方才散去，而刘禹锡则凝视着东流的沅江之水和岸边的招屈亭，写下了《竞渡曲》一诗，其中写道：“风俗如狂重此时，纵观云委江之湄。彩旗夹岸照鲛室，罗袜凌波呈水嬉。”对当时的欢腾场面进行了绘形绘色的描写。

春夏过后，又到秋天。朗州武陵地方有一湖泊名叫马湖，湖中盛产紫菱。每到秋天，这里有喜好采菱的风俗。刘禹锡闻知后，特地来到马湖，来看看这里的采菱风俗是什么样子的。

当他尚未来到马湖边上，那些采菱女郎的欢声笑语已传入他的耳里，等他来到马湖边上一望，那些在马湖中乘舟荡桨的，已不是五月五日在沅江中赛舟的那些年轻力壮的小伙子，而是婀娜多姿、身穿彩服的年轻姑娘们。她们虽然有时也比赛看谁采菱又快又多，却不像小伙子赛舟时乱喊乱叫，而是用小木桨轻轻推开波浪，然后伸手到水中去采菱，钗影和面容也随之倒映在清澈的湖水之中……

刘禹锡不禁沉迷于眼前的美丽景色，便问侍从：“这些姑娘们采那么多菱，回去派什么用处？”

侍从道：“秋季采菱已成这里的重要风俗之一。她们采菱，有的是拿回家招待家人，也有的是拿到集市上去卖。”

“噢。”刘禹锡点点头，不禁想起了《诗经》中的《芣苡》一诗，其中写女子采集芣苡群歌互答的场面，与眼前所见之景，岂不是十分相似么？古代虽说曾有《采菱曲》，却极少看到原来的歌词流传下来，所以也不知究竟是如何写的，自己何不写一首这样的诗，以供后来的采诗者作参考？

于是回家以后，他立刻凭自己的一时诗情和所见所闻，写下了《采菱行》一诗：

白马湖平秋日光，紫菱如锦采鸳翔。
荡舟游女满中央，采菱不顾马上郎。
争多逐胜纷相向，时转兰桡破轻浪。
长鬟弱袂动参差，钗影钏文浮荡漾。
笑语哇咬顾晚晖，蓼花绿岸扣船归。
归来共到市桥步，野蔓系船萍满衣。
家家竹楼临广陌，下有连樯多估客。
携觞荐芰夜经过，醉蹋大堤相应歌。
屈平祠下沅江水，月照寒波白烟起。
一曲南音此地闻，长安北望三千里。

在诗的末尾，他曲折地表达了自己希望被朝廷召归的心情。这是当时被贬之人作诗的一种习惯，长篇歌行更是如此。这一方面说明自己是忠于朝廷的，另一方面也说明自己诗中有一种寄托在内，否则从头到尾一味铺陈，全是景物描写，便会让人觉得诗中没有什么思想含义，不符合“诗言志”的准则。刘禹锡是很懂得这一点的。

朗州当地的土著居民都爱好巫术，家多巫鬼，在武陵、龙阳二县还建有许多“淫祠”。所谓淫祠，就是不做祀典用的祠庙。百姓们每遇有事，便在这些祠庙里一边击鼓，一边跳舞，而且必须吟唱一些俚辞歌谣。刘禹锡开始时不知他们在唱些什么，等打听下来，才发现那些俚辞歌谣的唱词都鄙俗不堪，有些又太粗陋简单。刘禹锡本是通音乐的，他想，过去屈原谪居沅、湘时，觉得民间那些迎神的歌曲词多鄙陋，曾替他们作了《九歌》，荆楚有些地方至今传唱，我何不也以当地的这些曲调，作一些新词让他们唱呢？

于是，他一边熟悉当地民歌俚曲的特色，一边观察当地的民风得失，一边推敲自己的歌词大意，写下了《送春曲》三首、《初夏曲》三首、《柳花词》三首等，然后教给当地的巫祝，巫祝在行巫时又教给当地的百姓。一时间，朗州地方的溪边、山洞等地所唱的夷歌俚曲，几乎都是刘禹锡所作的歌词。所以，当地的老百姓，不论老少，没有一个不知道刘禹锡名字的。

而刘禹锡也很自鸣得意，他一面听着自己所填的新歌词，一面在公务之余四处游览，更注意采集当地的民歌，从中汲取营养，以利自己的创作，进而又写下其他一些模仿民歌之诗，竭力反映当地的风土人情、生活习惯，以传诸后世。

五　为泰娘写歌

一天下午，刘禹锡又外出采风，当他来到武陵城门口时，忽见一中年妇女容颜憔悴，衣衫陈旧，抱一琵琶伤心哭泣，声音十分悲苦。他好生奇怪，便命侍从引来相见。

那妇女跟着侍从来到刘禹锡面前，见是官人，便很有礼貌地向刘禹锡深深鞠了一躬。

刘禹锡见她面容虽然憔悴，云鬟散乱，但仍有几分姿色，不似当地普通女子，觉得蹊跷，便关心地问道："敢问夫人何地人氏？从何而来？"

这女子又彬彬有礼地答道："我本从苏州来。"

"请问尊姓大名？"

“无所谓姓名，人称泰娘而已。”

“啊？”刘禹锡一听，不禁如雷贯耳，惊得目瞪口呆。过了半晌，才不敢相信地问：“你就是当初在韦夏卿尚书家主唱的泰娘？”

“正是在下。”泰娘见刘禹锡提起韦夏卿，不禁抬起头来，眼里射出亮光，“先生认识韦尚书？”

“认识，认识。”刘禹锡连连答道。他早就听说韦夏卿在任苏州刺史时，在苏州得到了一位艺色双全的女乐泰娘，命令手下的乐工教她琵琶，并教她唱歌和跳舞。泰娘人极聪明，没过多少时间，就把琵琶、唱歌、跳舞三者都学得相当精妙。韦夏卿非常满意，过了一两年，他被任命为京兆尹，就把泰娘一起带到长安。京城里多新声善工，于是韦夏卿又舍弃故伎，以新声度曲，让泰娘演唱，而泰娘的名字便因此往往见称流传于京城的贵族之间。没想到在这遥远地僻的荒凉地方竟会遇到她！

“敢问先生也从京城来？”正当刘禹锡寻思之际，泰娘又问。

“对，从京城来。”刘禹锡答道，随即又问，“泰娘在韦尚书家本应不错，为何又到此地来呢？”

“一言难尽！”问及此话，泰娘不禁双眼湿润，继而抱着琵琶伤心地涕泣起来。

“泰娘慢说，泰娘慢说。”

刘禹锡一边劝慰，一边命侍从把泰娘带到自己的府第。坐下以后，泰娘才停止了哭泣，把自己后来的身世告诉了刘禹锡：“韦尚书在京城任职不久，后来就到洛阳任东都留守、太子少保，没多时就去世了，终年六十四岁。他一去世，我就离开他家，出居民间，后来又被蕲州刺史张愻所得。谁知这张愻不知犯什么事情而使朝廷发怒，贬谪他到武陵来，我也就随他一起来了。不料他初来不久也去世了……”

刘禹锡被贬朗州司马九年，写下大量诗文。此为今湖南省常德市所建刘禹锡纪念像。

说到这儿,泰娘泣不成声,再也说不下去了。

刘禹锡赶快叫人上茶,随后又问:“泰娘在此总不是个长久之计吧?”

“是啊!”泰娘抬起头来,擦了擦脸上的泪水,说,“连我自己一时也不知往哪儿去好,此地离长安、苏州这么远,这一路上怎么过得去?而这个地方又这么荒凉落后,只信巫鬼之类,又不懂京城音乐,叫我靠什么生活下去……”

说到此,泰娘又哀愁地低下头,抱着她的琵琶伤心地哭泣起来。

刘禹锡望着她那因哭泣而抖动的肩膀和琵琶,以及垂下的头发,听着她那催人泪下的哭声,感慨万千,一股恻隐之情油然而生。说实话,像泰娘这样的容貌和音乐才华,在当时京城的贵族之间可以说是家喻户晓,备受赞美的,而今竟会流落到这个地方,落魄贫苦到这般地步!这令刘禹锡无法接受。更可惜的是,这里的人还不了解她的音乐才华。他从她的身上,仿佛又隐隐地看到了自己的影子,读懂了人生道路的艰难和曲折。

依刘禹锡对音乐的爱好,是很想叫泰娘弹奏一曲琵琶,或唱上一支曲子的,但望着她那憔悴的面容和摧人肺腑的哭声,他实在于心不忍。于是,他施了些银两,送泰娘离开。心里暗暗发誓:一定要把泰娘的身世写下来,以揭示人生的曲折和世态的炎凉。

不久,一首《泰娘歌》在刘禹锡的笔下出现了:

泰娘家本阊门西,门前绿水环金堤。
有时妆成好天气,走上皋桥折花戏。
风流太守韦尚书,路旁忽见停隼旟。
斗量明珠鸟传意,绀幰迎入专城居。

长鬟如云衣似雾，锦茵罗荐承轻步。
舞学惊鸿水榭春，歌撩上客兰春暮。
从郎西入帝城中，贵游簪组香帘栊。
低鬟缓视抱明月，纤指破拨生胡风。
繁华一旦有消歇，题剑无光履声绝。
洛阳旧宅生草莱，杜陵萧萧松柏哀。
妆奁虫网厚如茧，博山炉侧倾寒灰。
蕲州刺史张公子，白马新到铜驼里。
自言买笑掷黄金，月堕云中从此始。
安知鹏鸟坐隅飞？寂寞旅魂招不归。
秦嘉镜有前时结，韩寿香销故箧衣。
山城少人江水碧，断雁哀猿风雨夕。
朱弦已绝为知音，云鬟未秋私自惜。
举目风烟非旧时，梦寻归路多参差。
如何将此千行泪，更洒湘江斑竹枝？

刘禹锡以简洁而又充满同情的叙事笔调，概括描写了泰娘由荣而衰的悲惨一生，其中也或多或少地融入自身的感慨在内。

六　与柳宗元讨论学问

在谪居朗州的日子里，刘禹锡一方面采民风、作诗歌，反映民生疾苦，尽力改变这里的生活环境，提高当地百姓的文化素养，另一方面也很注意散文写作，与远在永州的柳宗元、洛阳的韩愈倡导古文运动，探讨学术问题。

那时候，在刘禹锡的案前床边，堆放了难以数计的书籍，他白天上任，或在外采风作诗，到晚上便一卷在手，常常在烛光下读到夜深人静。遇有一些学术性的疑难之点，他还遍翻群书，直至解决方才罢休。

就在他写完《观市》等文以后不久，元和三年(808)的一天，他收到了好友柳宗元从永州寄来的信，不禁喜出望外，如获珍宝一般。因自他贬谪以后，一直思念着远在各地的几位患难与共的朋友，况且柳宗元与他结识最早，皆以诗文名动天下，故相知最深。

当他展开信笺，眼前又出现了熟悉的小章草字迹。信很长，竟达一千余字，比一般的信要长得多。柳宗元在信中除了表达关心互勉的心意以外，其内容主要是与他共同探讨文学问题。

刘禹锡读罢，倍感亲切，同时再次领略了柳宗元的文章风格，并提出了自己的评价。

当远在永州的柳宗元读到刘禹锡的来信，也是欣喜非常。信中有一段是专评他的新作的。刘禹锡写道：

> 余吟而绎之，顾其词甚约而味渊然以长。气为干，文为支，跨跞古今，鼓行乘空。附离不以凿枘，咀嚼不以文字。端而曼，苦而腴，佶然以生，瘴然以清。

柳宗元读罢，心中暗自叹道：从来评我文章者，未有像这样评法的，刘禹锡真不愧是我的知己。

正巧那时韩愈也在与柳宗元频频通信，除讨论古文问题以外，也讨论其他问题。也许是在柳宗元收到刘禹锡的信后不久，也许是在收到此信的当年或第二年，柳宗元收到了韩愈从洛阳寄来的一封谈论有关天的信。韩愈自从与刘禹锡在江陵分手后，便被召回了京城任朝官。但他感到长安是个是非之地，又有人嫉妒他的才华，于是便借故调到洛阳任职，且官运亨通，周围还聚集了樊宗师、卢仝、石洪、温造、李渤、贾岛、孟郊等一批诗人和文士。他知道柳宗元与他政治态度不同，却支持他的文学主张，故乐意与柳宗元探讨各种学问。他在这封信中对柳宗元说：

若知天之说乎？吾为子言天之说。今夫人有疾痛、倦辱、饥寒甚者，因仰而呼天曰："残民者昌，佑民者殃！"又仰而呼天曰："何为使至此极戾也！"若是者，举不能知天。

柳宗元读罢韩愈的信，感到他的文笔的确很流畅，却不很同意他对天的解释和理解，觉得天地与草木等都属于物质性的，天地与人类的赏功、罚祸是无关的。他在给韩愈的回信中说：

彼上而玄者，世谓之天；下而黄者，世谓之地；浑然而中处者，世谓之元气；寒而暑者，世谓之阴阳。是虽大，无异果蓏、痈痔、草木也。

他对天的观点虽然随信告诉了韩愈，但总觉得自己说得太简单了一些，一时又难以深入地辨析清楚。忽然他想起了刘禹锡，知道他对天文、《周易》、医学等都有过深入的研究，何不叫他来谈一下呢？

想到此，柳宗元连忙把韩愈的观点和自己的《天论》一文寄给了刘禹锡，希望听听他的意见。

柳宗元不愧为刘禹锡的知己，刘禹锡一接到柳宗元的信和《天说》的文章，便觉得韩愈对天的理解带有太多的主观性，而柳宗元的质疑也显得太简单了一些，缺少分析。于是，他就凭着少年时读过的天文一类书籍，以及自己长期留心观察、反复思索的一些知识积累，一口气写下了《天论》上、中、下三篇，字数都在韩、柳文章的数倍以上。他在《天论》的上篇中开宗明义地写道：

> 余之友河东解人柳子厚作《天说》以析韩退之之言，文信美矣，盖有激而云，非所以尽天人之际，故余作《天论》，以极其辩云。

紧接着，刘禹锡便针对问题的中心展开论述：

> 大凡入形器者，皆有能有不能。天，有形之大者也；人，动物之尤者也。天之能，人固不能也；人之能，天亦有所不能也。故余曰："天与人交相胜耳。"

他在文章中还写道：

> 故曰：天之所能者，生万物也；人之所能者，治万物也。法大行，则其人曰："天何预人邪？我蹈道而已。"法大弛，则其人曰："道竟何为邪？任人而已。"法小弛，则天人之论驳焉。今以一己之穷通，而欲质天之有无，惑矣！

总之，这个论题对于刘禹锡来说，是颇投口味的，觉得有许多话要说，条分缕析，头头是道，然后寄给了柳宗元。

柳宗元接到了刘禹锡的信和《天论》三篇以后，一连仔细阅读了五六天，感到刘禹锡的文章的确论析透彻，胜自己一筹，但对其中有些与自己观点不同的地方还不甚明了，故欣喜之余，立刻又给刘禹锡写了封回信：

宗元白：发书得《天论》三篇，以仆所为《天说》为未究，欲毕其言。始得之，大喜，谓有以开吾志虑。详读五六日，求其所以异吾说，卒不可得。其归要曰：非天预乎人也。凡子之论，乃吾《天说》传疏耳，无异道焉。谆谆佐吾言，而曰有以异，不识何以为异也。

刘禹锡接读了柳宗元的回信，十分得意。他觉得韩愈提倡古文，文笔虽美，名重一时，但在立论推理方面却未必有什么高明之处，未必及得上我刘禹锡。他始终认为自己在论说文方面要高于韩愈，这个想法一直保持到他的晚年。

第二节　刚毅的有情人

一　决不向宦官妥协

就当刘禹锡在朗州勤于诗歌创作，又与柳宗元探讨学术问题之际，元和四年(809)，他的朋友、原“八司马”中的郴州司马程异，在吏部尚书、盐铁转运使李巽的奏荐下，被朝廷召回长安，提升为侍御史，后又为扬子留后。

这消息使刘禹锡十分兴奋，同时也感到有些奇怪，回家便对夫人薛氏说：“宪宗皇帝当年有诏，我等八人，‘纵逢恩赦，不在量移之限’。现在既非恩赦之时，程异就得到了调动，被召回朝廷，这是何故呢？”

薛氏道：“大约程异有所专长，朝廷正要用他。”

“这话不错。程异晓达钱谷，善于理财，确有专长。不过——”

刘禹锡拈了拈自己的胡髭:“这也要有人推荐,皇上才能了解呀。”

说到推荐,薛氏又想到了自己的父亲薛謇。因为薛謇与宦官头子薛盈珍关系不错,而薛盈珍在元和初年颇有权力,他为了扩充自己的同姓族人势力,便把任泗州(今安徽泗县)刺史的薛謇一下子提拔为福建观察使。如果托薛謇请薛盈珍帮忙,那刘禹锡被迁回朝廷的可能性还是很大的。前几天,薛氏曾向刘禹锡建议过,刘禹锡不肯采纳,今天他自己提到要人推荐的问题,便顺势劝道:“你刚才说得有人推荐,皇上方可了解,此话不假。我们现在既有关系,也有人推荐,但你却不用,这又有什么办法?”

刘禹锡听出她的话里颇有怨意,也明白她的意思,但要她通过丈人去向一个宦官摇尾乞怜,以达到量移升迁的目的,他实在不愿意。当然,由于宦官有机会接近皇帝,在玄宗以后颇为得势,当时有些人通过巴结宦官而升官发财的固然时有所闻,但对于大多数知识阶层出身的官员来说,对宦官那种盛气凌人、飞扬跋扈的样子总是看不惯,因为他们总认为自己是熟读文史、学富五车,通过考试而被选择到政府任职的,而那些宦官则从小进宫,不学无术,对社会、百姓的生活了解极少,专靠在皇帝面前争夺恩宠、搬弄是非而得以掌握朝政大权,所以对他们掌权、左右皇上的现象,总认为是朝廷的弊政之一。而刘禹锡基本上也是持这种观点的,因而听了薛氏的话,便又否定道:“你要我通过令尊去找薛盈珍,就是砍我的头也不去。宦官之误国,危害实在太大,我当初与王叔文等搞新政,其中之一就是抑制宦官的权力,现在让我反过来去找宦官求情升官,非但为世人所耻笑,也对不起我们当初那一批志同道合的朋友。”

薛氏知道丈夫的脾气,有时倔强起来谁也劝不动,只好叹了口气,先到内房去了。望着薛氏离去的背影,刘禹锡的心情也颇不平静，禁不住在厅里来回踱起步来。

平心而论，薛氏也算得上是一位贤妻良母了。自从嫁给他以后，知他小时候体弱多病，对他的身体照料有加；在永贞革新的那几个月里，知他忙于朝政，故家中之事一手包揽，对他的事业也表示理解。可好日子刚过了两年，随着自己政治上所遭到的打击，在那个“夫唱妇随”的时代，薛氏也随着他来到了这个荒僻阴湿的朗州，陪他一起吃苦。虽然他们也有过增添孩子的喜悦，一同观赏过当地的风俗和节日气氛，但在来到朗州的三年多时间里，毕竟是忧愁的日子多于喜悦的日子。由于当地的生活习惯和气候环境，她也曾病倒过几次，因此建议他设法及早离开这个地方……

每想到这一切，他就感到作为一个丈夫，对妻子似乎总欠缺了一点情分，至少不能让她一直在这个荒凉地方生活下去，应该对她的生活环境有所改善，这是一种理所当然的责任。想到这一点，刘禹锡觉得即便不从自身的仕途出发，仅从对妻子的责任来考虑，也应设法离开朗州，即使不被召回朝廷，到离京城近一点的地方也是好的。

这时，他忽然想起李吉甫正在朝廷中任宰相、中书侍郎等多种要职，据说此人素以留心人才而为时所共知，求他总比求宦官强，我何不托程异带一封信给他？

想到这里，他立刻展纸提笔，给李吉甫写了一封《上淮南李相公启》，婉转地表达了自己的愿望，然后郑重地托交给了程异。附带也赠了首诗给程异，其中写道：“一朝复得幸，应知失意人。”提示他升迁重用以后，可不要忘了当初一起被贬的朋友们。

程异为人谦和，做事谨慎，得到刘禹锡的重托和赠诗，十分理解友人的心情，便把刘禹锡的信慎重地交给了李吉甫。

李吉甫比刘禹锡大十四岁，赵州（今河北赵州）人，好学善文，喜引人才，长期在外任职。宪宗继位后，认为他与王叔文集团无瓜葛，便召入朝廷，屡屡升迁和重用。程异把刘禹锡的信交他时，他正在扬州任淮南节度使。对于刘禹锡的文名，他是闻之已久的，所以当他阅罢刘禹锡的信，十分重视。但官场复杂，他对各方面的因素也不得不有所考虑，随后便把自己的一首诗寄给刘禹锡，希望他能和一首；因为他知道刘禹锡与武元衡关系不睦，所以又暗示他可把和诗寄呈给武元衡一阅。

刘禹锡接读了李吉甫的诗，从中嗅出李吉甫对自己颇有好感，于是便奉命和了一首，并寄给了此时正在成都任西川节度使的武元衡。因诗中颇多溢美之词，他怕武元衡误会自己，末尾还特意注明：

李中书自扬州见示诗本，因命仰和。

诗是寄出去了，但刘禹锡对武元衡并不抱希望，因为武元衡一直反对他参加王叔文的革新活动，而且为奉德宗山陵求充仪仗判官事还闹过不愉快，再说武元衡这个人还有一些报复心理……所以，在李吉甫和武元衡这两个宰相之间，他还是把希望寄托在李吉甫一边。

元和五年(810)的一天，正当刘禹锡在官府办公，忽有友人由北往南，途经朗州来看望他。双方礼毕坐下，刘禹锡便问："仁兄既然从北而来，大约总得经过江陵？"

友人道："正是。并在那里遇到了元稹。"

刘禹锡一怔："听说元稹夫人去世不久，他应该是在洛阳分务监察御史之职的，怎么会到江陵来了？"

"哦，你还不知道？"友人一边摇头，一边连连叹息，"此事朝廷震动，真是委屈元稹了。”

刘禹锡早在永贞革新前便已认识了元稹，一听他受委屈，而且朝野震动，便连忙催促道：“快快说与我听。”

“好吧。”友人见刘禹锡极想知道，便把事情经过详细地说了出来，“今年三月初，元稹因在洛阳查办河南尹房式的诈谖事情，追查得过火了一些，宪宗听人汇报以后，罚元稹一个季度的俸料，并召他到长安去。元稹在去长安的路上，心情本来就不好，当行到华阴县的敷水驿时，住进了驿馆的上厅。傍晚时，宦官仇士良、刘士元等人也来到了驿馆投宿。他们一进来，不顾元稹先到已住的事实，就气势汹汹地逼元稹搬离上厅。元稹根据规定，以理力争，坚决不让。仇士良有恃无恐，就叫刘士元硬赶元稹。元稹来不及穿鞋，就被他们赶到厅后，刘士元还追上来用藤条把元稹的脸打破了。就这样，这些宦官强行住进了上厅。”

“岂有此理！欺人太甚！”刘禹锡听到这里，气得一拍桌子，站了起来。

“气人的事还在后面呢。”友人等到刘禹锡坐下，又继续说，“仇士良等宦官回到长安，非但不提自己打人之事，反而在皇上面前诬告元稹失礼，不应‘争厅’。而年已七十几岁的宰相杜佑总觉得三十一岁的元稹是个年轻人，竟听信宦官的诬告，说元稹‘年少树威，失宪臣体’，应予贬官。宪宗为了偏袒宦官，当然更不会去追查究竟谁是谁非，就同意了宰相的奏请，贬元稹为江陵府士曹参军。尽管当时翰林学士李绛、崔群都在宪宗面前力保元稹，白居易连上三状，替元稹诉冤，但均未奏效，所以元稹只好到江陵来了。”

“唉！太不像话！太不像话！”刘禹锡闻罢，气得又一次站起来，一边连连摇头，一边感慨地说，“我早就说过，这批宦官不除掉，朝廷是不会安宁的，国家也难以治理好。”说罢，就在官府内来回踱步，心情久久不能平静。

在唐朝历史上，宦官诬告陷害朝官的事虽屡有发生，但像仇士良等人公然欺负殴打朝官的事却闻所未闻，况且元稹身为监察御史，本身就有举报弹劾非法之举的权力，现在却反受诬遭贬，还有何公理可言？想到过去与元稹相处的日子，而今他一定是满腹委屈，刘禹锡感到有必要勉励安慰他一番，以增朝廷正气，于是当夜便在烛灯下写了一首诗：

文章似锦气如虹，宜荐华簪绿殿中。
纵使真飙生旦夕，犹堪拂拭愈头风。

写完以后，他觉得犹未能尽心意，想到朗州地方所产文石相当有名，便特意在自己家里挑了一块上好的文石枕，裹在信中一起托人带给元稹。

再说元稹自被贬为江陵府士曹参军以后，心中的确郁郁不快，当他接到刘禹锡赠送给他的文石枕和《赠元九侍御文石枕以诗奖之》的诗以后，果然得到了很大的鼓舞，兴奋之余，立刻给刘禹锡回了一首诗以作酬谢，同时赠送给他一条唐朝人所贵重的马鞭——壁州鞭。

当刘禹锡接到元稹的酬诗和贵重的壁州鞭，正是寒冬。他凝视着珍贵的壁州鞭，想着元稹当时和宦官抗争的情景，诗情不禁又油然而生。平心而论，当时宦官势大，一般朝官都不敢轻易去惹他们，像元稹这种敢于公然抗争的朝官，的确是很少见的，所以，刘禹锡觉得这种凛然正气还是值得赞美的，于是便趁酬谢元稹所赠诗歌和马鞭的机会，又给元稹写了首诗。由于元稹给他的酬诗是七律，所以他也回了首七律：

元稹(779—831),与白居易为同榜进士、诗友,也是刘禹锡的好友。(图据《古圣贤像传略》)

碧玉孤根生在林，美人相赠比双金。
初开郢客缄封后，想见巴山冰雪深。
多节本怀端直性，露青犹有岁寒心。
何时策马同归去，关树扶疏敲镫吟。

诗中借题发挥，以元稹所赠之鞭，比喻元稹的正直之气。元稹读后相当高兴。朗州与江陵一南一北，相距路程不远，从此，两位诗人便经常赠诗唱和，互相勉励。

不久，也就是元和六年(811)三月，朝廷委任严绶为荆南节度使，朗州和江陵都属他的管辖。刘禹锡知道严绶是敌视永贞革新的，起先对他的到来有点担心，但恰好元稹与严绶的关系良好，所以严绶的上任对刘禹锡后来并没构成什么威胁。他的生活和公务能一切照旧，或许是元稹从中起了作用。

二　贤妻去世

好在朗州司马是个闲职，而李吉甫那里也没有确切的消息，于是，刘禹锡一方面与被贬永州的柳宗元讨论文章和学问，与被贬江陵的元稹相互酬唱，另一方面又与当地的文士和一些僧人交上了朋友，互相之间也有了诗文往来。

如当地有位老先生名叫董侹，曾任荆南节度使推官等职，后贫老浪荡，流寓武陵，自刘禹锡来后，他非常愿意接近刘禹锡，常主动来访；而刘禹锡见他年老体迈，又听他说曾见过杜甫，故对他也十分尊敬，常赠其一些诗歌，互相唱和，使这位老先生乐不可支，经常笑呵呵而归。

再说这朗州虽然地荒人僻，却也隐居了不少高僧。他们或在此修身养性，或有志佛学，或四处游学。而刘禹锡对佛教本来就甚有兴趣，来此日子一长，觉得这里百姓虽多信巫，佛徒倒也不少，先后接触结交的僧人便有鸿举、还源、元暠、仲剬、慧则、景玄等。刘禹锡对他们也很尊重，除交流学术以外，也有诗文来往。

正当刘禹锡在朗州与友人、僧人互相唱和、颇为得意之际，忽然传来了吕温去世的噩耗，这对他的震动不小，不禁又想起了以往的一些生活片断。

吕温与他同年，彼此感情极好，他的才华和能力得到过许多人的赏识。“永贞革新”之际，他正出使吐蕃。以他与王叔文等人的关系，宪宗上台，必遭贬谪，正由于他那时出使在外，故未受株连，元和元年回京后，还被委任为户部员外郎。说也奇怪，这窦群对他刘禹锡意见极大，与吕温的关系却极好，后来一起奏劾李吉甫，未能成功，吕温便被贬为道州（今湖南道县）刺史，元和五年（810）转为衡州（今湖南衡阳）刺史，期满回京，不想就在今年（811）八月猝然去世，年仅四十……

夜已深了，窗外秋风萧瑟，寒星寥落，月色如霜，刘禹锡却还沉浸在对吕温的思念中。对于友人的不幸，他总是同情和哀痛的，况且吕温又是胸有大志、文采瞻逸的才子，却这样早地撒手人间。于是，一首《哭吕衡州，时予方谪居》的哀悼之诗，缓缓地从他的笔底流泻了出来：

一夜霜风凋玉芝，苍生绝望士林悲。
空怀济世安人略，不见男婚女嫁时。
遗草一函归太史，旅坟三尺近要离。
朔方徙岁行当满，欲为君刊第二碑。

写完以后，他就把这个噩耗连同自己的悼诗，一起寄给了好友柳宗元。随后，他又广搜吕温的文章与诗赋，编成诗文集，并在前面写了一篇《唐故衡州刺史吕君集纪》的文章，介绍了吕温的生平事迹，以示追怀。

然而，当历史来到元和七年(812)的时候，一件使刘禹锡更为悲痛的事情发生了——这一年，刘禹锡的妻子薛氏溘然长逝，离开了人间。

薛氏自嫁刘禹锡以后，九年之中，夫妇恩爱，感情弥笃，离开刘禹锡时，留下了两男一女，长男名叫咸允，乳名孟郎，次男名叫同廙，乳名仓郎。

望着三个未满十岁的儿女和薛氏生前的遗物，刘禹锡痛不欲生，泪如雨下，心如刀绞，以往的夫妻生活，如一幅幅画面，不断在他的眼前闪现。一连好几天，他都失眠了，全都沉浸在对妻子的悲痛回忆之中……

为了解脱自己的苦闷，他有时也外出走走，散散心。可是，当他来到田野，看到农民耕地种桑，其妻送来午饭，两人相聚在林下，他不禁想起了自己的妻子；当他来到路上，看到小贩挑夫售货，其妻也在帮着一起肩扛手提，协力而行，他不禁又想起了自己的妻子；当他仰头望天，飞鸟成双飞行，当他低头视水，鸳鸯作对而泳，就连那些钻泥挖穴的小虫，也时时两两相对……

总之，宇宙中的一切，凡他所见所闻，都会使他触景伤情，联想起自己不幸早逝的妻子。他的头上开始出现白发，身体感到衰弱不振，他知道老是悲伤对身体不利，应该把心中的愁情排遣出去，于是，在巨大的悲痛和无限的感慨之中，他写下了感人肺腑的《伤往赋》，在赋的前面，特意加了一段小序：

人之所以取贵于飞走者，情也，而诞者以遣情为智，岂至言耶！予授室九年而鳏，痛若人之天閒弗遂也。作赋以伤之，冀夫览者有以增伉俪之重云。

他在赋中先描绘了天地万物，阴阳协调，以及飞鸟水禽成双结对的欢快情景，然后便联想到了自己：

何动类之万殊，必雄雌而与俱！物莫失俪以孤处，我方踽踽而焉如！

我复虚室，目凄凉兮心伊郁，心伊郁兮将语谁？坐匡床兮抚婴儿，何所匀沐兮，何从仰饴？

当他把自己的愁怀排遣了一部分之后，心情觉得好受了一些。可是，每当孩子从睡梦中哭醒，发出呼唤妈妈的凄厉惊叫声时，刘禹锡又禁不住热泪盈眶。是啊，不仅他需要自己的妻子，三个幼小的孩子更需要母亲！每想到这一点，他就感到自己作为父亲的责任重大，同时更思念自己的亡妻。于是，隔不数日，他又写下两首悼念亡妻的诗歌，题为《谪居悼往》，其中一首写道：

悒悒何悒悒，长沙地卑湿。
楼上见春多，花前恨风急。
猿愁肠断叫，鹤病翘趾立。
牛衣独自眠，谁哀仲卿泣？

三 窦群求和

自从丧偶以后，刘禹锡的心情一直不好，甚至有点烦躁，他一个人带着三个孩子，担起了家庭的重任。随着孩子的长大，他越来越感到必须尽早离开这个地方，让孩子们能受到较为良好的教育。如果说以往急于量移，大半是出于对妻子生活的考虑，那么现在急于量移，则多半出于对孩子教育成长的考虑。

恰好前不久李吉甫又被宪宗从扬州召回到京城为宰相，而过去与他同为监察御史的朋友李绛也升为宰相，这些政界要员的变动，对刘禹锡被朝廷召回或重新录用来说，都是十分有利的。正巧此时有位姓徐的先生来到朗州，捎来了杜佑给刘禹锡的一封亲笔信。

刘禹锡十分惊喜，接来便读。杜佑在信中告诉他，近来朝廷中诽谤他的流言已渐渐消失，要他再耐心等待一下，如有机会，自己会努力为他争取的。刘禹锡曾在杜佑门下任职多年，彼此毕竟了解多些，况且他德高望重，不妨就借此机会再向他反映一下自己的近况，以求他的同情，尽快向皇上为自己说几句话。于是，他又展纸提笔，给杜佑写了封《上杜司徒启》，其中写道：

> 一自谪居，七悲秋气。越声长苦，听者谁哀？……忽疑此身，犹在门下。收纸长想，欣然感生。寻省遭罹，万重不幸。方寸之地，自不能言。求人见谅，谈何容易？……伏纸流涕，不知所言。

这封信写得情真意切，悲怆动人，料想杜佑看了，必为之动容，会伸出援助之手拉上一把。不幸的是，杜佑也许连这封信也没有看到，就已经离开人间，终年七十八岁。

从此，整日想着量移之事的刘禹锡，在朝廷中就缺少了一个得力之人。

说也奇怪，这一年，不仅刘禹锡的妻子和老友杜佑相继去世，就连平时与他在朗州一起谈诗论文，酬酢唱和十分频繁的董侹和顾象也相继去世，刘禹锡分别为他们写了墓志铭和墓表。

正当刘禹锡倍感凄凉与寂寞之时，这年冬天，朝廷任命窦常为朗州刺史。

窦常是个老实人，其弟窦群虽然与刘禹锡是冤家对头，誓不两立，但窦常本人与刘禹锡的关系却一直不错，十几年前与刘禹锡一起在杜佑幕府共过事，不意十多年后大家竟在朗州共事。两人相见，都有不胜沧桑人世之感。寒暄以后，刘禹锡不禁问道："与兄一别十多年，我被贬朗州，怎么兄也到这个地方来了？"

窦常叹道："老夫已五十七岁矣！此生任由朝廷安排就是了。元和六年，我从湖南判官入为侍御史，随后转水部员外郎，今年又派我为朗州刺史。我也知朗州荒蛮，但有刘郎在此，老夫也就不会太寂寞了。"

随后，他们又谈到了杜佑的去世。窦常见刘禹锡两鬓已经斑白，且精神沮丧不快，相问之下，才知刘禹锡新近丧妻，儿女幼小，一人抚养。刘禹锡并把自己悼亡的诗作念给窦常听。窦常闻罢，也感慨不已。

刘禹锡知道窦常及其兄弟皆以诗鸣于时，而窦常也素知刘禹锡擅于诗文，从此，两位诗人便在朗州互相酬唱起来。由于刘禹锡有了一位认识多年的新诗友，暂时掩盖了他的寂寞心情和心灵上的创伤。

窦常虽为朗州地方的主要负责人，毕竟是初来乍到，人生地不熟，遇有疑难，便找刘禹锡。而刘禹锡虽然不是本地人，来此不过七年多时间，但对风土人情、地理气候，毕竟比窦常要熟悉得多，所以有问必答。两人有事也互相商量，配合得很好，而且一开春，也就是元和八年(813)的初春,朗州地方的农作物也长势喜人,出现了少有的欣欣向荣景象。

有一天,大约在春夏之交,刘禹锡午睡刚起,本想把昨日吟成的诗抄写一下,忽听得有人敲门,打开一看,不由愣住了——站在面前的不是别人,正是他的冤家对头窦群!

窦群却像是早有准备似的,不慌不忙,微微一笑,从容施礼道:“梦得别来无恙？我今天特来拜访。”

刘禹锡简直不敢相信自己的眼睛。因为窦群是“永贞革新”的激烈反对者,是武元衡手下的得力干将,宪宗继位,武元衡复出,便推举窦群代替自己任御史中丞的重要职务。特别是刘禹锡与窦群之间的对立关系,朝廷上下无人不晓,今天他居然会来拜访自己!虽说是冤家路窄,但到此地步,刘禹锡自然也只好以礼相待,忙拱手道:“多年不见,请进,请进。”

双方礼毕坐下,刘禹锡便道:“我自从被贬离京,已有九年,兄则飞黄腾达,怎么今天会到此穷乡僻壤？甚愿一闻。”

窦群却毫不在意地笑了笑:“这大概是缘分吧。”然后又说:“我因与李吉甫不睦,已在几年前离开朝廷,出为黔中(今贵州中部)观察使,前年被贬为开州(今四川开县)刺史,就是你的朋友王伾当年被贬的那个地方,今年四月,又有诏书命我担任邕容(今广西容县)经略使,因路过朗州,顺便看望我兄窦常,同时也顺便拜访你。”

“多谢了。”刘禹锡作揖道,“那你已遇过你兄长啰?”

“遇过了。他本来要陪我一起来,我说不必了,只要告诉我地址,我找上门去,梦得是不会见怪的。是吗?”窦群说罢,又笑了起来。

“当然。”刘禹锡见他如此坦然大度,也只得承认地点点头。

从历史记载来看,刘禹锡在朝廷中关系搞得最为紧张的有两个人，一个是武元衡，另一个便是窦群。刘禹锡虽然疾恶如仇，个性倔强，不大肯主动与政敌握手言欢，但也是一个通情达理、宽怀大度的人，一旦对方伸出主和之手，他也不会置之不理，拂袖而去的。他和柳宗元过去尽管看不起窦群，而窦群后来也曾上奏，弹劾刘禹锡"挟邪乱政，不宜在朝"，弄得他十分被动，可以说是政治上的敌对分子，然而，如今看看他年近五十，一身旧袍，风尘仆仆，与自己同样成了被贬的朝官，而且主动前来看望自己，其兄窦常又是自己的上级，所以也就不计前嫌，与他交谈起来。

"梦得兄，"窦群的声音有些沙哑，语调中似有主动求和之意："你别看我过去反对你们，实际上我曾劝过王叔文，他不听我的忠告，所以才有那个结局。我也知道你和柳宗元等对我有看法，明知吕温也是你们一伙的，但我任御史中丞，非但不压制吕温，而且还提拔他做御史，可见我窦群也不是断情绝义之人，对你们的新政也并非全盘否定。"

刘禹锡见他提起吕温，不禁又有几分感慨："你主动提拔吕温任御史的事，我也听说了。不过，吕温确有才华，可惜英年早逝，而你不因政治偏见来荐举他，可见你也是识才之士，以才为重之人。"

"哪里，哪里。"窦群见刘禹锡褒奖自己，便连连拱手，然后正色道，"平心而论，王叔文也是个有眼光的人，所拉拢重用的几个人，如阁下、柳宗元、韩泰、吕温、程异，如若不以朋党论，的确都是大家公认的人才，可惜政治无情，居然会遭贬谪……"

也许窦群现在也成了被贬之人，颇有同感，所以说到这里，不由地有点伤感，眼圈发红。

刘禹锡看他伤感的样子，想想当初与他在朝廷为政治观点而争得面红耳赤、互不相让、各不罢休的情景，想想当年自己被贬，而他幸灾乐祸、扬扬得意的样子，又想想如今他也被贬蛮荒，落得与自己同样的下场和命运，真所谓此一时，彼一时也。而人生在世，又何必如此呢？想到此，便安慰他道："容州离京城更远，比我这里还要荒凉，请兄到那里以后，多加保重才是。"

"谢谢梦得兄的一片好意。"窦群想想过去曾上奏弹劾过刘禹锡，而今自己失意潦倒，他非但不加计较，也不嘲笑，反过来还安慰自己，心中不觉一阵惭愧，然后便充满诚意地说，"我不日抵达容州，总要给朝廷写份谢上表，梦得兄过去给杜佑、武元衡诸公都曾草撰过表章，文笔典雅华丽，文士莫不倾倒，是否也能代我草撰一下，以光篇幅？"

刘禹锡怎么也不会想到当年的冤家今日居然会请他代撰谢表，再说窦群本人也精通《春秋》《史记》，颇有文才，今天特上门拜访，请他代撰谢表，分明有和好之意，即便看在窦常的面上，也不宜回绝，何况他态度诚恳，一片真心，所以刘禹锡便接受下来，说："既然兄如此看得起我，诚意相托，我也只好班门弄斧，操管献丑了。"

"拜托，拜托。"窦群见刘禹锡一口应诺，眉开眼笑，沮丧之情一扫而空，高高兴兴地辞别而去。

在窦群离开朗州奔赴容州时，窦常和刘禹锡特为他饯行。刘禹锡并将撰写成的《为容州窦中丞谢上表》交给了他，窦群谢毕，阅后甚为满意，再次作谢。从此，刘禹锡与窦群昔日所结的私人恩怨全部消解，建立了一种新的关系。

窦群虽然离开了朗州，可刘禹锡对他为何会被贬谪的原因始终不很清楚。后来还是窦常告诉了他，他才略知一二。

"我弟窦群的性格很乖戾，宪宗继位，他曾出为唐州刺史。山南东道节度使于頔久闻他的大名，请他来见，顺便讨教。窦群便慷慨陈词，危言激切，一番话说得于頔心中大悦，便上奏朝廷，留窦群为山南东道节度副使。宰相武元衡、李吉甫都很爱重他，又召为吏部郎中，兼御史中丞，赐紫金鱼袋。应该说，他在朝廷中已混得相当不错了。”

说到这儿，窦常叹了口气，又说：“谁知他却奏请吕温和羊士谔为御史，而李吉甫则认为吕温、羊士谔二人阴险浮躁，不很赞成。双方相持了好几天，也没结果。窦群等人便为此事发怒，怨恨李吉甫的阻挠。正好在元和三年八月，李吉甫被罢免宰相之职，出镇淮南，窦群便与吕温、羊士谔等一起商量趁李吉甫失宠的机会，干脆把他搞掉。恰巧李吉甫曾召方术之士陈登住宿在安吉里的家中，窦群闻讯，第二天便派小吏去抓陈登，在拷问中叫陈登捏造李吉甫有阴谋之事，秘密告诉宪宗。宪宗听说后，便召陈登来讯问。陈登见是皇上亲自审问，哪敢说假话，吓得支支吾吾，不知如何回答是好，宪宗马上发现其中有诈，真相大白后，便要诛杀窦群等人。幸好李吉甫宽宏大量，把他救了出来，出为湖南观察使，几天以后，又改贬为黔州（今四川彭水）刺史、黔中观察使。不料元和六年，也就是前年，黔州发大水，毁坏城郭，窦群便发动溪洞蛮人来治水，谁知他求治心切，督役太急，引起辰州、溆州两地的土著居民起来造反，窦群领兵讨伐，又平定不了，所以又被贬为开州刺史。今年四月，又被任命为邕容经略使，路过朗州。这就是他这几年的全部经历，唉！……”

说完以后，窦常又重重地叹了口气。

刘禹锡听完窦常的叙述，一方面为窦群的坎坷经历感慨，一方面也为李吉甫宽怀大度、不计私仇的胸襟所感动，同时也感到一个人的复杂性，不能以个人的好恶来判定。就拿窦群来说，在他身上显示的情况就很复杂，既不能笼统地说他是正人君子，也不能简单地说他是卑鄙小人，最后只得说：“令弟的遭遇，也不能怪他个人，有时也是时代使然，身不由己啊。”

“当然，你说的话也有一定道理。”窦常说，“不过，总的来说，我这弟弟有隐士的一面，也有侠士的一面，坦直敢言，临事不顾生死。他的思路以及对时局的看法虽然常在一般人之上，但有时也任性使气，与人交往注重意气相投，谁与他为敌，他会一直搞到底，谁与他相好，他便鼎力相助。他就是这么一个人，我是他哥哥，当然对他还是比较了解的。”

听了窦常的一番介绍，刘禹锡似乎对窦群有了一些更多的了解，也有了一些更多的宽容。不久，他收到窦群从容州寄来的一封信，向他表示问好，称他为“希儒之徒”。而刘禹锡也马上给他回了一封信，与他共同探讨人生之道。窦群还给他寄了首诗，刘禹锡也写了《和窦中丞晚入容江作》一诗寄给了他。

可惜的是，窦群到容州上任仅一年，便与世长辞，终年五十岁。

四　告别朗州

就在窦群去世的这一年冬天，也就是贞元九年（814）腊月，刘禹锡忽然接到了朝廷颁发的诏令，要他即刻离开朗州，赶赴京城。

这一消息犹如喜从天降，令刘禹锡高兴得一连几夜都未睡好。说老实话，自他参加“永贞革新”失败，被贬朗州以来，就一直希望能被量移迁升，召回京城；退一步说，即使不能重回长安，哪怕离长安近一些的地方也是好的。想不到自己朝思暮想、梦寐以求的愿望，如今终于实现了。

当他把这个好消息告诉自己的三个孩子，他们的小脸上也个个浮出天真而又充满憧憬的笑容。

唯一可惜的是，薛氏不在了。每想到这一点，刘禹锡便伤感不已。

不过，令他感到欢欣而又颇为费解的是，他的好友柳宗元、陈谏、韩泰、韩晔、元稹等人这次也都得到诏令，被召赴朝廷，这究竟是怎么回事？

年近六十的窦常也衷心为刘禹锡的这次被征召而感到高兴，特地设宴为他饯行。而刘禹锡也深感窦常自来朗州以后，虽仅两年时间，然政绩不凡。去年朗州农业丰收，今年政务基本全部落实，窦常出力不少。故当地特在武陵北面建了一个亭子，请刘禹锡亲撰《武陵北亭记》，以记窦常之政。

窦常也十分感谢刘禹锡对他的美意和赞扬之词，在为刘禹锡饯行之际，还特地给刘禹锡写了首诗，为他此次返朝壮行色，刘禹锡也和诗答谢。两人杯来盏往，追昔言今，在感慨中尽欢而散。

刘禹锡自来朗州，虽然时时盼望能够北归京城，然而一旦被朝廷征召，即将离开这个地方，又有点依恋不舍，因为他在这个地方毕竟已经生活了九年，交了不少朋友，熟悉了这里的山山水水、草草木木，留下了不少诗歌，并在这里的民间传唱，这里有他的喜悦和惊奇，也有他的哀愁和辛酸，而今却要离去，怎能不思潮起伏、感慨万千呢？

正是带着这种复杂的感情，他写下了《谪九年赋》，表达了自己“叹息兮徜徉，登高高兮望苍苍”的惆怅情怀。记得九年前初来朗州时，是一个寒冷的冬季，没想到九年后离开朗州，又是在冬季。

冬季总是寒冷的，但刘禹锡心里却是春意融融。他骑着马，与这里的一切告别，踏上了来时的旧路，他的眼圈发红了，心里百感交集，慨叹万千，默默地自语道：

“别了，朗州！”

第五章

再贬连州

第一节　写诗惹祸

一　朝廷新气象

朗州离京城的路程是漫长的。这路程对刘禹锡来说，是那样的熟悉，却又是那样的陌生；两旁的风光依稀如旧，似曾相识，却又像初次见面，全然不同。

然而，刘禹锡的心情却是轻松愉快的，与九年前南下时沉重愁闷的心情正成鲜明的对照。所以一路上尽管北风呼啸，冰天雪地，他却全不觉得，只希望能早日到达京城。

刘禹锡从元和九年(814)底离开朗州，足足走了两个多月，直到元和十年(815)二月，才来到长安近郊的都亭。因天已黑，且遇大雨，反正京城就在眼前，所以他决定先在此驿亭住一晚上，等明天雨止再进京城。

这天晚上，他睡在京城附近的驿亭里，听着亭外的风雨声，回想近十年来的贬谪生涯，如今总算要熬到了头，即将开始一种新的人生道路。而他过去的朋友柳宗元、韩泰等人也将相续来到京城，想到此，不禁又思潮起伏，诗情萌生，在烛灯下写了一首诗，题为《元和甲午岁，诏书尽征江湘逐客，余自武陵赴京，宿于都亭，有怀续来诸君子》：

雷雨江湖起卧龙，武陵樵客蹑仙踪。
十年楚水枫林下，今夜初闻长乐钟。

第二天，当刘禹锡抵达长安，望着长安城里那熟悉的街道和店铺，不禁有一种不胜人世沧桑之感。没几天，他的好友柳宗元、韩泰、韩晔、陈谏等也陆续来到长安。大家阔别十年，于今共在京城聚首，等候新的诏令，彼此又惊又喜，像有说不完的话似的。当刘禹锡把自己在都亭写的一首绝句诗给柳宗元看时，柳宗元也马上出示了他在灞上亭中写的一首绝句：

十一年前南渡客，四千里外北归人。
诏书许逐阳和至，驿路开花处处新。

两人互相读罢，都不禁会心地笑了。

十年时间，长安的街市虽有一些变化，但这变化却不大，而朝廷的人事，却因政局的发展和人的生老病死，有着不小的更替变动。

唐宪宗虽然是在宦官的权力斗争中被拥立上皇位的，并且对“永贞新政”取否定态度，对王叔文政治集团的成员一网打尽，赐死的赐死，贬谪的贬谪，全都逐出朝廷，流放到边远荒僻地区，但他毕竟年纪尚轻，血气方刚，也看到德宗皇帝的一些弊政，很想重振朝纲，大干一番，曾先后任杜黄裳、武元衡、李吉甫、裴垍、李藩、权德舆、李绛、韦贯之等人为宰相，而他们也的确各有才能，绝非庸碌之辈，任职以后各有所为。宪宗继位后第二年，便曾对宰相和大臣们说："朕阅览国书，觉得汉文皇帝行事，很少有过失和差错，这是由于让谏臣充分争论，反复四次，才得以明白是非。何况朕寡闻多昧，涉政道而未明，今后事情或有不妥当之处，卿等可以每事讨论十次，切不可仅一二次便止。"

除此之外，宪宗虽也重用宦官，但对他们的权力仍是有所限制的，更重要的是，他对削平藩镇割据势力的态度要比德宗坚决得多，这些，都与刘禹锡等人当初的政治主张差不多。

当刘禹锡、柳宗元等人风尘仆仆、冒着严寒从四面八方来到京城待诏时，把持朝政的主要官员有宰相武元衡、韦贯之、张弘靖，另一宰相李吉甫已在去年离世，此外，裴度为御史中丞，李绛为礼部尚书，权德舆为刑部尚书，崔群为户部侍郎。

从刘禹锡等人来看，这批人可以说是满朝新贵，其中除武元衡与刘禹锡有积怨以外，其他人对刘禹锡还都是有好感的，崔群和李绛还都是他的好友，裴度早就钦佩他的文才，韦贯之在德宗时候久沉下僚，王叔文执政，才开始迁升为监察御史，又擢为右补阙，敢主持正义，对刘禹锡、柳宗元等人的遭遇也比较同情，而权德舆则可以说是看着他长大的。所以从整个执政者的成员来说，对刘禹锡还是十分有利的。

由于阔别京城十年之久，有幸重返，总得去拜访一些老朋友。刘禹锡本来对自己和友人这次重返京城，总感到费解，后来通过一些老友的会面，才稍稍了解一些。

原来，早在元和六年李吉甫复任宰相以后，就觉得像刘禹锡、柳宗元、韩泰这批人才老是投放在边远地方不用，实在是太可惜了，在元和七年就有量移刘禹锡等人的意思。当时另两位宰相权德舆和李绛，一为刘禹锡的老相识，一为刘禹锡的好友，也没有什么政治派别上的偏见，因此在元和八年，执政者怜惜刘禹锡等人的才华，便抛弃前嫌，渐序起用他们，特别是程异被重用后效果很好，于是拟定诏书提升刘禹锡等人为远州刺史。恰好此时权德舆罢相，武元衡复任宰相，请了十多位谏官一起来讨论此事，谏官们都知道武元衡素与刘禹锡、柳宗元等有隙，都说刘禹锡等人不能复用，所以，在武元衡的干预下，原拟的诏书就未下达，而刘禹锡等升为远州刺史的事情也就成了泡影。

到了元和九年冬天，也就是去年，朝廷一下死去许多大臣，先是宰相李吉甫和太子太傅范希朝相继去世，到了十二月，振武节度使张煦、邠宁节度使兼检校右仆射阎巨源、兵部尚书王绍、右羽林统军孟元阳、太子少保赵昌等也一个接一个入棺。在这种情况下，朝廷官员需要补充调整，亟需人才。执政者中有同情刘禹锡、柳宗元等人的，认为有一批有才能的人，包括元稹等都流散在外，可以想法考虑发挥他们的才干，为朝廷出力，特别是像刘禹锡、柳宗元等永贞年间被贬之人，十年之中竟一直原封不动，似乎不太合情理，况且他们都是各有其才，应该逐渐加以复用。武元衡亦知朝廷需要人才，也不公开反对，正是在这种特殊背景之下，朝廷才发下诏书，把刘禹锡等一批有目共睹的有才华的远州小吏统统召回朝廷，以备录用。

当刘禹锡知道了这次被征召回朝的原因，心中欣慰许多。虽然他在永贞年间曾遭受过政治上的打击，在南方沉沦近十年，情绪也曾低落过，但一有机会报国为民，他那浑身的血液便又会沸腾起来。此刻,他的心情正是如此。

二　游玄都观有感

好多年未来长安了,总得到一些地方逛逛,何况又是初春时节,正是游览的好时光。忽听得许多旧友说有一位道士在玄都观里手植的仙桃,绽开时映得玄都观里如红霞一般,而街头巷尾平民百姓所谈所议,也大半是这件事,可以说是轰动了整个京城。刘禹锡听说以后,也决定去亲眼看看。因为他在朗州时就曾接触过一些道士,对道观还是很有一些兴趣的,何况他过去曾到此观来游玩过,就算是旧地重游吧。

据刘禹锡所知,这玄都观坐落在京城崇业坊内,原名叫通道观,是隋文帝开皇二年(582)从长安故城迁徙到这里,才改名为玄都观的。占地面积很大,约有百亩光景,东面与大兴善寺相邻,都是长安城里的风景名胜。

那天风很大,当刘禹锡和友人朝玄都观方向走去时,已有不少骑马乘车的游人观赏回来,其中也有不少步行的平民百姓。车马过处,但见阵阵尘土迎面而来,刘禹锡忙用衣衫遮住颜面,而那些迎面走来擦肩而过的人,几乎全都是从玄都观里观看桃花而回的,许多人三五成群,一路上还兴致勃勃地谈论着。刘禹锡等人更加来劲了,赶紧加快脚步,朝玄都观走去。

当他们走进玄都观,里面更是游人如织,摩肩接踵,人满为患,但个个脸上露出惊喜之色,刘禹锡抬眼望去,只见观内千余株桃树,纷纷绽出粉红色的花瓣,一片灿烂,把个玄都观映照得分外有生气,就连游人的脸上也有光泽,果然稀奇!

刘禹锡也被这眼前的景色迷住了,觉得煞是罕见。在回去的路上,他想,自己在贞元二十一年(805)为屯田员外郎时,曾到玄都观来过，观里并没有什么花，何以十年过后，竟有这么多桃树！岂不都是在我离京以后所栽的吗？可见人世变化之大之速。想到此处，不由又感慨起来，当天就写下一首绝句：

紫陌红尘拂面来，无人不道看花回。
玄都观里桃千树，尽是刘郎去后栽。

由于当时他的朋友柳宗元及其他人也都去玄都观里看了桃花，于是，他就把此诗题为《元和十一年自朗州承召至京，戏赠看花诸君子》。朋友们看了以后，都称赞此诗写得好。不久，这首诗就在朋友中间传开了，而且盛传于京城。

不料，朝廷中有个别人一向妒忌刘禹锡的才华，对于他重被召回京城很有意见，唯恐他被朝廷重用，现在一听到刘禹锡的这首诗在京城如此流传，醋心大发，很不是滋味，但心里也只得佩服此诗声调朗朗，凝练俊逸，当读到"玄都观里桃千树，尽是刘郎去后栽"两句时，感到这里面颇有文章可做。于是，便马上把刘禹锡的这首诗带给武元衡看，然后又诬告道："宰相宽宏大量，不计前嫌，把刘禹锡召回朝廷，以备重用，不想他非但不领情，对前事还耿耿于怀。你看，特别这后两句，分明蕴含着怨愤之情，请宰相慎察。"

武元衡非但懂诗，而且自己本身就能做得一手好诗。他开始读刘禹锡这首游玄都观的绝句，并没有什么特别的想法，也没觉察出什么问题，但一听来告者别有用心的解释和提示，不由把这诗又重读了一遍，当读到"玄都观里桃千树，尽是刘郎去后栽"二句时，果然觉得味道不对。他知道刘禹锡是擅于作诗的，也深知诗的比兴手法，莫不是他刘禹锡对自己遭受贬谪仍有怨恨之意，所以一到京城，便借玄都观桃花之事，来影射和讽刺我武元衡不成？

想到此，他不禁微微一笑，把手一挥，对来告者说："你先回去吧。此诗本府已经看了，先留在这儿，改日本府自会做出处置，你在外面先别说起。"

"是。"来告者见目的已达到，便告辞而去。

三　触怒执政者

来告者走后，武元衡又读了几遍刘禹锡的这首诗，越读越感觉到其中有怨愤和牢骚。当今宰相除李吉甫去年病逝外，只有他和韦贯之、张弘靖三人。刘禹锡与韦贯之、张弘靖之间从无私人利害关系，如果其中有怨愤和牢骚，那肯定就是冲着我武元衡来的。其他高官如裴度、李绛、崔群、权德舆等也不可能。想到这里，十年以前王叔文执政时，刘禹锡、柳宗元等得以重用，神气威风的样子又在他眼前闪现出来，特别是德宗去世，为封山陵事，刘禹锡求为仪仗判官，他当时一口拒绝，两人弄得很不愉快，难道他刘禹锡落魄到如此地步，还不认输？

对于召刘禹锡等人量移或入京，朝廷前几年就不断有人婉转提出，但都被他阻挠了，后来刘禹锡本人也给他写过信。他虽然心里也承认刘禹锡、柳宗元等都是当世杰出英才，有才能，但又为他们追随王叔文而感到恼火，再加上他们身上又都有点傲气，不肯俯首帖耳地跟他走，而周围有些心怀鬼胎、猜忌心重的人又不时造谣中伤、挑拨离间，所以武元衡一直不肯召用他们，这次也是因朝官调整，亟需人才，听从了其他宰相的意见，才把他们召回朝廷的，没想到初来京城，便又惹是生非、兴风作浪，那还了得！

想到这里，武元衡不禁又对刘禹锡等人反感起来，觉得刘禹锡等人还未吸取教训，仍是老样子，不能在朝廷做事，还是让他们回到边远地方去为好。

过了几天，刘禹锡忽然得到宰相召见的通知，心中十分兴奋。自从他写的那首游玄都观绝句的诗被朋友称赞，又在京城传开以后，心里便十分得意，心想自己刚来京城，一首绝句便引起轰动，他日大显身手的机会还多着呢，慢慢来吧。

当他来到宰府时，武元衡倒也客气，以礼相待。刘禹锡看看武元衡已年近六十，多少也呈现出一些老态，心想，毕竟十年不见了，即便过去有些怨恨，彼此也应消解，何况他现在又是宰相，所以对武元衡也是彬彬有礼，恭谨有加。

武元衡到底是宰相，很沉得住气，心里对刘禹锡甚是反感，脸上却是一副很温和的样子，对刘禹锡说："在外任职十年，一定很辛苦，生活还习惯吧？"

刘禹锡答道："开始不很习惯，时间长了，也就慢慢适应了。"

"听说你在朗州为当地民间谱了不少新词，流传甚广，至今所唱，仍多是你的歌词，可见你为改变当地鄙陋的民风还是做了不少好事的。"

"哪里，"刘禹锡作揖道："禹锡在朗州近十年，闲中唯以吟咏诗歌和文章为快事，借此陶冶性情，消愁解闷。蛮俗好巫，每在祠庙迎神，必击鼓跳舞，口歌俚辞，禹锡觉得粗陋，故依骚人之作，创为新词，无足称道。"

对刘禹锡在诗歌和文章方面的才华，武元衡心中是有数的，却又不肯轻易去夸赞他，但此刻想想他在朗州十年的岁月，实在是够辛苦，不由也有点感叹，说道："你在朗州以诗自娱，确是好事，同时也有政绩，可惜本府关心不够。"

"不过，"刘禹锡说："前年朗州有官吏从四川来，承相公送来衣服、丝绸等物，禹锡至今不忘。"

"这也是应该的。"

正说着，门吏来报，有人来访。刘禹锡见状，即起身告辞道："相公政务繁忙，禹锡告辞了。"

"慢，"武元衡也站起身，稍迟片刻，问道："听说你最近游玄都观时，写了一首新诗，颇为流传，可有此事？"

刘禹锡道："诗是写了一首，流传则不敢当。"

"这首诗可能会给你添来一些麻烦，你看怎么办？"

刘禹锡不由一愣："就这么简单的一首绝句，哪来的麻烦？"

武元衡沉默不语。

在回去的路上，刘禹锡对武元衡临别时的问话总感到有些蹊跷。在他看来，武元衡虽与他有宿怨，对他不断地打击报复，就武元衡本人来说，也算不得是个佞人或奸人，但朝廷中总有些妒贤嫉能的小人或宦官，喜欢散布流言蜚语，挑拨离间，而武元衡是很容易被谗言所迷惑的人。他本想再找个机会向武元衡解释一下，但又一想：算了，就那么一首绝句，他们爱怎么看就怎么看，想怎么办就怎么办吧，料想也不会有什么大害。

这么多的外地官吏齐集京城待诏，也算得上是一件大事，不数日，朝廷便开始商议对刘禹锡等人的留用问题。朝中的一些谏官知道唐宪宗、武元衡等人对刘禹锡、柳宗元等当初的一些永贞改革者是有看法的，再加上刘禹锡那首游玄都观赏桃的绝句，便抓住此诗大做文章，认为刘禹锡等人是不可留朝任用的。

宪宗本来是不知道刘禹锡这首绝句的，一经传播，再经发挥，便十分恼火，与武元衡都认为此诗或有语涉讥刺之处，所以听了谏官们的一番言论，都对刘禹锡等人又重新反感起来。最后决定：把刘禹锡这批人依然委派到边远地区去任职，让他们的官职都从司马上升为刺史，但任职的地方却比原来的更远。具体分派是：

刘禹锡为播州（今贵州遵义）刺史，柳宗元为柳州（今广西柳州)刺史,韩泰为漳州(今福建漳州)刺史,韩晔为汀州(今福建长汀)刺史,陈谏为封州(今广东封川)刺史。元稹虽不属于王叔文集团的成员,这次也一起倒了霉,被任为通州(今四川达县)司马。

几天之后,总在三月里,当刘禹锡得到出任播州刺史的诏令时,顿时惊惧莫名,不知如何是好。他本来自恃有才,总以为这次被召回朝廷,不说被重用,多少总有些提升吧,而且留朝任职的可能性也很大,没想到竟会被贬到比原来更远的地方去,这对他不能不说是一个很沉重的打击。

四 裴度求情

更使刘禹锡没料到的是,在这次被贬的官员中,他被贬谪的地方最远最苦。唐代的官员都知道播州是一个非常穷困落后的地方,当时属下州,州中所居百姓总共四五百户。朝廷之所以如此安排,分明与他所写的那首游玄都观的绝句有关,否则何以会遭此下场?联想到几天前武元衡召见他时的神情,特别是告辞时的问话,越想越觉得与此诗有牵连。但这也实在有点冤枉了他,就他本身来说,不过是有点今昔之感,抒发了一时的感受而已。没想到竟有人在背后暗中捣鬼,借题发挥,恶语中伤,使他的人生道路又将迎来许多曲折艰辛。

想到这一点,他不禁又想起了去世的妻子,想起了三个幼小的孩子,同时也想起了自己风烛残年的母亲卢氏……

当年被贬朗州时,因朗州地方潮湿,贫穷落后,母亲住不惯,故未同去,一人独居洛阳,而今母亲年已八十几岁,年老体弱,刘禹锡身为独子,总觉得自己已有十年时间未好好照顾母亲,未尽孝心,所以这次返朝,他已做好打算,不论是留京任职,还是外出任职,一定要把母亲一同带去,好好供养,不能让她一个人再独守洛阳的老宅了。而卢氏与儿子也已阔别十年之久,思儿心切,又自知来日无多,所以这次也下决心,不论儿子派到何处任职,哪怕是天涯海角,她也要跟过去。

然而,他却被贬到播州这个穷乡僻壤去,这叫他如何对得起自己的母亲?每想到这一点,他便暗中叹息,羞愧交加……

作为莫逆之交,柳宗元是深知刘禹锡的打算和心事的,对他的家庭情况也相当清楚和了解,当他知道刘禹锡被贬为播州刺史,十分难过。他估计此次刘禹锡被贬播州,可能与他写游玄都观绝句有关,而且也把他柳宗元一起牵连进去,都不得重用,再次贬谪,而且更远。他非但不埋怨刘禹锡,反而一面安慰他,一面流着眼泪对友人说:"播州非人所居,而梦得有老母在堂,我不忍心让梦得到那地方去受穷苦,万万没有让母亲随儿子一同往那里去受苦的道理。"

于是,柳宗元准备向朝廷提出请求,上疏皇帝,愿意以自己所贬的柳州刺史与刘禹锡所贬的播州刺史相交换,自己到更为穷困遥远的播州去,哪怕是为此重得死罪,也不悔恨。

柳宗元这种与朋友肝胆相照的侠义精神感动了某些朝官,或许是凑巧,那时身为御史中丞的裴度也十分同情刘禹锡的遭遇,当他得知刘禹锡家有老母的困难情况,加上柳宗元的义举,便对宪宗说:"禹锡固然有罪,但他母亲年纪老迈,这次可以说与刘禹锡是死别了,的确是很令人伤心的。"

宪宗本来就对刘禹锡有看法,此次又读了他写的游玄都观绝句,经人挑拨,更加反感,听了裴度的话,便说:"这说明,作为人子者,尤其应当自我谨慎,不要把忧患遗留给父母,这正是刘禹锡应该重加指责的地方。"

裴度也算是个敢于仗义执言的人,又继续对宪宗说:"陛下刚刚侍候太后,恐怕这正是刘禹锡应该敬重陛下并加取法的地方。”

宪宗听了,低首不语,过了好长时间才说:“朕之所以这样说,只不过是以此使为人子者应知道自己的责任罢了,但不想伤了刘禹锡母亲的心。”

退朝以后,宪宗对左右侍从说:“裴度爱我终究是真切的。”

第二天,宰相府根据裴度的进言和宪宗的表态,便将已下之诏加以改动,特意把刘禹锡原派的播州刺史改为连州(今广东连州)刺史。

当刘禹锡得到自己被改为连州刺史的诏令后,对柳宗元的深情厚谊和裴度的仗义进言都极为感谢。心想,十年以前,朝廷本来就贬自己为连州刺史,后中途追诏,改贬朗州司马,没想到十年以后,又被改贬为连州刺史,也许是朝廷中有人提起旧事,才又想到连州之贬的么?也许是自己这辈子与连州有缘,命运安排,注定要到连州去的么?

但不管怎么说,刘禹锡是不相信天命的,既然贬谪连州已成事实,他也就打点行李,动身赴任去了。

五 母子相会

由于刘禹锡的母亲住在洛阳,所以这次他由春明门离开长安,便向东往洛阳方向进发,然后再由洛阳南下,奔赴连州。

洛阳是刘禹锡的老家,祖上的坟墓也都在此处,自己的母亲也常喜欢住在这里。当他来到自己的老宅,望见白发苍苍的母亲时,忙跪拜在前,内疚地叫道:“娘!孩子不孝,今特来请罪!”

卢氏见了阔别十年的儿子,也是悲喜交集,忙扶起道:“我儿快起,想死我也!”

刘禹锡除了在父亲和妻子薛氏去世的日子里曾伤心哭泣以

外，一般在公众场合不轻易流泪，即便在政治上屡遭打击、被贬中屡遭失望和困顿时，也不肯轻易掉泪，但这次见到母亲，听到母亲颤抖的声音，却禁不住泪如雨下，像婴儿般抽泣起来。

母亲虽然老弱，但行动方便，耳朵不背，眼睛也能看得见，生活基本上能自理。这在当时极为罕见，刘禹锡心中安稳了许多。

母子叙别以后，刘禹锡觉得自己也已是四十四岁的人，想当初一到朗州就是十年，也不知这次去了连州，何日才能重返洛阳，也许今生今世再也回不来了。于是，他特意携带年老的母亲，来到祖上的坟墓，一方面来祭扫，一方面向长眠地下的父亲告别。

祭扫完毕，在返回老宅的途中，他又看到了那泊熟悉的湖，在那块大石头上静坐了一会儿。十年不见，也许是冬季水少的缘故，那湖仿佛瘦却许多，湖边还结着一层薄薄的冰，石边的杂草早已枯黄，在寒风中瑟瑟发抖。他朝湖面怅望了一会儿，才带着依依不舍和满怀惆怅的心情悄悄离开。

由于刘禹锡的祖上在洛阳颇有声望，再加上他本人在“永贞革新”的岁月里也声名远扬，天下尽知，虽然后来贬逐朗州十年，销声匿迹，但稍有一点岁数的人，仍都知道他的大名，所以他途经洛阳，也算是一件颇为轰动的事，他的许多老朋友，包括一些慕名而来的，知他这次重又遭贬，纷纷前来给他置酒送行。

刘禹锡见自己家乡的父老乡亲和诸位朋友不因自己遭贬而看不起他，而且还殷勤地设酒款待，问暖嘘寒，盛情相送，不由百感交集，心潮起伏。他一边与大家碰杯饮酒，一边真诚地感谢大家的心意。

在酒席中有一位名叫张贾的友人，乃是宰相张弘靖的从侄，早年即与刘禹锡有些诗交，当刘禹锡荣登吏部取士科时，曾以诗相贺。此次见刘禹锡又遭贬逐，格外不平，悲愤交集之下，不由当即写了首诗赠送给他。

刘禹锡见他的诗辞意真切，充满着对自己的同情，且有难舍之意，便也立刻在酒席上当众吟了首诗表示酬谢，诗云：

谪在三湘最远州，边鸿不到水南流。
如今暂寄樽前笑，明日辞君步步愁。

张贾和在场的亲友闻罢，无不拍案叫好，更加钦佩刘禹锡的诗才，纷纷向他敬酒。刘禹锡一一谢过，然后一饮而尽。

第二天，他就带着年老的母亲和三个幼小的孩子，辞别乡亲，离开洛阳，登上了漫长而又艰辛的贬谪征途。

第二节　得民心的连州刺史

一　与柳宗元分手

初春三月，山野间处处弥漫着春天的气息，溪水潺潺，鸟儿在山间鸣叫，柳树枝上初绽出一颗颗嫩芽，在春风中荡漾，显得十分自在。那漫山遍野的小草，刚刚发绿，把整个大自然装点得格外有生气。

公元 815 年，刘禹锡扶老携幼，一边沿途观赏着大自然的景色，一边向连州进发。想想三个月前，当自己在朗州得到返回京城的诏书时，心情是何等激动，感到贬谪的日子总算熬出了头，而自己也很想发愤有为，在后半生再干番事业。没想到一首小小的绝句诗，竟会惹出这么大的祸患，不仅连累了柳宗元、韩泰、韩晔、元镇等志同道合的好友，而且还连累了自己的母亲和孩子，非但没被重用，最终又被贬谪到边远地区去做逐臣，每想到这一点，他心中便愤慨不已，怒气难消，但到底是谁在背后捣的鬼，他至今仍搞不清楚。好在春色迷人，柳枝招手，小草致意，都仿佛在抚慰他心头的不快。否则，这漫长的贬谪路程，将会多么的难挨。

柳宗元的心情几乎与刘禹锡完全相同。他知道刘禹锡这次将携老母同往贬途，所以特意约定了相会的地点，与刘禹锡一同南下，一方面可以安慰刘禹锡，一方面也可以帮忙照顾一下刘母。因为他所贬谪的柳州，也在南方，且差不多在同一纬线上，只是东西方向不同而已。

一路上，两位好友边走边谈，留意所经之处的景物和古迹，追昔抚今，都感慨不已，像有说不完的话似的。不知不觉，已经走了一个多月，并越过了长江天险。在湖南境内，他们共同领略了东汉伏波将军马援南征时留下的荒凉古道，在荒草丛中，也看到了不少古代遗留下来的墓石和翁仲。路过衡山时，刘禹锡还特地写了一首《望衡山》的五言诗，柳宗元对诗中所寓的情怀深有同感，因为这也正是他内心的写照。

当他们翻过衡山来到衡阳，渡过湘江时，柳宗元对刘禹锡作揖道："梦得兄，与兄同行月余，今到衡阳，弟将乘船沿湘江向西南进发，不得不与兄分手了。"

刘禹锡一听，连忙还礼道："此次返京，得你帮助最多，这一路上还帮忙照顾我母，柳州也是荒凉之地，我知你身体近些年来衰弱不少，且有病，望到柳州，多加保重。"

"多谢关照！"柳宗元闻罢，又去与刘母卢氏告别，随后又抚摸着刘禹锡三个孩子的头，好生勉励道，"祖母年老，你们今后要好好听父亲的话。"

三个孩子听说柳宗元要走，一个个扯着他的袍服不放，一边叫着“叔叔别走”，一边失声痛哭起来。

听着孩子们天真的啼泣声，柳宗元也不由一阵伤心，两行热泪夺眶而出。

见此光景，刘禹锡的眼圈也发红了，但他强忍着对柳宗元说：“让我送你一程吧。”

于是，刘禹锡陪着柳宗元，一直来到湘江边的渡口处，方才停下。柳宗元放眼望去，但见湘江两岸柳树依依，青草丛生，仿佛都在为他送行。这时，一首《衡阳与梦得分路赠别》的七律在他心中酝酿而成，便对刘禹锡说：“梦得兄，此番来京，与兄匆匆相见，如今又匆匆而别，竟吟成七律一首。”

“快念来我听。”

于是，柳宗元清了清嗓门，朗声吟道：

十年憔悴到秦京，谁料翻为岭外行。
伏波故道风烟在，翁仲遗墟草树平。
直以慵疏招物议，休将文字占时名。
今朝不用临河别，垂泪千行便濯缨。

刘禹锡闻罢，也是感慨万千，离愁别绪，顿涌心头。他抬眼望天，但见大雁因春天来临，纷纷向北飞去，自己虽也向往北方故地，却无法同归，只能眼望着它们在蓝天白云中渐渐消失。而此时湘江边上的山岭中，偏偏又传出一阵阵猿猴的哀鸣声，听来令人断肠，心想，我与柳宗元虽然今天分道作别，一在柳州，一在连州，有些距离，但放大了看，当中也不过只隔了一座连山而已。于是，他马上也酿成七律一首，对柳宗元说：“我也撰成七律一首作答。”

柳宗元(773—819),是刘禹锡一生的挚友,莫逆之交,时称“刘柳”。(图据《历代古人像赞》)

柳宗元高兴地说："也念来我听。"

"题目是《再授连州至衡阳酬赠别》。"刘禹锡说着，也朗声吟诵起来：

去国十年同赴召，渡湘千里又分歧。
重临事异黄丞相，三黜名渐柳士师。
归目并随回雁尽，愁肠正遇断猿时。
桂江东过连山下，相望长吟有所思。

柳宗元听完刘禹锡的诗，感到健拔有力，终究与自己的风格不同，结句也很有味，联系到自己此生的经历和遭遇，与刘禹锡也多半相同，倘晚年归隐，能与其为邻，彼此唱和论文，一定很有意思。想到这里，他不禁又酿成了一首诗，题为《重别梦得》，当场赠送给了刘禹锡——

二十年来万事同，今朝岐路忽西东。
皇恩若许归田去，晚岁当为邻舍翁。

刘禹锡读罢，见是一首七绝，当即也回了一首七绝，题为《重答柳柳州》，诗云：

弱冠同怀长者忧，临岐回想尽悠悠。
耦耕若便遗身世，黄发相看万事休。

不知什么原因，柳宗元今日与刘禹锡分别，诗兴特浓，也许他已怀疑今后是否真能与刘禹锡重逢，所以读了刘禹锡的和诗，不禁又写了一首《三赠》，也就是第三次赠诗刘禹锡，诗云：

信书诚自误，经事渐知非。
今日临湘别，何年休汝归？

刘禹锡见柳宗元又赠了首五绝，立刻又回了首五绝，题为《答柳子厚》，诗云：

年方伯玉早，恨比《四愁》多。
会待休车骑，相随出罻罗。

总之，两位诗人兼好友在临别之际，都有许多话要说，结果都融化在诗里，通过赠诗和对答，表达了彼此的思念之情，交流了各自的惜别心情。直到柳宗元乘上西行的船，他们才依依不舍地挥手而别；直到柳宗元的船消失以后，刘禹锡才继续开始南下的征程。

二　度桂岭

渡过湘江以后，越往南走，天气越热。当刘禹锡一行走到郴州时，已是五月份。南方瘴气都在夏季肆虐，刘禹锡拖儿带女，又有老母，唯恐她得病受累，所以一路上都把马让给母亲骑，由于行程实在太长，旅途辛苦，再加上气候多变，过了郴州，刘禹锡因染上瘴气而患了病，只好扶着拐杖，顶着烈日，继续艰难地向连州进发。

谁知过了郴州，一路上都是崇山峻岭，刘禹锡领着一家人，费了九牛二虎之力，好不容易才翻过了万华岩和骑田岭，休息了一下以后，本以为前面离连州不远，路总该好走些了，不料来到临武县境内，迎面一座大山，高八百余丈，山势雄伟，直插云霄，就连衡山也没有这么高。刘禹锡不禁惊呆了，他生平还没有见过这么高耸入云的大山，现在却要带着耄耋之年的老母翻过去，这怎生是好？

正犹豫间，一位樵夫肩挑木柴迎面走来，刘禹锡便上前问道："请问这大山叫什么名，如何过得去？"

"这山叫香花岭，也就是桂岭。"樵夫放下担子，用一口本地方言竭力解释着，"我们本地人俗称桂为香花，故多叫香花岭。在临武县北三十里，比骑田岭还要高，它的北面即金秀山，左连马岭，盘绕县境西北达四十里路呢！"

幸亏刘禹锡在朗州生活过十年，对湘地方言多少还能听懂一些，于是又问："此间离临武县城还有多远？"

樵夫指着山说："翻过此山就是临武县。"他看到了刘禹锡的母亲和孩子，便又说："这香花岭忽上忽下，弯弯曲曲，很不好走，连飞鸟和野兽也不敢过，你扶老携幼的，自己身体看上去也并不强健，可得多当心点。"

刘禹锡忙拱手："多谢！多谢！"

辞别了樵夫，刘禹锡心想：难怪当初被贬朗州，在江陵与韩愈相逢，他老是感叹到连山去的路途如何难行，桂岭如何险峻，果不虚言，今天我也总算要来试一下了。看来，不上也得上，总得翻过去，上！

于是，刘禹锡扶着拐杖，拖着带病的身子，一边照顾老母，一边照顾孩子，开始攀登起了桂岭。

五月的南方，虽说不上骄阳似火，酷暑难当，但稍一活动便大汗淋漓。再说这桂岭也没条像样的路，都是前人临时踏出或稍加开拓出来的小路，一忽儿上，一忽儿下，一忽儿左拐，一忽儿右弯，就这么不停地上上下下，下下上上，左左右右，右右左左，弯弯曲曲，曲曲弯弯，也不知走了多少路，歇了多少回，刘禹锡早已晕头转向，气喘吁吁，脸色发白，便让大家在一棵大树下休息。

刘禹锡喝了口水，放眼望去，只见四面仍都是山，真可以说是群山环绕，沿途非但少见人影，连个鸟叫也很少听到，只有一些不知名的虫豸，在草丛中像贼似地蹿来蹿去。

望着眼前的景物，刘禹锡又不由感慨起来，心想：像这样艰难曲折、坎坷不平的山路，是京城里的那些富豪、贵族无法想象的，更是从来不曾走过的。而自己的人生道路，不正与此相同么？

当他历经千辛万苦，带领全家越过了高达 1 594 米的桂岭时，已是掌灯时分。当夜他投宿在临武县的旅馆里，带着浑身的疲劳，写下了一首《度桂岭歌》：

桂阳岭，下下复高高。
人稀鸟兽骇，地远草木豪。
寄言千金子，知余歌者劳？

三　吏隐亭

翻越了桂岭，后面的路真可以说是如履平地了。没过几天，即五月十一日，刘禹锡抵达了目的地——连州。

作为一州之主，连州地方的最高长官，刘禹锡初来乍到，一时也来不及观赏、考察连州的风土人情，除了必要的官场应酬外，他先把母亲和孩子安顿好，然后按照当时的制度，先给皇帝写一份上报的奏章，表明自己走马上任，已到位任职。在唐代，州不论大小上下，刺史到任，总得具表奏闻，这几乎已成了朝官必须履行的公务。不论皇帝把你贬到什么地方，好心或坏心，哪怕是穷山恶水、天涯海角、非人所居之处，你都得称谢，所以刘禹锡给宪宗的表奏，题目仍是《谢上连州刺史表》。在表中，他对宪宗听纳裴度意见，同意将自己由播州刺史改贬为连州刺史还感谢了一通。他说：

……伏荷陛下孝理弘深，皇明照烛，哀臣老母羸疾，悯臣一身零丁，特降新恩，得移善郡。光荣广被，母子再生。凡在人臣，皆感圣德……

不过，他对这次因写游玄都观绝句而被人借题发挥、恶意中伤、蒙受不白之冤的事，也是愤恨不平的，所以在给宪宗的表奏中也为自己申辩了一下：

陛下龙飞之日，臣忝郎官。恭守章程，勤修职业。权臣奏用，盖闻虚名。实非曲求，可以覆视。迹卑易枉，无路自明。亦缘臣有微才，所兴嫉臣者众，竞生口语，广肆加诬。

写完以后，他感到这个冤枉也必须向武元衡和张弘靖两位宰相申诉一下。尽管他与武元衡一向不睦，但表明一下自己的心迹总是好的，谁知他对谗言会相信到什么程度？于是，接下来他又写了《谢门下武相公启》，其中写道：

某一坐飞语，废锢十年。昨蒙征还，重罹不幸。诏命始下，周章失图。吞声咋舌，显白无路……

在给张弘靖的《谢中书张相公启》中，他再次愤慨地申诉道："某智乏周身，动必招悔。昨诏书始下，惊惧失次。"

当他把给宪宗的表和致宰相的两份启各自寄出以后，才开始走出衙门，到连州各处去考察民情风俗。

连州在当时属湖南，所住居民约十多万人，且物产丰富，气候宜人，比播州不知要强出多少倍。也许是刘禹锡初到此地正入夏季，眼力所及，不论是高冈、平地、田野、河川，都是一片葱茏的绿色，到处都显现出一派欣欣向荣的景象。所以即使比朗州离京城更为偏僻遥远，但人们的生活水平未必比朗州差。

连州多江湖，其中的连江等水都与南海相通。听当地居民说，连州每逢夏季五月，有一种“沓潮”的自然景象，可谓奇观，煞是好玩，成了当地一道有名的风景。刘禹锡觉得新奇，特意请来当地的一位长老，请教道：“常听这里有‘沓潮’之说，不知为何物，请老先生赐教为感。”

长老道：“所谓‘沓潮’，也就是踏潮的意思，是一种自然景象。据番禺地方的文献载：‘风驾前潮不得去，后潮之应候者复至，则为踏潮。’不过我们这里是看不见的，要再往南一些，如番禺等南部滨海地区，方能见到。”

“本官从北方初来，闻所未闻，烦请老先生介绍一下具体情景，可乎？”

“可以。”长老见刘禹锡身为一官之长，对自己很有礼貌，态度诚恳，于是便把“沓潮”的景象详细叙述了一下。刘禹锡则目不转睛、聚精会神地洗耳恭听。最后，长老说：“总之，‘沓潮’时，西风怒号，波涛汹涌，声入云霄，千变万化，实为南方一大奇观。可惜诗文中少有记载。”

刘禹锡谢别了长老，仍沉浸在长老对“沓潮”景观的叙述中。他想，既然历来诗文中少有记载，我何不据此写上一首，让此景象传诸后世，不也是一种采风么？

于是，他便根据长老所说，再加上自己的想象，写成一首《沓潮歌》：

屯门积日无回飙，沧波不归成沓潮。
轰如鞭石砣且摇，亘空欲驾鼋鼍桥。
惊湍蹙缩悍而骄，大陵高岸失岧峣。
四边无阻音响调，背负元气掀重霄。
介鲸得性方逍遥，仰鼻嘘吸扬朱翘。
海人狂顾迭相招，罽衣髽首声哓哓。
征南将军登丽谯，赤旗指麾不敢嚣。
翌日风回沴气消，归涛纳纳景昭昭。
乌泥白沙复满海，海色不动如青瑶。

写完以后，他特地请长老一阅，请他提意见。长老阅罢，甚是满意，对刘禹锡说："昔日长官元结来连州，开凿湖泊，并命名为海阳湖，在碣石上刻有碑铭；后韩愈也来过连州阳山，作《燕喜亭记》，也刻在石上，至今仍在；而今你一来连州，便作《沓潮歌》，记下了南方滨海特有的气象变化，且气势磅礴，格力遒劲，也必将为连州百姓所称颂。你们三位先后到来，对于连州的文化开发，都将大有好处哇！"

刘禹锡知道元结是他的前辈诗人，在他出生的那一年去世，广德年间曾任道州刺史，来过连州，而韩愈十几年前被贬阳山令，阳山县在连州东南不过几十里，连州是必经之地，所以到过连州也不足为奇。不过，他对元结命名的海阳湖曾听说过，至今却未去看过，便对长老说："老先生，早闻海阳湖之名，至今未见，很想一游，不知远否？"

“不远，不远。”长老一听，忙介绍道，“海阳湖自元结广德年间开凿，并命名作铭，遂成连州名胜之一。那里景色很好，现在春天虽过，已是初夏，仍值得一游，建议你近几天就去。”

“老先生如此热情介绍，本官一定抽空去看。”

于是，刘禹锡特意选了一个风和日丽的晴好天气，来海阳湖游览。当他到达目的地，拾级而上，登高东望，立刻被眼前的景色迷住了——

在灿烂的阳光下，万顷碧波与蓝天白云交相辉映，景色壮阔，色彩鲜明，令人心旷神怡。在前方不远处，有四座台榭，等距离地相隔在碧水之间，十分惹人喜爱。在远处，凝霭苍苍，山势起伏宛转，有几条瀑布正悬挂在那里，不停地往下流泻，发出淙淙的声响。在山与山之间的小道上，还架有一座桥，远远望去，像一条小鲵鱼一般。在碧波之中，偶尔有几只小船在轻泳徐转，时隐时现，就像鸟的羽翼一样……

“果然迷人，名不虚传，非人间所有。”刘禹锡一边登高远眺，一边不禁发出了由衷的赞叹。他想，天下山水，美好处一定还有许多，可惜此处地偏路远，人所不知，只有让那些鱼儿、鸟儿在那里尽情享受和快乐了。

他沿着高堤，一边尽情观赏，一边默默地走了一会儿。又想，柳宗元在湘江边上赠别时有诗句说：“皇恩若许归田去，晚岁当为邻舍翁。”虽然现在未能卸袍归田，也无法与柳宗元为邻居，但眼前的风景如此秀丽，何不在此筑一亭子，先在此隐逸自在起来呢？

正想着，一阵凉爽的夏风迎面吹来，扬起了他的袍服和解带，顿使他如痴如醉，有一种飘飘欲仙的感觉。

他想，盛夏就在眼前，连州比朗州更靠南面，夏天一定比朗州更加酷热难当，如在海阳湖消夏，一定不会过分闷热，也必定是一个十分美妙的住处。

对于刘禹锡来说，要在海阳湖边建个亭子，岂不容易？可以这样说，凡在连州境内要想干的事，刘禹锡都能随心所欲，心想事成。主意已定，刘禹锡没过几天便来重新游览，目的是选择一个理想的建亭地点，既可观赏风景，又凉爽宜人。经过反复勘察、比较和考虑，他决定把亭子建造在北山寺和吕仙庙的左面。

建造亭子不比建造寺庙，更不比建造宫殿，规模还是比较小的，操作也比较简单，没多少时间，也没花多少劳力，一座小巧玲珑、色彩艳丽、风格别具的亭子在海阳湖边上出现了。刘禹锡看了以后，觉得十分满意，特意题写了“吏隐亭”三个大字，并专门写了一篇《吏隐亭述》的文章。他在文中如此描绘道：

势拱台殿，光含厢庑。窈如壶中，别见天宇。石坚不老，水流不腐。不知何人，为今为古？

这年夏天，只要一有空，不论是白天还是夜晚，刘禹锡都要到这亭子来纳凉消夏，观赏景色。每一到此，他的心情便自会悠闲舒展起来，仿佛到了另一个世界，既忘记了人世的烦恼，又忘记了京城里的名利之争和互相攻讦，更忘记了自己是被朝廷贬谪到荒凉之地的逐臣。

就这样，刘禹锡在连州度过了他的第一个夏天。

四 武元衡之死

就在刘禹锡带领全家翻桂岭、到连州，又建吏隐亭，安度夏季时，京城长安的夏天却是极其不平静的。

唐宪宗对于彰义节度使吴少阳去世以后，其子吴元济自封将帅、自领军务，且发兵屠舞阳（今河南舞阳西北）、焚叶县（今河南叶县）、掠鲁山（今河南鲁山）、襄城（今河南襄城）的暴行一直心怀不满。到了元和十年正月，吴元济又公然反叛，宪宗命宣武节度使韩弘等十六道兵力进军淮西。这时，镇州节度使王承宗、平卢节度使李师道上疏请赦吴元济，宪宗不听，坚决要讨伐吴元济，打掉他的嚣张气焰。而武元衡、裴度也都是力主削平藩镇割据势力的强硬派。王承宗、李师道怕日后对自己不利，就暗中勾结宦官，委派中岳寺僧人圆净等人，潜伏在武元衡的住宅靖安里（一作静安里）周围，以便伺机行刺。

六月三日凌晨，武元衡乘着马车准备早朝，刚出里东门，黑暗中忽有人叱使灭烛者，在前引路的骑兵便也大声呵斥灭烛者，这时，潜伏已久的刺客便射来一箭，正中导骑的肩上。与此同时，在树荫深处又突然跳出一个刺客，用棒猛击武元衡左股。驾车者便驾驭着马车奔跑，但这时刺客已爬上马车，劫持了载着武元衡的马，往东南跑了十几步，把武元衡刺死，并砍下他的头颅而去。等众人手持火把呼喊着一起赶来时，武元衡已向前扑倒在血泊之中，丧命在住宅东北角的围墙外面。

几乎与此事发生在同一时刻，另一批刺客潜伏在裴度住宅的周围。这天凌晨，当裴度骑马刚走出通化里，忽有刺客冲上前，用剑直刺裴度，第一剑割断他的靴带，第二剑刺中他的背，恰巧撕破他的单衣，第三剑刺伤他的头。裴度当即堕落下马，跌在沟中。刺客又挥剑追击裴度，此时侍从王义一边抓住刺客，一边大呼捉贼。刺客吓得忙用剑斩断王义的手，黑暗中又认为裴度跌入沟中肯定已死，便匆忙逃走。

实际上，裴度那天正好戴着毡帽，所以头部受伤不重。不过，六月三日这天，整个京城一片惊骇，人心惶惶，都被这突如其来的袭杀案件给吓坏了。从京城到京城各门，都加卫兵防守。

几天过去了，刺客还未抓到。兵部侍郎许孟容请见宪宗，并上奏道："哪有一国宰相横尸路旁，却不能抓住刺客的事！"

奏罢，便泪流满面。宪宗闻罢，也是一边愤恨，一边叹气。接着，他就发下诏令：京城诸道，凡是能抓到刺客的，赏钱万贯，并封五品官；如敢有匿藏的，全家诛戮。

诏令发下后，京城大搜捕，仍未见踪影。这时左赞善大夫白居易义愤填膺，以为宰相被害却查不出凶手，可谓朝廷之奇耻大辱，便上疏要求立刻捕杀刺客，以肃法纪。

过了一个星期，神策将士王士则、王士平才揭发说，这事完全是由王承宗主谋派刺客来杀害武元衡与裴度的。于是，就把追查出来的张晏等八个刺客全部处决。

凶杀大案一经查出，凶手得到惩办，人心大快。由于武元衡已死，宪宗便请裴度担任宰相，仍兼御史中丞、刑部侍郎等要职，并下决心要讨伐那些各霸一方、为非作歹、气焰嚣张的藩镇割据势力。

当远在连州的刘禹锡听到京城行刺大案及武元衡被刺身亡的消息时，已是夏秋之交。对于王承宗、李师道、吴元济等藩镇割据势力对抗朝廷、暗中行刺的行径，刘禹锡也是心怀不满的，并一贯主张要加以抑制和削除，但对于武元衡的被害，他的心情却是颇为复杂的。

从政治观点来说，他们有着不少共同点，但政治派别却是极端对立的，并因此而发生过几次不愉快；从个人关系上来说，他们也没有什么特别的交情，刘禹锡自贞元末年正式来京城任朝官，武元衡一直是他的顶头上司，虽然两人也有过诗歌唱和，刘禹锡也给他起草过表章，被贬之后也给他写过信，武元衡任西川节度使时也托人送给过他衣服等物，但这些多半是表面文章，出于一定的礼节，从内心来说，彼此都是不满的，在某种程度上还可以说是冤家对头。刘禹锡被贬朗州，李吉甫在元和八年(813)有量移意图而未获成功，以及刘禹锡写游玄都观绝句诗而不得留用京师，嫉贤小人散布谗言恶语固然是原因之一，但主要阻力都来自武元衡。所以，对于武元衡的死，他初闻时不由一惊，确实有点可惜，但细细一想，也觉得有点庆幸。因为在他看来，武元衡对他和柳宗元等人接近王叔文，始终不肯原谅，且在政治上老是加以压制打击，不让复出，现在他一死，对朝廷来讲失去了一位重臣，但对于他个人来说，则少掉了一个冤家。所以，有几分可惜，也有几分庆幸，可以说是他对武元衡死讯的一个基本心情。

然而，武元衡尽管是他的冤家，彼此关系不睦，但毕竟是当朝的宰相，如对他的死一点也不表示，弄得不好，朝廷中的某些小人或宫中的某些宦官，又不知要在背后议论些什么，生出一些什么是非来。再说，自己在世，也算与他打过些交通，相处过一段时间，现在人也死了，何必再斤斤计较呢？所以，刘禹锡想了想，觉得还是应用文字表示一下。

在当时，用以表彰死者德行并致哀悼的文字，最好是用诔的形式，但这种形式仅用于上对下，贵对贱，就刘禹锡对武元衡来说，无论是从年龄、官职、地位、门第等方面来说，都不能用诔。刘禹锡虽然精通音乐，可以作歌词，依楚地的乐声来挽唱志哀，但又不妥当。思来想去，觉得还是写两首诗合适。

依照当时的习惯，刘禹锡对此所写的诗应是哀挽一类的声调，可是，他对武元衡的死又并不怎么悲哀，怎么写呢？他忽然想起武元衡爱好声色，经常叫一些能歌善舞的女乐在他家里唱歌跳舞，闹到深更半夜，这次恐怕又是在舞乐之后才上朝的，而他的宅第又叫靖安里，想到这里，他不禁灵机一动，何不以武元衡家女乐的口气和身份来写呢？她们一定是很悲怨的，于是，《代靖安佳人怨》的诗名出现在他的脑海，随后又以一种写实叙事的口吻、不冷不热的态度，为武元衡之死写了两首绝句：

宝马鸣珂踏晓尘，鱼文匕首犯车茵。
适来行哭里门外，昨夜华堂歌舞人。

秉烛朝天遂不回，路人弹指望高台。
墙东便是伤心地，夜夜秋萤飞去来。

五　满腹牢骚

武元衡虽然去世了，但刘禹锡却忘不了他，只要在贬谪中一遇到困顿疾病，便会想起武元衡。他总把自己的贬谪遭遇与武元衡的报复联系在一起，其中有些原委未必都出于武元衡，但至少他听信了谗言，才使自己连遭不幸的。就拿这次被贬连州来说，硬把他那首游玄都观的绝句说成有讽刺意味，还传到皇帝耳朵里，叫他怎么解释也澄清不了，结果不仅自己被放逐，而且使母亲、孩子和朋友也一起受连累……

所以，自从听到武元衡的死讯以后，一连好几天，刘禹锡脑海里就经常浮现起他的面影。反正他现在已经死了，想想也没什么可惜的。既然他胡猜我游玄都观绝句中有讽刺意味，我现在干脆就写几首讽刺诗，看他还能拿我怎么办！

这时，空中的飞鸢、树中的百舌、陵墓旁的萤火，都在他的脑海里转来转去，并使他联想起武元衡及朝廷中一些造谣中伤的人，感到这些飞禽、小虫的行为和习惯，与这些人都有极相似之处，何不就借它们来讽刺一番？于是，他写下了《飞鸢操》《百舌吟》《秋萤引》等一些讽刺诗。写完以后，他自己也觉得痛快了一些。

连州的蚊子很大，咬起人来也比长安的蚊子厉害得多，整个夏季，刘禹锡都曾被它们困扰过，但近来正值初秋天气，天一亮，那些猖狂袭人、令人讨厌的蚊子就都会被丹鸟吃掉，而最近的武元衡之死，以及朝中的谗言小人，不都是这种下场么？想到这儿，他不禁又提笔写下了一首《聚蚊谣》：

沉沉夏夜闲堂开，飞蚊伺暗声如雷。
嘈然歘起初骇听，殷殷若自南山来。
喧腾鼓舞喜昏黑，昧者不分聪者惑。
露花滴沥月上天，利嘴迎人看不得。
我躯七尺心如芒，我孤尔众能我伤。
天生有时不可遏，为尔设幄潜匡床。
清商一来秋日晓，羞尔微形饲丹鸟。

刘禹锡尽管写了《飞鸢操》《百舌吟》《秋萤引》《聚蚊谣》四首一组的讽刺诗，把武元衡及诬陷自己的人都狠狠嘲讽了一通，但想想武元衡在世前的荣华富贵和去世后的冷落情景，又不禁为他感慨起来。心想，那次被刺，永离人间，他武元衡是无论如何也想不到的，遑论其他呢？于是，抛开冤家这一点，仅从作为一个人生与死的差别，刘禹锡对武元衡又有点怜惜起来。在感慨和怜惜之余，又为武元衡写了首《有感》的五言律诗：

死且不自觉，其余安可论？
昨宵凤池客，今日雀罗门。

骑吏尘未息，铭旌风已翻。

平生红粉爱，唯解哭黄昏。

总之，在闻知武元衡死讯后的相当长的一段日子里，刘禹锡的心情很不平静，对人的生与死、恩与怨、友与敌、爱与恨、情与仇……想了许多，也有了许多新认识。

不久，秋天来了，连州阴雨连绵，不见阳光；到了冬天，又显得十分阴湿。刘禹锡在朗州近十年，虽已适应了南方的生活，但连州却又与朗州不同，还得重新适应。而每至秋冬，他都有深夜读书的习惯，一则解闷，二则也可增进学识。

由于唐开元时的宰相张九龄是韶州曲江（今广东曲江）人，而曲江离连州不远。一天晚上，出于兴趣，刘禹锡把张九龄的诗文集《张曲江集》拿出来阅读。

原来张九龄为宰相时，曾写文章向唐玄宗建议，凡贬谪放逐之臣，不宜给他们交通便利、繁华富庶的地方，而应把他们多迁徙到五溪不毛、荒凉落后的穷乡僻壤。刘禹锡读到此处不禁心想，怪不得自己与柳宗元诸好友每次被贬，都是一些穷困荒远的地方，或许就是与张九龄的建议有关。

可是谁也没料到，张九龄后来自己也遭奸臣诬陷，被逐出京城，被玄宗贬为始安（今广西桂林）县伯，身染瘴气，后又被李林甫所谮，贬为荆州（今湖北荆门）长史，这岂不是自作自受，自己害自己？所以，当刘禹锡再读到张九龄的《感遇》诸诗，尤其是“江南有丹橘，经冬犹绿林”诸句时，知道其中都有寄托，为其感慨，深表同情，但又觉得有点活该：谁叫他当初向皇上建议让逐臣多贬五溪不毛之地去的呢？如果他早知自己也有被贬的这一天，也许就不会提这建议了。结果不仅自己吃苦，也让我们今天的这些逐臣受累。

想到这些，刘禹锡又不禁有点埋怨张九龄了。过去他与别人一样，也一直以为张九龄是位贤相，能及早认识安禄山的反相，曾多次反对李林甫、牛仙客等奸人为宰相，又敢于与玄宗面折庭争，然而却没有子孙后嗣，这又是何故？于是，感慨和埋怨之余，他不禁写了首《读〈张曲江集〉作》的诗，诗前并加了段小引：

世称张曲江为相，建议放臣不宜与善地，多徙五溪不毛之地。及今读其文，自内职牧始安，有瘴疠之叹；自退相守荆门，有拘囚之思。托讽禽鸟，寄词草树，郁然与骚人同风。嗟夫！身出于遐陬，一失意而不能堪。矧华人士族而必致丑地，然后快意哉！议者以曲江为良臣，识胡雏有反相，羞凡器与同列，密启庭争，虽古哲人不及。而燕翼无似，终为馁魂。岂忮心失恕，阴谪最大，哩二美莫赎邪？……

因为张九龄无子孙后代，听说其故乡的张氏宗祠现在很冷清，所以刘禹易在诗的末尾感叹道："良时难久恃，阴谪岂无因？寂寞韶阳庙，魂归不见人。"

六　与柳宗元通信

刘禹锡与柳宗元之间始终保持着深厚的友谊，情如手足。两人自从在衡阳渡湘江时互相赠签、各自分手，而后又各居官柳州和连州之后，互相之间仍保持着密切的联系，就像十年前两人分居永州和朗州时的情景一样。

柳宗元到了柳州以后不久，即派人来看望刘禹锡的母亲；在与刘禹锡的通信和诗文交往中还经常讨论书法。刘、柳二人过去一同学过书法，且都是由皇甫阅传授的，但柳宗元的书法成就要高于刘禹锡。他贬柳州以后，常以练习书法自娱，并希望刘禹锡在书法上也能技艺精进。

不仅如此，柳宗元还牵挂着刘禹锡的三个孩子，经常想起在衡阳与他们泣别的那一幕，估计他们差不多也到了就学的年龄，应该学点书法了。一次，他在家中翻到一叠晋代王羲之的书法，每页后都有晋代另一位书法家庾安西的题字，忽然联想到刘禹锡有书法弟子殷贤也曾在书法后题批过字，于是就把殷贤的题批寄给刘禹锡，并写成《殷贤戏批书后寄刘连州并示孟、仑二童》一诗同时寄出。

刘禹锡接到殷贤题批的书法和柳宗元的附诗以后，特地拿给自己的两个儿子孟郎和仑郎观看，并勉励他们说："柳叔叔如此关心你们的书法和成长，希望你们今后好好练字，切不可辜负了柳叔叔的一片好意。"

"是。"孟郎和仑郎年龄虽小，却都听话。

于是，刘禹锡一边给柳宗元答诗，一边督促两个儿子练习书法。他们虽然握笔姿势也不正确，写出的字又是歪歪斜斜的，有时还把墨汁沾到手上或脸上，刘禹锡见孩儿幼小，也不便对他们发火，只好在给柳宗元的答诗中说"小儿弄笔不能嗔"。

柳宗元知道刘禹锡正在教孩子练书法，很是高兴，为了勉励孟郎、仑郎学好书法，还特地寄来了一块珍贵的叠石砚。刘禹锡收到以后，立刻写了一首《谢柳子厚寄叠石砚》的诗，以示谢意。

那时——大约在元和十一年(816)初，柳宗元添了个儿子，取名周六，刘禹锡知道后，特写诗祝贺，并在诗中开玩笑说："闻彼梦熊犹未兆，女中谁是卫夫人？"

也大约是在元和十一年，有一个从九江来的僧人因慕刘禹锡之名，特来求见他。该僧自称方及，在匡山隐居了十年。刘禹锡对佛教本来就有兴趣，对僧人也一向敬重，便安排他在连州住了八年，并向他介绍了柳宗元。当方及知道柳宗元也爱好佛教时，便想要去拜谒他，并请刘禹锡代为引荐。刘禹锡热情协助，在方及临行前，还应其请求，为他写了一首送别诗，题为《送僧方及南谒柳员外》。方及得到赠诗，笑逐颜开，高高兴兴地去柳州谒见柳宗元了。

而柳宗元见方及是刘禹锡介绍来的，对他也格外热情尊重，安排他住馆用餐，互相交谈，唱诗论文，颇为惬意。当他离开时，柳宗元还写了一篇《送方及师序》，让他高兴而去。

总之，刘禹锡在连州与柳宗元仍保持着密切的来往与深厚的友情，并经常互相介绍一些朋友在两人之间走动来往，给彼此的贬谪生活带来了几丝快意和几分乐趣。

七　《海阳十咏》

除了与柳宗元交往，刘禹锡工作之余的另一个嗜好，便是到海阳湖去散心游览。每当此时，他便心旷神怡，似乎超脱了人世的一切烦恼。其中，他对自己选择、起名而建成的吏隐亭更是情有独钟，流连忘返。他每在此登亭远眺、吟咏长啸，环顾四周的自然景物，便觉有无限乐趣，深感与自然为伴是件乐事，可以达到一种难以言喻的美妙境界。

然而，元结来后虽然开发了海阳湖，后来的高寓等人任职期间虽然也建造了一些亭阁台榭，但七零八落，且大多数都没有名称。刘禹锡感到很是可惜，心想，既然我现在为一州之主，总该使这里的风景名胜有所发展，何况海阳湖的风光的确美丽诱人，秀色可餐。现在既然已建成了吏隐亭，何不把原有的景点和无名陈旧的亭阁台榭再修整一番，各起一个名称，而组成一个系列的风景线呢？

他把自己的想法告诉了这里一位姓裴的官吏。这官吏也是被朝廷贬谪到连州来的，亦能诗文，刘禹锡为表尊重，平时都称他为裴侍御。当裴侍御听了刘禹锡的这个想法和建议以后，十分赞许，并提议道："现在正是春暖花开，不比寒冬阴冷，何不就此开工？"

"裴侍御之见，正中下怀。"

于是，刘禹锡便对海阳湖四周的散布景点，逐一派人加以疏通开凿，重新构置，整理修复，每搞好一个，刘禹锡便起一个名字。不数日，除吏隐亭以外，他又为九个景点分别起了名字，用大字题写在上面或旁边。它们是：切云亭、玄览亭、云英潭、飞练瀑、蒙池、棼池、棼丝瀑、月窟、双溪。其中有一条溪水因采纳裴侍御的建议而加疏通，又在裴侍御的居住地州城之北，所以刘禹锡特意将此溪取名为"裴溪"。

裴侍御看到刘禹锡在溪边题写的石刻以后，颇为感动。为了感谢刘禹锡，裴侍御特意将刘禹锡疏凿修复并亲加命名的十个景点，分别写成十首诗，题为《十咏》，拿给刘禹锡。

刘禹锡看了以后，觉得裴侍御的诗明丽清新，也不过分虚美，但有些风景的特色在诗中并未反映出来，因此，为了补其不足，更能全面体现这十个景点的美妙之处，他便和了十首诗。他对吏隐亭的和诗是：

结构得奇势，朱门交碧浔。
外来始一望，写尽平生心。
日轩漾波影，月砌镂松阴。
几度欲归去，回眸情更深。

切云亭的和诗是：

迥破林烟出，俯窥石潭空。

波摇杏梁日，松韵碧窗风。
隔水生别岛，带桥如断虹。
九疑南面事，尽入寸眸中。

云英潭的和诗是：

茅幄覆云屏，石奁开碧镜。
支流日飞洒，浑处身疑莹。
潜去不见迹，清音常满听。
有时病朝酲，来此心神醒。

玄览亭的和诗是：

潇洒青林际，夤缘碧潭隈。
深流冒石下，轻波逐砌回。
香风逼人度，幽花覆水开。
故令无四壁，清夜月光来。

裴溪的和诗是：

楚客忆关中，疏溪想汾水。
萦纡非一曲，意态如千里。
倒影罗文动，微波笑颜起。
君今赐环归，何人承玉趾。

飞练瀑的和诗是：

晶晶掷岩端，洁光如可把。
琼枝曲不折，雪片晴犹下。
石坚激清响，叶动承余洒。
前时明月中，见是银河泻。

蒙池的和诗是：

潆渟幽壁下，深静如无力。
风起不成文，月来如一色。
地灵草木腴，人远烟霞逼。
往往疑列仙，围棋在岩侧。

棼丝瀑的和诗是：

飞流透嵌隙，喷洒如丝棼。
含晕迎初旭，翻光破夕曛。
余波绕石去，碎响隔溪闻。
却望琼沙际，逶迤见脉分。

双溪的和诗是：

流水绕双岛，碧溪相并深。
浮花拥曲处，远影落中心。
闲鹭久独立，曝龟惊复沉。
蘋风有时起，满谷箫韶音。

月窟的和诗是：

溅溅漱幽石，注入团圆处。
有如常满杯，承彼清夜露。
岩曲月斜照，林寒春晚煦。
游人不敢触，恐有蛟龙护。

这十首诗，针对各个景点的特色，运用各种比喻，极写其美，既符合各景点的实况，而遣词用句又绝不相同，故诗一撰成，不胫而走，立刻传遍连州，就如刘禹锡当年在朗州所写《送春曲》《初夏曲》等歌一样。有好事者，更是把刘禹锡的这些诗，或诗中的佳句，镌刻在景点的石块或墙框上，吸引了无数游客。

所以，海阳湖的景致，经过刘禹锡的重视和修缮，再配上刘禹锡的诗句，在阳光下熠熠闪光，显得更加鲜艳丰富，美丽动人。

而刘禹锡也为海阳湖面貌的焕然一新和倍受民众的喜爱而自鸣得意。有时在春风沉醉或月色如花的晚上，悄悄来此独自一游，静静地享受一下自己的杰作。

八　注意到了人际关系

光阴荏苒，刘禹锡在连州已整整度过了一年，当初来时是夏天，如今又是一片南国的盛夏景象。唐朝的郡邑长官有个习惯，在地方上任职以后，都喜欢写一篇“壁记”，或表彰前政履历，或叙述当地风情，或追溯地理沿革，或诉说迁授始末，以告后来之官。如是有文化的官，就自己动手写在厅壁上；如是没文化的官，就托有文化的人代写。不过，由于唐代采用科举考试制度，以科取仕，所以当官的一般都有文化。而刘禹锡身为一州之主，且诗文名闻天下，自然也得写一篇了。

好在刘禹锡在连州已生活了一段时间，通过实地考察和查阅史料文献，对连州地方的地理位置、历史沿革、山川气候、民俗风情、物产特色都已有所了解，所以在元和十一年七月二十四日，特地撰写了一篇《连州刺史厅壁记》。他在文章的开篇便说：

> 此郡于天文与荆州同星分，田壤制与番禺相犬牙，观民风与长沙同祖习，故尝隶三府，中而别舍，乃今最久而安，得人统也。……
>
> 邑东之望曰顺山。由顺而降，无名而相歆者以万数，回环郁绕，迭高争秀，西北朝拱于九疑。城下之浸曰湟水，由湟之外，支流而合输者以百数，沧涟汨潏，擘山为渠，东南入于海。山秀而高，灵液渗漉，故石钟乳为天下甲，岁贡三百铢。原鲜而膴，卉物柔泽，故纻蕉为三服贵，岁贡十笥。林富桂桧，土宜陶瓬，故侯居以壮闻。

文章从地理方位谈到当地特产，最后又谈到气候和自己来此的经过，利落干净，简括有力，观者无不钦佩赞叹。

刘禹锡在连州所作诗文，以及修缮疏凿海阳湖风景的美事，不久就传到了广州刺史、岭南节度使马总的耳朵里。马总，字会元，扶风（今陕西扶风）人，过去也曾在京城任朝官，遭受过宦官的打击和迫害。后来虽然长在军中任职，但仍喜欢著述，雅好诗歌。他早就听说过刘禹锡的文才，现在见他来连州任刺史，便主动来与刘禹锡进行诗歌酬唱。有时碰到友人给他诗作，或遇上什么事，便把诗寄给刘禹锡，希望他能写首和诗。

自从“永贞革新”失败以后，刘禹锡也注意到了朝官之间关系的重要性，不再像年轻时候那样恃才傲物。如他在朗州时，他的上级荆南节度使严绶曾是他的政敌，以他过去的脾气，是不肯与他交往的，但刘禹锡在朗州时就注意处理与他的关系，两人有着诗歌往来。现在马总的官职也在他之上，与过去的严绶相当，而且又反对宦官擅权，刘禹锡自然也不会怠慢，或者说更乐意与他唱和，所以，每逢这类情况，他都尽量应命和上一首。马总每次接读，都感到非常高兴。

马总撰成《通历》一书，勒成四帙，特意赠给刘禹锡一部。刘禹锡接读以后，立刻撰成《南海马大夫见惠著述三通，勒成四帙，上自邃古，达于国朝，采其菁华，至简如富，钦受嘉贶，诗以谢之》一诗，以示谢忱。

而马总就希望能有像刘禹锡这样的名诗人来美言几句，所以当他收到刘禹锡的诗，尤其是读到"红旗阅五兵，绛帐领诸生……青箱传学远，金匮细书成"等诗句时，感到特别舒服和满意。

总之，刘禹锡在连州时，一直与马总保持着良好的关系和诗歌往来。

九　继续采风

从贬谪朗州开始，刘禹锡便养成了一个习惯，每到一处，总喜欢观察了解这个地方的风俗民情，以及当地百姓的生活情况，甚至包括当地的宗教信仰、俚歌谣谚、服装饰品。自从他来连州以后，仍保持着这一习惯。除了与柳宗元交往，与马总唱和以外，还常常在外观民风，考得失。

连州和朗州虽然都是南方，生活习惯也有许多共同之处，但毕竟地理方位不同，所以也有许多不同之处。就拿连州来说，当地百姓中有许多瑶族人，在当时称莫徭或徭族，男人只穿白布裈衫，也

刘禹锡贬为连州刺史，造福一方，今广东省连州市建有刘禹锡纪念馆和刘公祠。此为刘禹锡纪念馆前的铜像。

没什么巾袴，女人多穿青布衫和斑布裙，一般都不穿鞋子，赤脚行走，婚嫁时喜用铁钴锅为聘财。刘禹锡在朗州时就曾看到过这种风俗打扮，未曾十分注意，而在连州更为多见。在交易市场上，常常可以看到莫徭人与水上渔民混杂在一起。由于连州盛产竹木，有许多莫徭姑娘便与木材商人结成夫妻。每到春季，他们喜欢先以火烧荒草，然后再进行开山耕种。即便深夜在高山上越溪行走，对于蜮的含沙喷射也毫不惧怕。于是，刘禹锡便根据莫徭人的生活和劳动习惯，写下了《莫徭歌》《蛮子歌》等诗。他在《莫徭歌》中写道：

莫徭自生长，名字无符籍。
市易杂鲛人，婚姻通木客。
星居占泉眼，火种开山脊。
夜渡千仞溪，含沙不能射。

这首诗在当地流传很广，直到一千多年后的20世纪，仍被流传记录。这是刘禹锡自己也不曾想到的。

莫徭人到了冬天，喜欢骑着马，带着刀箭，领着猎犬到附近的西山上去打猎，于是，刘禹锡又写下了《连州腊日观莫徭猎西山》一诗，栩栩如生地描绘了他们的狩猎情况。

冬天过后，春播开始。一次，刘禹锡见春阳明丽，偶登城楼，俯视村落，只见冈头上花开草长，一群群燕子欢快地飞来飞去，田塍望去，仅如细线，许多农家夫妇一边在田里插种，一边齐声唱着歌，如同朗州地方的《竹枝歌》一样，随着春风阵阵传来。刘禹锡虽然听不懂他们在唱些什么，但见他们时时发出一阵欢笑声，似乎在互相闹着玩。见此光景，他不禁又有诗情涌上心头，暗想：如果我将此插种光景写成通俗一点的诗歌，传给后来的采诗者，岂不也反映了连州地方的一点风情么？

到家以后，他略作构思，便写成了一首《插田歌》：

冈头花草齐，燕子东西飞。
田塍望如线，白水光参差。
农妇白纻裙，农夫绿蓑衣。
齐唱田中歌，嘤咛如《竹枝》。
但闻怨响音，不辨俚语词。
时时一大笑，此必相嘲嗤。
水平苗漠漠，烟火生墟落。
黄犬往复还，赤鸡鸣且啄。

十　医学和朋友

就在此诗作后不久，刘禹锡忽然接到一扎纸包，打开一看，却是道州刺史薛伯高寄赠的《古今集验方》，共十通。

薛伯高，字景晦，元和九年由刑部郎中贬为道州刺史，比刘禹锡早来南方一年。他很喜欢医药之学，在公务之余，除了爱好山水之外，便是搜集各种药方。因知刘禹锡博学，慕其文才，过去就曾向刘禹锡请求过书议之类的问题。后知刘禹锡也精通医学，便又向刘禹锡请教有关医学的问题。刘禹锡曾回信作答，说医论药，都中薛伯高下怀。他向刘禹锡表示感谢之后，又曾向刘禹锡咨询过一些其他药方。从此，两人就在医药学方面经常交流来往起来。

刘禹锡除了在“永贞革新”一段时间里比较忙，无暇问津医学以外，在其余时间，不论是在杜佑幕府，还是任监察御史，或在朗州、连州，公务之暇，诗文之余，总留心搜集民间的各种土方药方，置于箧中。这次见了薛伯高的《古今集验方》，不由也想起了自己所搜集和试验过的一些药方，心中思忖：学医的目的，无非是为了救人拯物，现在薛伯高此书问世，何不把自己搜集的一些药方一起公之于世，既可免得他人咨询，又可广为世人所用，岂不更好？

想到此，他翻阅了一下箧中所搜集的各种试验过的土方药方，数十年来竟也积累了五十余种，于是便一一整理誊抄，然后加一短文，名为《传信方述》：

> 余为连州四年上，江华守河东薛景晦以所著《古今集验方》十通为赠。其志在于拯物，予故申之以书。异日，景晦复寄声相谢，且咨询所以补前方之阙。医拯道甚广，庸可以学浅为辞？遂于箧中得已试者五十余方，用塞长者之问。皆有所自，故以“传信”为目云。元和十三年六月八日，中山刘禹锡述。

当他把医药方面的事情处理以后，一天上午正在州府办公，忽门吏来报，门外有人求见。刘禹锡一边批阅公函，一边心不在焉地说：“请他进来。”

等门吏把客人引到近前，刘禹锡方才抬起头来，只见客人年近五十，两鬓略有斑白，似很陌生，却又有点似曾相识。当来客经过自我介绍，刘禹锡简直不敢相信自己的眼睛，不禁失声叫道：“啊！原来是裴昌禹！请坐，请坐！”

裴昌禹也是又惊又喜，感慨万千。刘禹锡连忙设宴款待，两人一边饮酒，一边叙旧。刘禹锡望着眼前这位童年时代的朋友，不禁又想起了两人一同到河边钓鱼，或一同在苏小小墓地玩耍的情景。

裴昌禹也谈了自己这些年来的遭遇，因他为人耿直，谈吐坦率，所交朋友不多，几次应试又不中，生活也比较困难，听说刘禹锡正在连州当刺史，便特意找上门来了。

刘禹锡听他谈了自己的遭遇，又见他风尘仆仆的样子，甚是同情，便对他说："我们从小就是朋友，四十年了，不必客气。如今有困难，就留在我这儿。以后想住就住，想走就走，悉听尊便，我总会尽力相助的。"

裴昌禹见刘禹锡不忘旧情，慷慨相留，不禁潸然泪下，从此，他就在连州居住了下来，直到自己有了出路，方才与刘禹锡辞别而去。

十一　为国家的统一欢呼

刘禹锡来连州以后，一方面注意该地的文化开发、风俗改变和教育的发展，另一方面仍十分关注全国政局的动态，对于他早年所坚持的政治信仰，仍未动摇。

当时，盘踞在蔡州（今河南汝南）等地、自领淮西彰义军节度使的吴元济气焰十分嚣张，他不仅与朝廷分庭抗礼，而且随意欺压百姓，禁止百姓在路上说话，晚上不准点蜡烛，互相请客吃饭的人将被处死，弄得蔡州城中人心惶惶，人人自危。

然而，唐王朝从元和九年（814）冬季开始讨伐吴元济，打了四年也未攻克。宪宗为此伤透脑筋，左右为难，便请宰相发表意见。李逢吉等人道："依臣下之见，现在将帅都已老化，而财力又接济不上，陛下不妨暂且罢兵，停止讨伐为好。"

宪宗犹豫不决，见裴度独自沉默不语，便问道："裴相公有何高见？"

裴度立刻毫不犹豫地说："臣愿亲上前线督战。"

宪宗心中暗喜，也很佩服他主动请缨的胆略，但他一时拿不定主意，还需考虑一下，便先宣布散朝。

过了几天，宪宗又特地召见裴度，问道："卿果真能为朕出行吗？"

"能。"裴度胸有成竹地答道，"臣誓不与吴元济共生。臣曾经比较和分析过吴元济的乞降表，实际上他的局势和处境也很窘蹙，十分尴尬，只是目前朝廷诸将心力不齐，不肯同心协力地去围追他，所以未能使他缴械投降罢了。如果臣亲自前往军营，诸将唯恐臣会夺取他们的军功，必然会争相进兵攻破吴元济的。"

宪宗闻罢大悦。不久，就让裴度在门下侍郎、同平章事的要职之外，再兼任彰义节度使，同时仍任淮西宣慰招讨处置使。

诏令下达以后，裴度又向宪宗建议：韩弘已为都统，不要再为招讨，只要称宣慰处置使即可，并请马总为宣慰副使，右庶子韩愈为彰义行军司马。

宪宗对于裴度的建议全部听从。临行的那一天，裴度披甲戴盔，对宪宗说："臣如果把吴元济消灭了，则朝天有期；如果消灭不了，则返朝无日。"

宪宗听了，深受感动，泪水夺眶而出。

裴度率韩弘、韩愈等朝官来到淮西前线，亲自主持平定淮西的军务。

当时李祐对检校左散骑常侍李愬说："蔡州的精兵都在洄曲，以及在蔡州城的四周防守，真正守蔡州城的都是一些羸弱年老的士兵。我们可以设法乘虚直抵其城，等守在四周的贼将知道我们已经进城，前来相救，我们已经擒获吴元济了。"

"此计甚好。"李愬听后，表示赞成。

元和十二年(817)冬十月，李愬派掌书记郑澥到郾城(今河南开封），秘密向裴度汇报了这一偷袭计划。裴度听完以后，立刻表示同意，说："兵不出奇不胜，这是李常侍的一个好计划。"

有了裴度的支持，李愬便选了一个异常寒冷的风雪之夜，命马步都虞候和随州刺史史旻留镇文城，命李祐、李忠义率突将三千为前驱，自己与监军领三千人为中军，命田进诚领三千人殿后，一起出发。

当时，许多出军将士都不知这大风大雪的夜里究竟往哪儿去，去做什么。李愬也不详说，只是命令道："只往东行进！"

将士们冒着严寒，一路上只听得阴风怒号，只见雪花飘飘。好不容易走了六十里路，来到张柴村，把一些戍卒和守望烽火的士兵全都杀死，占据了他们的栅栏。紧接着，李愬便令士兵们稍稍休息一下，吃点干粮，整顿一下马�头和引牵，命义成军五百人镇守在这里，并把洄曲和诸道路的桥梁断毁，使守在洄曲和蔡州城四周的吴元济的精兵强将无法来救援，李愬又命军队继续向东出发。

众将领本以为占据了张柴村便算完成了任务，没想到还要冒着风雪东行。一时想不通，只得问李愬："李将军，我们究竟要到哪里去？"

李愬斩钉截铁地厉声回答："入蔡州城去抓吴元济！"

众将领一听，都吓得大禁失色，因为他们围攻讨伐吴元济四年也未成功，且死了许多将士，都认为吴元济难以战胜，现在靠这点人马，却要入城抓他，如何能成？监军更是吓得哭泣道："果然中了李祐的奸计！"

这时，天色阴黑，风越刮越大，雪仍一个劲地下着，行军的旌旗也被大风刮破。更糟糕的是，从张柴村向东到蔡州城的这一段路，官军们从来没有走过，非常陌生，再加上风雪交加，路滑难行，一路上不断有士兵或马匹滑倒在地，有的再也爬不起来，直至冻死为止。将士们一边行军，一边都觉得此去必死无回，但又怕李愬军纪森严，只得硬着头皮前行。

走到半夜，雪越下越大了，将士们艰难地顶着风，冒着雪，好不容易走了七十里路，来到蔡州城。城下近旁有鹅鸭池，李愬怕吴元济的守军听到他们的行军声音，故意令士兵们击水扬声，以掩盖他们行军的马蹄声和脚步声。

自吴少诚从德宗贞元二年(786)起割据蔡州，与朝廷对抗，唐朝官军已有三十二年不来蔡州城下，所以守城将士都掉以轻心，特别是在这大风大雪的夜半时分，更是不当一回事，一个个都回屋取暖睡觉去了。当李愬率军在凌晨四更时分来到城下，竟没有一个人知道。于是，李祐、李忠义的前驱部队便先悄悄登上城楼，把守门士兵杀掉，只留击柝的人继续击柝，随后打开城门，李愬便率大军进城。

奇怪的是，城中一片安静，竟无一人知晓，只有雪花在无声无息地飘着。当鸡鸣时分，雪停了，李愬已率军进入吴元济的外宅，而吴元济还在睡大觉。

李愬一边命将士捉拿吴元济，一边说："董重质拥精兵万余人据守洄曲，吴元济所盼望的，就是董重质来救他。"

于是，他亲自来到董重质的家中，对他的家属重加抚慰，并派他的儿子董传持着他的手书去转告董重质，只要他投诚，朝廷绝不会亏待他。

当董重质接到儿子带来的李愬手书，知道家属已在官军手中，且抚慰甚厚，十分感动，即使自己调兵遣将前来相救，也必是一场恶战，难分胜负，于是当即一人单骑来到李愬军队投诚。

吴元济失去董重质之援，如瓮中之鳖，只得请罪投降。李愬一边把吴元济囚禁入槛车，送往京师，一边派人报告裴度。

当申州（今河南信阳）、光州（今河南潢川）的吴元济部下及诸镇士兵二万多人听说蔡州城已被攻下、吴元济被活擒、董重质投降朝廷，便知大势已去，相继前来向唐王朝的官军投降。

李愬在活捉了首领吴元济之后，不杀他手下的一将一卒，凡吴元济手下的官吏、帐下，甚至包括烧饭、养马的一些军卒，全部恢复原职，从而打消了他们的疑虑。然后将军队屯于鞠场，等待裴度的到来。

由于吴元济的残暴统治，蔡州城里的百姓早已心怀不满，盼望朝廷前来收复，现见朝廷命将李愬在风雪之夜活捉吴元济，而宰相裴度又代表朝廷前来抚慰百姓，犒劳三军，所以蔡州城中一片欢呼，无论男女老少，无不欢欣鼓舞，喜气洋洋，如同过节一般。

后来，李愬风雪取蔡州、裴度凯旋回朝的胜利消息传遍全国，朝野上下一片欢腾。许多地方官吏纷纷撰文写诗，上献朝廷，表示祝贺。

当远谪连州的刘禹锡得到这一振奋人心的胜利喜讯，虽然已是年底，但内心也是兴奋不已。平心而论，他对宪宗压制贬抑他和柳宗元等人，是极为不满的，但对他削平藩镇割据的决心和态度则是极为拥护的。何况这场平定淮西战役的主帅又是曾经为他求过情的裴度，而与他诗歌交往和唱和颇多的马总也参与了这次收复淮西的战役。所以，当他看到这一喜讯的诏书，又从马总那里得到不少有关平定蔡州的具体情况以后，立刻在十二月二十三日给宪宗写了一篇《贺收蔡州表》。他在表中由衷地写道：

臣某言：伏见诏书，以唐州节度使李愬生擒逆贼吴元济献俘，文武百寮于兴安门列班称贺者，天威远被，元恶就诛，一方既平，万国咸庆。……臣久辞朝列，恭守遐藩，不获称庆阙庭，陈露丹慊。仰瞻宸极，倍万群品，无任踊跃庆快之至。

写完以后，刘禹锡觉得意犹未尽，仍处在高度的兴奋状态，感到这一重大的历史事件，应该而且值得具体地写进诗中，以便让后人知道，而前辈诗人杜甫的许多诗已经在这方面起到了表率的作用。于是，他经过精心构思和反复思考，写下了《平蔡州》三首。其一云：

蔡州城中众心死，妖心夜落照河水。
汉家飞将下天来，马箠一挥门洞开。
贼徒崩腾望旗拜，有若群蛰惊春雷。
狂童面缚登槛车，太白天矫垂捷书。
相公从容来镇抚，常侍郊迎负文弩。
四人归业闾里间，小儿跳踉健儿舞。

其二云：

汝南晨鸡喔喔鸣，城头鼓角音和平。
路旁老人忆旧事，相与感激皆涕零。
老人收泣前致辞：官军入城人不知。
忽惊元和十二载，重见天宝承平时。

当他把这三首诗写完以后，又反复吟咏了两遍，觉得还比较满意，方才安心。

那时许多诗人都以平定淮西的战事作诗，如韩愈写了《元和圣德诗》,柳宗元写了《奉平淮夷雅表》,都名重一时,而刘禹锡却总认为自己的这三首《平蔡州》很有特色,有着诗史的作用。

由于裴度平定淮西,功居首位,声望益高,并且在贬逐一事上曾帮助过刘禹锡,所以刘禹锡在给宪宗写了《贺收蔡州表》的同时,也给裴度写了封贺信,在信的末尾写道:"某恪守遐荒,不获随例拜贺。"在贺捷之余,也微露了请援之意。

稍后,约在元和十三年(818)初,由于朝廷有过一次大赦,刘禹锡想借此机会改善一下环境,又曾给裴度和韩愈分别写过一封信,委婉地流露出请以相助之意。可惜的是,裴度当时平淮之后,想趁热打铁,奉诏忙于部署讨伐淄(今山东淄川)青(今山东广饶)节度使李师道的战役了,而韩愈或许正奉诏忙于撰写《平淮西碑》,两人竟都没有给他回音。

不过,当唐王朝派兵把淄青节度使李师道平定以后,刘禹锡又把个人的恩怨一时抛诸脑后,以异常快慰兴奋的心情,给朝廷上了《贺平淄青表》。随后又以欢快的笔调,写下了《平齐行》二首。他在诗中写道:

牙门大将有刘生,夜半射落搀枪星。
帐中虏血流满地,门外三军舞连臂。
驿骑函首过黄河,城中无贼天气和。
朝廷侍郎来慰抚,耕夫满野行人歌。

就这样,宪宗继位以后的唐王朝一直冷落着刘禹锡,而刘禹锡对于宪宗削平藩镇割据的每一个重大胜利,却都由衷地加以拥护和祝贺,并时时企盼着朝廷能够重新起用他,让他能为朝廷再出点力。

十二　接连而来的悲痛

然而，尽管刘禹锡身贬远州，心向朝廷，并在当地为百姓做了不少好事，为政清廉，使连州文物之盛，可与中原大地相媲美，但朝廷却始终对他未加青睐，这使他有时候未免觉得苦闷。

另外使他忧心的是，自元和十三年(818)初春以来，母亲的身体明显衰弱。她已年近九十，对这里的气候本来就不很适应，特别是冬夏二季，一阴湿，一闷热，如同过鬼门关一般。所以，她也曾向刘禹锡提起过几次，希望能尽早离开此地，回到洛阳去住。

刘禹锡也很理解母亲的心情，深知她最理想的住地是洛阳。如果让她一人住在洛阳，作为儿子又实在放心不下；如让她在这里久居送终，又感到对不起她老人家。每想到这些，他便左右犯难，一筹莫展。

这年春天，有一次，他一个人独自在家，望着门外漫山遍野的春草春花，不禁又有几丝愁绪涌上心头，真所谓春色恼人。他想，自己当初贬谪朗州时，曾遇上三次闰月。朋友们都告诉他：三见闰月，数之极也，应当有迁徙了。所以他特意写了一篇《谪九年赋》以自广。果然，这年年底，朝廷有诏书唤他回长安。可惜自己因写游玄都观绝句而惹了祸，又贬谪到连州来。朋友们都安慰他：人世美恶，周而复始，苦尽甜来，坏后必有好。但自己来此已三年多，仍未免有任何量移升迁的征兆，而眼看着自己一天天走向老年，孩子们一天天长大成人，老母亲的身体又一天天衰老虚弱……这贬谪生涯，究竟有没有尽头？

想到这儿，他不禁想起了屈原。屈原在流放途中尽管写下了“路漫漫其修远兮，吾将上下而求索”的诗句，我刘禹锡也曾以此来勉励自己，但屈原也写过《天问》，可见他也有烦恼，而今我刘禹锡也有烦恼，何不也问问苍天呢？于是，刘禹锡以满腔的苦闷和悲愤，写下了《问大钧赋》，再次倾诉了自己的愁苦情怀。所谓“问大钧”，就是问苍天之意，与他十年多前在郎州所写《谪九年赋》先后对映，正是一个意思。

在实在无奈的情况下，为了消愁解闷，刘禹锡便到海阳湖去散心，与自然为伴，把自己的愁苦诉诸春花秋月、山川草木。或者便与僧人交谈，移情佛门，与他交往的僧人除先前的方及以外，尚有浩初上人、约师、儇师、六祖慧能等。这些僧人多慕其名而来寻访他。刘禹锡也很理解他们的心情和愿望，凡他们提出需他赠诗作文的要求，他都尽量满足，故僧人从他这里离开，大多满意而归。

元和十四年(819)的夏天，连州的天气似乎特别闷热，刘禹锡的母亲卢氏终于经受不住酷暑的折磨和热浪的袭击，病倒在床榻上。尽管刘禹锡懂些医药学知识，搞了好几个药方和土方给她服用，并精心料理，悉心照顾，仍不见好转。

到了秋天，卢氏自知年近九十，来日无多，便在临终前把刘禹锡唤到床前，郑重其事地关照道：“儿啊，妈不行了。妈没有别的愿望，只希望死了以后，把我送到洛阳老家，与你的父亲埋在一块儿就可以了。”

说罢，便合上了眼睛。

“妈！”刘禹锡大叫一声，泪如泉涌。

回想母亲自丈夫去世以后，再不嫁人，一个人含辛茹苦守寡几十年，对自己谆谆教诲，抚育成人，刘禹锡深感内疚，不胜慨叹，无限酸楚，一连好几天，都是通宵失眠，沉浸在巨大的悲痛之中。

连州地方的百姓，以及刘禹锡的亲朋好友，听说地方上最高长官的母亲去世，也都纷纷前来吊唁，以示哀悼。

按照当时的制度，不论是朝廷官员或地方官员，凡父母去世，必须在家服丧三年，然后才能外出任职。于是，刘禹锡一边向上级有关部门请示服丧，一边在连州为母亲举行了隆重的大殓和追悼仪式。

当他把母亲的丧事办完，再将地方的政府公务移交以后，已是十月下旬。于是，刘禹锡怀着沉痛和惜别的双重心情，暂时告别了连州的亲朋好友，扶着母亲的灵柩，向自己的老家洛阳进发。

一路上，顶北风，冒严寒，好不容易才到达衡阳。当刘禹锡一行扶柩刚要渡湘江，忽然后面有人大叫停下。刘禹锡回头一望，只见后面有一骑正飞速赶来。等到近前，那人翻身下马，急匆匆来到刘禹锡面前，施礼问道："阁下是连州刺史刘禹锡么？"

"正是。"

"我是柳州刺史柳宗元处派来的使者。"那人一边自我介绍，一边从怀中取东西。

刘禹锡一听他是从柳宗元处来的，惊喜异常，忙问："柳柳州近况如何？"

那人也不作答，只是从怀中取出一纸书信，双手递给刘禹锡，然后说："阁下自己看吧。"

刘禹锡接过纸书，展开一看，不禁惊呆了——这竟是一份柳宗元去世的讣告！

"哎呀！"他不由失声惊叫起来，双脚乱蹬，口中大号，就像发疯一般，周围的人都怔住了。

刘禹锡对柳宗元的去世之所以如此悲痛，其实也不奇怪。一是因为太意外。因为刘母自去年以来身体就不好，今年夏天以来每况愈下，刘禹锡服侍在身边，知道她已差不多走到生命的尽头，本是意料中的事；而柳宗元则身在柳州，本来还一直通信交流，生病情况一点也不知道，今日突闻噩耗，如五雷轰顶，尤觉悲痛。二是由于柳宗元死得太早，因为刘母毕竟是年近九十的老人，杜甫说："人生七十古来稀。"像卢氏这样长寿的人，在当时真可以说是凤毛麟角，极少见到，即便去世，也算寿终正寝，属寿星之列，不足为憾；而柳宗元毕竟只有四十七岁，比他刘禹锡还要小一岁，况且是一代文豪，与韩愈在文坛共领风骚，现中途夭折，巨星陨落，不论是他本人，还是就整个文坛来说，都是一个无可估量的损失，所以刘禹锡为他突离文坛，殊觉悲伤和可惜。

过了好长时间，刘禹锡才从悲痛中醒来，心情平静了一些，也恢复了一些理智，才问来人："柳子厚究竟是因何原因去世的？"

"唉！说来话长。"

来人叹了口气，知道刘禹锡是柳宗元的好友，便把柳宗元如何因病去世的前后经过详细地告诉了他。刘禹锡一边听，一边又止不住失声抽泣，双泪直流。

"柳柳州在临终前，还托我把一封遗书带给你，并一定要我亲自交到你手中。"说罢，来人便把柳宗元的遗书呈交给了刘禹锡。

刘禹锡伸出颤抖的双手接过遗书，一边阅读，一边流泪。柳宗元在遗书中写道：

> 我不幸卒以谪死，以遗草累故人。……

柳宗元在遗书中除了希望刘禹锡为他编遗稿之外，还希望刘禹锡能帮助抚养他的后代。

刘禹锡读完柳宗元的遗书，早已是满面泪痕。他知道柳宗元早年丧妻，自妻子杨氏去世以后，未再续娶，而他的孩子也都幼小，现在托他代养，这也是对他的信任，而自己作为柳宗元的莫逆之交和终生好友，也有着义不容辞的责任。

联想到自己五年前初贬连州时，与柳宗元就是在衡阳依依难舍、分手道别的，没想到五年后重到旧地，接到的却是柳宗元去世的噩耗，刘禹锡伤心之余，不禁又来到当年互相赠诗相别的地方。故地重游，望着呜咽而去的湘江水，当年临别的情景又历历如在目前，于是，他怀着追思的心情，当即写下了《重至衡阳伤柳仪曹》一诗，诗前还特意加了一段小引：

元和乙未岁，与故人柳子厚临湘水为别。柳浮舟适柳州，余登陆赴连州。后五年，余从故道出桂岭，至前别处，而君没于南山中，因赋诗以投吊。

诗云：

忆旧与故人，湘江岸头别。
我马映林嘶，君飙转山灭。
马嘶循故道，飙灭如流电。
千里江蓠春，故人今不见。

一年之中既失慈母，又失良友，而四年之前与柳宗元在湘江岸头的分手，竟是两人的永别，这是刘禹锡做梦都没想到的事。

第三节　洛阳服丧

一　给友人写祭文

连刘禹锡自己也记不清，这一路上究竟是怎样才到达洛阳的。反正他到了洛阳以后，先把母亲的灵柩与父亲合葬在一起，然后一边回忆柳宗元的生平，准备亲自给他写祭文，一边等待韩愈的回音，因为他在旅途中就把柳宗元去世的噩耗托人带信转告了他，并陈述了柳宗元想请韩愈写墓志铭的愿望。

元和十五年(820)正月的洛阳，天气十分寒冷，北风呼啸，阴云密布。刘禹锡在自家祖传的老宅，每一想到与柳宗元的那次分手，想到他把柳州让给自己而他去播州的义举，想到他在柳州时曾三次派人来看望自己老母的深情厚谊，便止不住要伤心落泪。他一生中曾有过许多朋友，但没有一个能够超出他与柳宗元之间的友谊。在悲痛和酸楚的心绪之下，他写写停停，停停写写，反复多次，终于写成了著名的《祭柳员外文》：

> 呜呼子厚！我有一言，君其闻否？唯君平昔，聪明绝人。今虽化去，夫岂无物？意君所死，乃形质耳。魂气何托？听予哀词。呜呼痛哉！
>
> 嗟予不天，甫遭闵凶。未离所部，三使来吊。忧我哀痛，谕以苦言。情深礼至，款密重复。期以中路，更申愿言。途次衡阳，云有柳使。谓复前约，忽承讣书。惊号大叫，如得狂病。良久问故，百哀攻中。涕洟迸落，魂魄震越。伸纸穷竟，得君遗书。绝弦之音，悽怆彻骨。初托遗嗣，知其不孤。末言归輤，从祔先域。凡此数事，职在吾徒。永言素交，索居多远。鄂渚差近，表臣分深。想其闻讣，必勇于义。已命所使，特书径行。友道尚终，当必加厚。退之承命，改牧宜阳。亦驰一函，候于便道。勒石垂后，属于伊人。安平宣英，会有远使。悉已如礼，形于其书。
>
> 呜呼子厚！此是何事。朋友凋落，从古所悲。不图此言，乃为君发。自君失意，沉伏远郡。近遇国士，方伸眉头。亦见

遗草，恭辞旧府。志气相感，必逾常伦。顾予负衅，营奉万里。犹冀前路，望君铭旌。古之达人，朋友制服。今有所厌，其礼莫申。朝晡临后，出就别次。南望桂水，哭我故人。孰云宿草？此恸何极？呜呼子厚，卿真死矣！

终我此生，无相见矣。何人不达？使君终否。何人不老？使君夭死。皇天厚土，胡宁忍此？知悲无益，奈恨无已？子之不闻，予心不理。含酸执笔，辄复中止。誓使周六，同于己子。魂兮来思，知我深旨。呜呼哀哉！尚飨。

写完以后，他才松了一口气，像完成了什么大事似的，又来到老宅附近的那泊湖，在湖边的那块大石头上坐下，向湖面眺望。四年之前，他来洛阳接老母、祭扫祖坟回来时，曾在此逗留过，没想到短短的四年之中，他的爱妻、老母、挚友相继去世，这一连串的残酷打击，不得不使他陷入深深的悲痛之中。四年之前的湖面是严冬景象，而四年之后的今天，这湖面依然是一片严冬，究竟要到何时，这湖面才能春波荡漾呢？

二　宪宗暴卒

然而，就在刘禹锡写成《祭柳员外文》没几天，从长安突然传来了一个惊人的消息：唐宪宗李纯被人害死了！

这消息一传出，不仅刘禹锡感到震惊，全国上下无不震动惊讶！

洛阳离长安不远，消息传递不仅迅速，而且相对比较可靠。经多方打听和友人的相告，刘禹锡才比较多地了解了宪宗被害的详细经过和事件真相。

唐宪宗虽然对参与“永贞革新”的王叔文以及刘禹锡、柳宗元等人在政治上一直压制打击，不加重用，但他给唐王朝的政治事业的确带来了极大的推进和改变。其父德宗对藩镇势力一味妥协、退让，但他却坚决予以打击，削平了西川节度使刘辟的叛乱，接着又平定了夏州的叛乱，还使长期叛离朝廷的淄青、武宁两路节度使臣服朝廷，随后又活捉吴元济，平定淮西之乱，到了去年，又把最后一个没有归顺朝廷的李师道设法诛杀。这样，曾经与唐王朝分庭抗礼约六十年，占有三十几个州的河北、河南各藩镇势力，都在宪宗手中得到削平。同时他还撤销了以宦官任监军的制度。凡此，都使他的威望与日俱增。

然而，在胜利与成绩面前，宪宗得意骄傲起来了，开始奢侈和挥霍。在淮西战役刚结束，他便下诏天下，征求方士，寻求长生不老之药。元和十四年(819)正月，他听说法门寺护国真身塔内藏有一节指骨，传说是释迦牟尼佛的遗骨，称为“佛骨”，便派一个宦官领着宫女去把佛骨迎进京城皇宫，使整个京城为之轰动。这时，身为刑部侍郎的韩愈便上《论佛骨表》，力斥信佛之弊，劝谏宪宗不要信佛。宪宗大怒，要杀韩愈，幸亏裴度、崔群二位宰相竭力相劝，才贬韩愈为潮州(今广东潮州)刺史。到了今年正月，也就是元和十五年(820)，春节刚过，宪宗为求长生，吞服金丹。不料服后脾气暴躁，易怒不安，左右服侍的宦官经常被他罚罪，甚至被处死，吓得他们人人自危，提心吊胆。宦官陈弘志看看照此下去，周围的宦官都要被他杀光了，干脆先下手为强，趁大明宫中和殿无人之际，反把宪宗给杀了。

宪宗被杀之日，离刘禹锡写《祭柳员外文》仅隔两天。

不过，宪宗的被杀，对刘禹锡个人来说，却并不是一桩坏事。因为宪宗继位十五年来，对“永贞革新”的事业总是耿耿于怀，只要他在位一天，刘禹锡是永无出头之日的。所以，刘禹锡对宪宗的被杀，只感到震惊，却并不感到悲伤，连首挽诗也没有写。

三　令狐楚来访

在“国不可一日无君”的观念下，过了六天，在宦官和一部分朝官的扶持下，宪宗的第三个儿子李恒在太极殿继承帝位，是为唐穆宗，当时年仅二十七岁。

按照老规矩，“一朝天子一朝臣”，穆宗继位以后，朝廷官员方面总要有些变动和调整。反正自宪宗以后，刘禹锡便已成为局外人，对这些事情虽加关注，但兴趣却不很浓。再说，他一则要在家丁母忧，二则柳宗元去世，好友所托交的抚养子女和编纂遗稿的事情，他要逐一认真去做，所以对朝廷内部的这次换班情况和人员调动，他仅略知一二，并不十分清楚。

这年正月，正当宪宗被害、穆宗继位之时，刘禹锡派人到柳州去祭祀柳宗元，并拟把柳宗元的后代接到洛阳，带在自己身边抚养，同时还吩咐把柳宗元所有的遗稿一并带到洛阳，因为他反正在家为母亲服丧，公务不多，正好可以静心整理和编纂柳宗元的遗稿，了却好友的生前遗愿。

不久，夏天来临，刘禹锡又为柳宗元的归葬之事忙碌起来。此事虽然以柳宗元的表弟卢遵操办为主，但他也积极配合，一方面写信给韩愈，请他为柳宗元写墓志铭，一方面与卢遵联系，协助他设法把柳宗元的灵柩运回万年（今陕西万年），最后在七月十日，把柳宗元归葬到他父亲柳镇的坟墓旁边。

这样，在刘禹锡和卢遵等柳宗元亲族的共同努力下，柳宗元才算安然归葬。原本刘禹锡要抚养柳宗元的后代，卢遵见他正为母亲服丧，而自己曾受柳宗元教诲，与柳宗元一家长期交往，也相当熟悉。现柳宗元去世，就主动担负起了抚养柳宗元子女的责任，这使刘禹锡安心许多，也有了更多的时间来整理和编纂柳宗元的遗稿。

八月的一天下午，刘禹锡睡了一会儿午觉。醒来时只听得庭内树上的蝉声鸣叫不断。他洗了把脸，正想继续整理柳宗元的遗稿，忽听得屋外有人敲门，且有人叫，开门一看，才知是令狐楚前来探访，不由喜出望外，忙迎进屋内。

令狐楚，字毂士，号白云孺子，生于766年，比刘禹锡大六岁，敦煌（今甘肃敦煌）人，贞元七年（791）进士。因其父在太原府任功曹，所以他考中进士后不久，便辞去官职，到太原去奉养老父。由于他聪敏博学，才思俊丽，几位在太原任职的高官李说、严绶、郑儋等高其行义，都相继聘他在幕府任职。十年来，他经常为他们向皇帝起草奏疏。当时德宗每阅太原送来的表文，必定能分辨出哪些文章出自令狐楚之手，并总要连连赞赏几句。当年刘禹锡正在朝廷任监察御史，已知令狐楚文名，而令狐楚虽在太原，也已听说刘禹锡常为杜佑等人撰文，彼此倾慕，于是也就诗来文往，互相唱和起来。等令狐楚来京任太常博士、礼部员外郎、刑部员外郎等朝官时，刘禹锡已被逐出京城，被贬到朗州任司马去了。所以，两人尽管十九年前就已有诗文交往，但一直未曾谋面，今日初次相逢，彼此都有一种相见恨晚之感。

两人寒暄以后，刘禹锡问道："令狐相公在京城任宰相甚好，没想到今日却到洛阳，而且特意光临小弟寒舍，不知何故？"

"唉！一言难尽。"令狐楚叹了口气，苦笑了一下，又摇了摇头，说，"我的宰相之职已被罢免了。"

"何以至此？"刘禹锡不由一惊，他知道令狐楚是在去年夏天才被任命为宰相的。

"世事难测啊。"令狐楚呷了一口茶，才勉强说道，"我与皇甫镈本同年进士。元和十三年，皇甫镈任宰相，因与我相友善，在他的引荐下，我也就在去年七月由御史大夫等职再升任宰相。谁知宪宗那时喜服药饵，以为可长生不老，皇甫镈与金吾将军李道古为满足他的需要，引荐术士柳泌、僧人大通待诏翰林。柳泌还从台州为皇上炼神丹。不料皇上服用后非但未能长寿，反而口渴气躁，结果反被宦官杀害。故穆宗继位后，对皇甫镈大为不满，在称帝的第二天就把皇甫镈贬为崖州（今海南琼山）司户，李道古贬循州（今广东惠阳）司马。我因皇甫镈所荐，自知位不能久坐。果然，就在这个月，穆宗下诏贬我为宣歙观察使，七天之后，突又追诏，改贬我为衡州刺史……”

说到这里，令狐楚又叹了口气，摇了摇头。刘禹锡见状，忙劝慰道：“相公慢说，请用茶。”

过了好一会儿，令狐楚才接着说：“离长安前，有友人说梦得因老母去世，正在洛阳丁母忧。所以我途经洛阳，特来拜访，同时也可说是前来辞行。”

“多谢！多谢！”刘禹锡忙拱手施礼。

对于朝廷中的争名夺利，互相倾轧，刘禹锡已见过许多；对于皇位更替而引起的朝臣变动，大起大落，他也亲身经历；对于离开京城、被贬远地的苦涩滋味，他更是反复尝过。所以，对于令狐楚从宰相职位而一下子沦为衡州刺史的不幸遭遇，刘禹锡是深表同情的。但他又无力相助，只得好言相劝，并说：“我贬连州，以及这次扶柩回洛阳，曾两次路过衡阳，那里虽不如京城，但也是个交通要道，比我所贬的连州要强多了。”

令狐楚接着又问了一些有关衡阳的情况，因见刘禹锡案上堆满稿纸，便问道：“近来居家仍埋首文章？”

“不，那是我友柳子厚的遗稿，弟正在进行整理。”

随后，刘禹锡又把柳宗元去世的情况告诉了令狐楚。令狐楚早在永贞时就听到“二王”“刘柳”的称呼，对柳宗元的文名当然也早有所闻，因而听后也殊觉可惜。

接着，刘禹锡又特设酒菜，为令狐楚饯行。两人神交近二十年，今日方得见面，所以兴致特高，彼此谈诗论文，各诉衷肠，最后相视泫然，依依而别。

四　又来两位拜访者

送走了令狐楚，刘禹锡望着满案的柳宗元遗稿，不禁又陷入了对好友的沉思之中。想想一代英才，死后竟寂然无闻，如此凄凉，而朝廷则无半点反应，甚是令人愤懑。掐指算来，柳宗元的丧期基本已到，于是，他又操笔为好友写了一篇《重祭柳员外文》：

> 呜呼！自君之没，行已八月。每一念至，忽忽犹疑。今以丧来，使我临哭。安知世上，真有此事？既不可赎，翻哀独生。呜呼！出人之才，竟无施为。炯炯之气，戢于一木。形与人等，今既如斯。识与人殊，今复何托？生有高名，没为众悲。异服同志，异音同叹。唯我之哭，非吊非伤。来与君言，不言成哭。千哀万恨，寄以一声。唯识真者，乃相知耳。庶几傥闻，君傥闻乎？呜呼痛哉！
>
> 君有遗美，其事多梗。桂林旧府，感谢主持。俾君内弟，得以义胜。平昔所念，今则无违。旅魂克归，崔生实主，幼稚甬上，故人抚之。敦诗、退之，各展其分。安平来赙，礼成而归。其他赴告，咸复于素。一以诚告，君傥闻乎？呜呼痛哉！
>
> 君为已矣，予为苟生。何以言别？长号数声。冀乎异日，展我哀诚。呜呼痛哉！尚飨！

大约过了两个月，忽然有个僧人自称是柳宗元的朋友，造府来访。刘禹锡听说是柳宗元的朋友，自然热情相待，迎进屋内。叙谈之下，知此僧人是在柳宗元被贬永州时，因慕其名，主动寻上门去的，这次路过洛阳，知刘禹锡正在老宅，所以特来登门拜访。刘禹锡素来尊敬僧人，交谈时无意中问起僧人近来的游踪。僧人道："我不知柳宗元已去世，前些时在南方游历，路过永州，还特地到柳先生的故居愚溪去看了一下。"

刘禹锡早在元和十年赴京城与柳宗元共同待诏时，就曾听他说起过在永州建愚溪的情况，并听他说起愚溪景致如何美好，他在溪边造茅屋、种蔬菜、建台榭的故事，令他十分神往，现听僧人一提愚溪，忙关心地问："愚溪现在怎么样？还像以前那样秀丽幽静吗？"

僧人忙摇了摇头，叹了口气，说："愚溪再也没有过去那样的风光和秀色了。"

"到底怎么样了？"刘禹锡语气中有点急切。

僧人见刘禹锡急于想知道柳宗元故居的情况，只好照实说道："愚溪是柳宗元到永州后看中的一块风水宝地，然后便结茅庐，种蔬植树，又有小池，池中有小洲，还有台榭花草，不要说他住在这里，就连我们这些去拜访的人，看了也觉得雅致秀丽，清静舒适，十分羡慕。谁知这次春天一去，只见溪水自流，已不如以前清澈；草堂空关，只有燕子飞来飞去。我隔着残破的门帘朝里望去，只见庭中野草丛生，其他树已不见，只有一树山榴依然开着鲜艳的红花。再走到旁边看看，一堵破损残存的墙壁上还有柳宗元当年写下的几行草书，字迹依稀可辨。当年柳宗元很喜欢的那一大片柑橘树，也早已为毗邻的陌生人家所有了。我记得柳宗元里屋的门楣上有块匾额，写有'通德'二字，过去我曾看到过，那二字写得非常漂亮，想再去欣赏一下，谁知里屋一片寂寞，'通德'早已烟消云散，不知所踪，只有一个打柴的樵夫推着樵车走出来……"

说到这儿，那僧人忽又重重地叹了口气："唉！真是一片荒凉，昔盛今衰，令人不堪回首啊！"

刘禹锡听了僧人对愚溪的叙说，没想到柳宗元去世仅三年，他在永州的故居就如此荒凉，一股悲伤的情绪又涌入胸腔，他便根据僧人刚才所说的情况，忍不住一气写下了三首《伤愚溪》：

溪水悠悠春自来，草堂无主燕飞回。
隔帘唯见中庭草，一树山榴依旧开。

草圣数行留坏壁，木奴千树属邻家。
唯见里门通德榜，残阳寂寞出樵车。

柳门竹巷依依在，野草青苔日日多。
纵有邻人解吹笛，山阳旧侣更谁过。

那僧人读罢，钦佩得五体投地，连连称善，以后逢人便竖起大拇指，盛赞刘禹锡乃当今诗中豪杰。

此事过罢没多久，大约在秋末冬初，忽然外面又有人敲门。刘禹锡开门一看，只见一位二十几岁的青年毕恭毕敬地站在门外，手里拎着一大捆东西，见了刘禹锡，便很有礼貌地问："请问刘禹锡伯伯是否居住此处？"

刘禹锡觉得从未见过此人，又觉得像在哪儿见过似的，便说："我就是，你是何人？"

不料那青年一听，立刻下拜，激动地说："刘禹锡伯伯，叫我好找，我是吕温的儿子吕安衡。”

“啊，原来是你！快请进，请进！”刘禹锡一听是吕温的儿子，高兴极了，忙把他扶起，迎进屋内。

作为吕温的好友，刘禹锡免不了要询问一些有关吕安衡的生活近况。吕安衡很是感激，又捧着那包带来的东西，对刘禹锡说：“刘伯伯，侄此次来访，主要是为我父亲的遗稿而来，因家父四十岁去世，至今已整十年了，生前曾作有不少诗文，比较乱，因刘伯伯与家父是同庚好友，自己也精通诗文，故想请您帮忙把他的诗文理出一个头绪，并写一篇序言，不知可否？”

说罢，竟伤心地哭泣起来。

“当然可以，义不容辞！”刘禹锡毫不犹豫地回答，“拿来我看。”

“谢伯伯！”吕安衡见刘禹锡一口应诺，喜出望外，忙跪拜致谢，被刘禹锡扶起以后，便含着眼泪将吕温的诗文遗稿捧献到刘禹锡面前。

刘禹锡一面接过吕温的那些遗稿，一面深有感触而又惋惜地说：“令尊是个极聪明又有才华的人，不仅精通文学，而且有经国韬略，有佐王之志。这一点，不仅我和柳宗元等人这样认为，就连元稹、窦群等人也这样认为，可惜不能被朝廷所重用，兼之中年夭折，可惜呵！”

说到这儿，刘禹锡无奈地摇摇头，对吕安衡说：“令尊文稿就暂且先放我这里，我理出头绪，写完序，自会告诉你。”

“谢伯伯！”吕安衡破涕为笑，再次拜谢。

刘禹锡通读并整理了吕温的文稿之后，写了一篇序，题为《唐故衡州刺史吕君集纪》，其中一段写道：

和叔名温，别字化光。祖考皆以文学至大官，早闻《诗》

> 《礼》于先侍郎。又师吴郡陆质，通《春秋》，从梁肃学文章。勇于文艺之能，咸有所祖。年益壮，志益大，遂拔去文学，与隽贤交，重气概，核名实，歆然以致君及物为大欲。每与其徒讲疑考要，王霸富强之术，臣子忠孝之道，出入上下百千年间，诋诃角逐，迭发连注。得一善辄盱衡击节，扬袂顿足，信容德色，舞于眉端。

当吕安衡接读了刘禹锡的这篇序文，真是感激涕零，对人说："家父去世之初，有柳宗元写的诔文和祭文各一篇；十年之后，又有刘禹锡为家父遗稿写的序文一篇。有此二公撰文，家父足以流传千古矣。"

第六章

继续飘零在巴山蜀水

第一节　调任夔州刺史

一　相会“八砖学士”

刘禹锡在洛阳老宅丁母忧期间，一般很少与外界交往，除了整理柳宗元的遗稿，便是考虑着服丧期满后回连州的事情与生活。

穆宗长庆元年（821）正月，由于改元，按惯例应大赦天下，故同年三月朝廷下诏，原漳州刺史韩泰为郴州（今湖南郴州）刺史，原汀州刺史韩晔为永州刺史，原循州刺史陈谏为道州（今湖南道县）刺史。

朋友们被调任的消息传到刘禹锡的耳朵里，给他带来一些欣慰。因为当年参加“永贞革新”的“二王八司马”，大部分都已去世，只剩下他们四个人了。由于刘禹锡居家丁母忧，朝廷暂时未对他的官职进行调动，但韩泰、韩晔、陈谏三人的调动量移，尽管在职位上见不出升迁的痕迹，至少也说明朝廷对“永贞革新”人员的态度已有所变化。刘禹锡注意到了这一变化。

大约在这年的年底或长庆二年(822)年初，朝廷忽然有诏书下：调任刘禹锡为夔州(今四川奉节)刺史。

这个调动是刘禹锡所没有想到的。夔州原是下州，但到中唐时，地位有所上升，已接近于上州的地位了。因为该地处于长江三峡的上游，形势险要，在军事上尤显重要。现把刘禹锡从连州刺史改任为夔州刺史，带有升迁的性质。不过，这时的刘禹锡已年届五十，到了知天命之年，对于希望被朝廷重用的热情已减去许多，至少与元和十年从朗州赴京待诏的那份热心是不可同日而语的。

接了诏书以后，刘禹锡便打点行李，离开洛阳，赴夔州上任。

当时，刘禹锡的友人李程正在鄂州(今湖北武昌)任鄂州刺史和鄂岳观察使，知刘禹锡赴夔州上任，途中将经过此地，于是，等刘禹锡抵达鄂州，连忙设酒款待，为他洗尘。

李程，字表臣，陇西(今甘肃陇西)人，比刘禹锡大六岁，贞元十二年(796)进士，人极聪明，喜欢开玩笑，说笑话，颇有幽默感，也精通文艺，但性格疏懒。早在贞元十九年，便与刘禹锡、柳宗元、韩愈等人同在御史台任监察御史，彼此都有交情。第二年充翰林学士，第三年又加水部员外郎。到第四年顺宗继位，王叔文掌权，入主翰林院，起用刘禹锡、柳宗元等人，反把李程赶出了翰林院，罢免了他的翰林学士之职。李程一气之下，便在同年七月，与卫次公等学士一起起草诏书，拥立太子李纯登位，以打击王叔文的势力。不过，李程虽与王叔文不睦，或许也在“永贞革新”时与刘禹锡、柳宗元产生过一些微嫌，但很快消失。元和十年，刘禹锡、柳宗元赴京待诏，还一起聚会过，自此与刘、柳又重新恢复友谊。柳宗元去世，刘禹锡曾把讣告转达给李程，李程当时正忙，便托刘禹锡代写了一篇祭文。而刘禹锡也深知李程与柳宗元曾数次共事，颇有交情，于是便代他写了一篇《为鄂州李大夫祭柳员外文》，李程十分满意。所以，这次两人见面，彼此都感到格外的亲切高兴。

刘禹锡在诙谐善谑方面虽不及李程，但如逢熟悉的老朋友，也是议论风生，开怀大笑。或许他在洛阳丁母忧，久未外出，因此这次见了李程，特别兴奋，在谈了自己贬谪朗州、连州的情景，以及柳宗元丧事操办的情况以后，不禁又对李程说："想当初，你刻苦攻读，在贞元十二年以《日五色赋》名震科场，获状头及进士第，同年又以第一人登博学宏词科，何其风光也。后听说你以疏懒闻名，经常每天过八块砖才进入宫署，有'八砖学士'之称，何以相距如此之大也？"

"好汉不提当年勇。"李程呷了口酒，放下酒杯，颇带几分感慨地回忆道，"我离花甲之年已不远，大半生已过去。回想起来，仕途虽然比你和柳子厚强一些，但也沉浮不定，时起时落。宪宗继位，你和柳子厚等被分别逐出京城，我虽任司勋员外郎、知制诰等职，但不久也被贬为随州刺史，后又迁成都（今四川成都）尹，在外辗转了七年以后，才在元和十年重入朝廷为兵部郎中、知制诰、中书舍人。谁知在京师刚任了三年职，元和十三年又调我到这里担任鄂岳观察使。至今一晃，又是三年多了，弄得不好，还要调动。"

刘禹锡听他谈了自己十几年来的经历，联想起自己和柳宗元等许多友人的仕宦之途，也深有同感，便对李程说："看来我们这些做官的，不论大小，不论忠奸，基本上都是进进出出、上上下下、浮浮沉沉、曲曲折折、坎坎坷坷，没有一个是太太平平、顺顺当当过来的，只有程度的不同，遭遇的好坏而已，这也许是我们的共同命运吧。"

李程会意地笑了笑，说："也只有这样来理解了。"

正说着，有客人来向李程辞行。李程说："再住两三天吧。"

客人说："也应该起程了，船已在汉口了。"

李程趁机打趣地说："此汉口不足信。"

刘禹锡一听，便知道李程说的意思是这个客人说话不足信，立刻笑起来了。那客人也明白了意思，连忙以手掩口，匆忙而退。

当天晚上，李程留刘禹锡共宿，畅谈到深更半夜，方才睡去。

刘禹锡在李程那里究竟住了几夜，今天已无法得知，反正李程日日以酒相待，时而大醉，十分尽兴。其实也难怪。因为当初李程与刘禹锡、柳宗元、韩愈在御史台共事，彼此关系都很好，后王叔文虽排挤李程，却并没影响到他与刘、柳之间的关系。更有趣的，刘、柳与韩愈的政治倾向不同是世人共知的，但在二者之间，李程后来偏善于刘、柳一边，与刘、柳的交谊反而超过韩愈。现在柳宗元去世，只剩刘禹锡一人，而在那个交通不便、当官的也像苦行僧四处漂泊的时代，朋友之间能够见个面或相聚几天也不容易，何况又都是五六十岁的人，日后能否重逢也是未知数，所以两人都非常珍视这次聚面的机会。

"明天我一定得起程了，否则到夔州上任误了期限，对上面不好交代。"这天晚上，刘禹锡再次向李程打招呼。

"好，明天放你走。"李程终于同意了，并说，"我想起来了，你爱好音乐，明天请歌妓给你唱上几首。"

第二天中午，天空飘起了雪花，李程特意在野外路旁的帷帐中，设下丰盛的宴席，来为刘禹锡饯行，同时还请了一些舞女和歌女前来演出助兴。她们个个挽着高髻云鬟，打扮得如同皇宫中的宫女一般。其中有位唱歌的女子，娉婷俏丽，长得特别漂亮，歌声也十分婉转动听，给刘禹锡留下了极深的印象。

那一天，刘禹锡和李程一边交杯畅饮，一边开怀畅叙，一边观舞听歌，一边又眺望风雪中的黄鹤楼，好不快活。直到黄昏时分，两人都有些醉意，而此时祖帐内又奏起了王维的《渭城曲》，这时，李程端起斟满的一杯酒，站起来对刘禹锡说："来，最后一杯，干掉！"

于是，两只酒杯碰了一下，两人一饮而尽。

夔州在鄂州的西面，刘禹锡将乘船沿长江西行，而李程特意冒着风雪，骑着马将刘禹锡送到江边。江边的风特别大，吹起了他们的衣襟；而雪花仍一个劲地下着，飘入江中，一点声息也没有。漫漫风雪中，刘禹锡写下《鄂渚留别李二十一表臣大夫》一诗赠送给李程：

高樯起行色，促柱动离声。
欲问江深浅，应如远别情。

李程阅后，也立刻写了两首五绝赠送给刘禹锡。刘禹锡阅后，又想起了当年同在京师任监察御史的情景，而今却在鄂州分手。在浓重的暮色中，只见李程仍骑着马立在江边，向站在船头的刘禹锡挥手告别，于是，刘禹锡又当即写下两首五绝，以示答谢，其一云：

昔为瑶池侣，飞舞集蓬莱。
今作江汉别，风雪一徘徊。

其二云：

嘶马立未还，行舟路将转。
江头暝色深，挥袖依稀见。

夜深了，四周一片漆黑，长江两岸的平原和高山都披上了银装，显示着一种神秘的美。刘禹锡躺在船舱里，听着外面呼呼的风声和船下潺潺的流水声，怎么也睡不着。应该说，李程这次对他的接待是相当热情的，几天来的聚会和交谈，也进一步增加了彼此之间的了解和友谊，而自己这些年来的东贬西逐、走南闯北，虽然也结识了一些新朋友，但老朋友之间的见面机会则越来越少了。想到这儿，他对这次与李程的相逢似乎更为珍视，又在黑暗中吟成了《始发鄂渚寄表臣》《出鄂州界怀表臣》等一些诗，后来都陆续寄给了李程。

二 收留韦执谊之子

航船穿过长江三峡，绕过大大小小的急流险滩，经过辛苦的航程，终于在长庆二年(822)正月二日抵达夔州。按照老规矩，刘禹锡将家小安顿好以后，便在正月五日给穆宗写了《夔州谢上表》。

夔州在长江的北岸，此处高山林立，地形险要，著名的白帝城、八阵图遗址都在此境内，前辈诗人杜甫也在此居住过。所以一到此处，刘禹锡便觉与连州气象不同。而作为一州之主，他仍像自己当年初到连州一样，到民间采访，实地考察起来。

一次，正当他考察完永安宫的遗址打道回府，忽有人来报，外面有人求见。刘禹锡示意：“请他进来。”

不一会儿，侍从领进来一位二十岁光景的年轻人。刘禹锡问道：“请问来者何人?”

那青年一听，立刻跪拜在地，自报家门道：“我乃前宰相韦执谊之子韦绚。"

刘禹锡大惊,忙上前扶起,说:"请起,请起。"接着又说:"十八年前,你还在襁褓之中,想不到现在长这么高了,今年多大了?"

"过了春节,正好二十一岁。"

"好,好!"刘禹锡连连点头。请他坐下后,又关心地问道:"孩儿何以到此?"

一闻此话,韦绚不禁有几分伤心,眼圈发红,刘禹锡见状,忙摆摆手:"孩儿不慌,且慢慢说。"

过了一会儿,韦绚才说:"自我父亲被贬崖州以后不久,即郁郁而终。那时我们生活很苦,但我还小,也不懂事。前几年在襄阳,因听友人说,刘禹锡、柳宗元都是家父生前好友,且学问渊博,现柳宗元已去世,刘禹锡正在夔州任刺史。我知此消息后,便背了个书箱,从襄阳赶到江陵,牵引了一只小船,逆流而上,穿过巫峡,来到这里。如不打扰,颇想跟随在大人左右求学问。"

"孩儿路上辛苦了。"刘禹锡听他叙述了经历以后,甚是同情。再仔细看他穿戴,也都是简朴而又陈旧的衣服,随身所带,仅一书箱而已,而且面色憔悴,风尘仆仆,料想生活一定艰难。再想起当年与韦执谊在永贞中一起搞改革的日子,倏忽也已近二十年了,后来韦执谊虽然与王叔文有隙,但毕竟都是志同道合的老朋友啊!今见其子,真如见故人一般,如今他有困难,岂有推却之理?想至此,刘禹锡便对韦绚道:"令尊与我乃生死之交,既然孩儿有心跟我,就留在我这儿吧!"

韦绚一听,忙又跪拜在地,含着眼泪谢道:"大人肯收小可求学,小可感激不尽!"

"孩儿请起,不用客气。"随后便请人给韦绚换身衣服。

从此,刘禹锡无论到哪里,身边都有一个青年跟随在旁,措足侍立，解衣推食，恭谨有加，晨昏相处。刘禹锡见韦绚虚心好学，对他也视如自己的孩子一般，经常与他说古道今，谈笑风生。凡遇一些文人名士，就加介绍；凡韦绚在求学中有不懂之处，便加解释，内容涉及文史、训诂、经学等各个方面。而韦绚对待刘禹锡也如同自己的父亲一样。

有一次，刘禹锡向韦绚说起了张巡守睢阳的事。他说："张巡被安禄山的贼军围困时，城孤势蹙，人困粮尽。他没办法，只好把纸布切开煮烂，用来充饥，有时还加一些茶叶相调和，意态从容自如。此外，许远也有文采，两人皆文武雄健，志气不衰，真是忠烈之士。"说到这里，他的脸上充满了敬仰的神色。

又有一次，他们两人从外视察归来，韦绚忽然问道："唐玄宗用开元的年号达二十九年，为何后又改为天宝呢？"

刘禹锡笑道："据前宰相李泌说，这是因为恰好在这一年，代宗生了德宗，作为祖父的玄宗非常高兴，认为这是'天降至宝'，所以就把德宗出生的这一年改为天宝元年。"

"原来如此。"韦绚恍然大悟。

"关于德宗，还有一个轶闻。"到了州府，刘禹锡用饭以后，又对韦绚说，"德宗诞生三天，玄宗立在高阶上，肃宗次之，代宗又次之。这时养母把襁褓中的德宗呈上。肃宗和代宗一看，只见德宗的肤色不白皙，耳朵又仆前，都感到不满意。当传递到玄宗手上时，他一看，便满意地说：'真像是我的孙儿。'随后对肃宗说：'你不及他。'又对代宗说：'你也不及他。仿佛像我。'结果，德宗在位二十五年，寿命六十三岁。而肃宗在位仅七年，代宗则十七年，果然都不及德宗在位时间之长。"说完，哈哈大笑起来。

除了谈人事，有时刘禹锡也向韦绚谈一些诗歌方面的话题。有天晚上，两人在月夜下散步，刘禹锡说："'茱萸'二字，曾有三个诗人用进诗中。杜甫说：'醉把茱萸子细看。'王维说：'遍插茱萸少一人。'朱倣说：'学他年少插茱萸。'三君所用，杜公为优。"

因刘禹锡思想丰富，又长于哲学，所以韦绚也常向他请教一些哲学方面的问题。有一次，他们又谈论起了人的嗜好问题。刘禹锡说："一般说来，某样物品如果受到了人的特别喜欢，那这样物品就必定是极好的。如有好骑者，就必畜好马，有善弹者，就必备好琴瑟，皆好而别之，不一定非要富贵，才能获得它。"韦绚听了，连连点头说："蔡邕焦尾，王戎牙筹，如不酷好，哪里可得到呢？"

由于经常谈论，没过多少时间，韦绚就从刘禹锡那里得到了不少学问。

这年三月，杜佑的儿子在桂州（今广西桂林）去世，灵柩迁往老家京兆万年（今陕西西安），途经渚宫（今湖北江陵县城内）时，刘禹锡感到，自己年轻时在杜佑幕中多年，获益不少，现在其子去世，渚宫距离夔州也不算远，总该表个心意吧。于是，他就特意写了一篇祭文，派一位使者前往祭奠，聊表门吏之礼。

大约也就在此前后，总在这年的春天，裴昌禹因宦途无着落，又找到刘禹锡门上来了。刘禹锡对于过去的朋友，无论老幼贵贱，均一视同仁，只要他能帮助的，都尽力帮助。现见裴昌禹年已五十，仍两袖清风，十分落拓，二话没说，就把他留在夔州住下。裴昌禹不好意思地说："梦得兄，我没出息，老找你麻烦，真是惭愧啊！……"

"你说到哪里去了！"刘禹锡立刻制止道，"我们从小就是朋友，四十年了，不必客气。如今有困难，就留我这儿，还是那句老话：以后想住就住，想走就走，悉听尊便，我总会尽力相助的。"

从此，裴昌禹也像韦绚一样，在夔州住下来了。

三　动人的《竹枝词》

自从到朗州开始，刘禹锡每到一地，便养成了考察民情、注意民歌的习惯，并会从中汲取营养，从而丰富自己的诗歌。到了夔州以后，他把老朋友裴昌禹留住下来，又把老朋友韦执谊的儿子韦绚带在身边，教他学问，因此，他与外界的交际已减却许多，一般来客，也不留住太久。此时诗文创作数量不多，一因年过五十，精力有限，二因正逢丁母忧期间，故想在夔州公务之余多写一点。

在写完了《夔州刺史厅壁记》以后，刘禹锡又四处考察，了解风土民情。几个月下来，他发现每逢民间节日的黄昏或夜间，当地的一些男女孩子，便会拥到大街小巷，一起唱起《竹枝》歌曲，他们一边唱，一边还脖颈后仰、脸面朝天地挥袖舞蹈，脚下打着节拍，边舞边唱。这时，另有一些人则吹着短笛，用手击鼓，在旁伴奏。

刘禹锡本来就爱好音乐，喜欢民歌，每遇到这种场面，便会驻足观看，流连忘返，有时甚至会循声寻去，如上了瘾一般。当地人唱《竹枝》歌曲，多为对唱或联唱，有时一男一女对唱，有时一群男孩和一群女孩对唱，有时则前半截由男孩唱，后半截由女孩接下去唱，形式多样。刘禹锡听那歌词，虽伧儜不可分，听起来不十分悦耳清楚，但又含思宛转，音调十分艳丽美妙，如同《诗经》中的《淇》《澳》之艳。有时却又如黄钟之羽，如马在野中鸣叫，高亢激越。每到末尾，则声如激讦，很像六朝时长江下游地区一些民间歌曲的声调。总起来说，当地的《竹枝》歌有含思宛转、艳丽美妙的一面，也有高亢激越、哀婉动听的一面。

夔州的《竹枝》歌不仅孩儿唱，青年男女也唱。有一次，刘禹锡路过夔州境内的琵琶峰，只见一农家女子出嫁，一群青年女子都吹着短笛，唱着《竹枝》歌给她送行，感到十分新鲜有趣，便问路边老者:“我先前所见唱《竹枝》者,多为里巷儿童,且多在节日里,怎么此处女子出嫁,也唱《竹枝》,且女子多会吹笛?”

老者笑道:“官人新来,有所不知。我们琵琶峰下女子,都会吹一口好笛,已不稀奇。《竹枝》是我们当地最流行的一种歌曲,十分古老,相传三国或晋时就有,每逢过节要唱。依当地风俗,男女青年为表心求爱,定情许身,以达婚配,也多通过双方对唱《竹枝》来达到目的,所以《竹枝》歌中有许多男女相悦之词。另外,男子娶妻,女子出嫁,或迎神赛会,也多有唱《竹枝》的。这样一来,唱《竹枝》的人就特别多。老夫少年时曾跑过湘、鄂西南许多地方,都有唱《竹枝》的风俗,可见其范围相当之广。”

刘禹锡听罢,谢过老者,好像又有了什么新的收获似的,满意而归。

其实刘禹锡早在朗州任职时,便已听到当地人唱《竹枝》,但因为初到南方,也听不懂唱的内容,所以也没十分在意,只把当地人唱《竹枝》的风气写入诗中,如在《阳山庙观赛神》诗的末尾写道:“日落风生庙门外,几人连蹋《竹枝》还?”在《堤上行》三首之二的末尾也曾写道:“《桃叶》传情《竹枝》怨,水流无限月明多。”

可是,这仅仅是在朗州时把《竹枝》歌写进自己的诗中,而不是依照《竹枝》歌的声调来填进新的歌词。现在,刘禹锡在夔州所听到的《竹枝》歌,似乎比在朗州时听到的更加美妙动听,于是便想:过去自己在朗州和连州时,都分别对当地的民歌或迎神之曲进行了改造,使之面貌一新,得以流传至今,但对《竹枝》歌还未进行过尝试,而今夔州地方的《竹枝》歌既然如此流行,何不再写它几首,让善歌者演唱,流传给后代呢?

自从有了这份心事以后,他就在夔州到处游走,一边哼着学唱《竹枝》歌,一边选择合适的题材。从白帝城到白盐山,从昭君坊到永安宫，从城西门前的滟滪堆，到满是急流漩涡的瞿塘峡，他都一一看过。回到家里以后，便字斟句酌，尽量用一种通俗流畅、明白轻快的语调，写下了几首《竹枝词》。其一云：

白帝城头春草生，白盐山下蜀江清。
南人上来歌一曲，北人陌上动乡情。

刘禹锡心里很清楚：这末尾一句的“北人”二字，从表面上来看似乎是指对唱的一方，但实际上仍是指自己，因听当地人唱《竹枝》而引起自己对洛阳故乡的思念之情。

其二云：

山桃红花满上头，蜀江春水拍山流。
花红易衰似郎意，水流无限似侬愁。

刘禹锡感到：这一首如让姑娘和小伙子彼此对唱，互相表达思念爱慕之情，那是最好不过的了。

其三云：

江上朱楼新雨晴，瀼西春水縠文生。
桥东桥西好杨柳，人来人去唱歌行。

其五云：

两岸山花似雪开，家家春酒满银杯。
昭君坊中多女伴，永安宫外踏青来。

刘禹锡任夔州刺史，发展当地文化。此为今重庆市奉节区竖立的奉节诗人群像中的刘禹锡像。

刘禹锡觉得，这两首虽然没有什么深刻的寓意，纯属景物描写，但基本上概括了夔州地方春来时节的风俗民情和自然风光，语言比较清新，节奏也比较明快。在第六到第八的三首《竹枝词》中，他又借长江三峡高峻的山势和湍急的水流，曲折地表达了自己的经历和对人心变化的感叹。其六云：

城西门外滟滪堆，年年波浪不能摧。
懊恨人心不如石，少时东去复西来。

其七云：

瞿塘嘈嘈十二滩，此中道路古来难。
长恨人心不如水，等闲平地起波澜。

刘禹锡记得很清楚：初来夔州不久，就曾看到这里的姑娘们常戴着银镯子、金首饰到山下来背水，而小伙子们则带着长刀火种，头顶小檐斗笠上山去烧荒耕地。于是，他在第九首干脆把这特有的风情记录了下来：

山上层层桃李花，云间烟火是人家。
银钏金钗来负水，长刀短笠去烧畬。

令刘禹锡没有想到的是，他这九首《竹枝词》一经传出，立刻在夔州的大街小巷、近郊农村和山区传唱开来。许多熟人朋友都纷纷前来祝贺。刘禹锡兴奋之余，在灵感未泯的情况下，又另写了两首《竹枝词》。其一云：

杨柳青青江水平，闻郎江上唱歌声。
东边日出西边雨，道是无晴却有晴。

其二云：

楚水巴山江雨多，巴人能唱本乡歌。
今朝北客思归去，回入《纥那》披绿罗。

不久，这两首《竹枝词》，连同前面的九首，一起在夔州地区传播开了，而且还传播到夔州以外的地区。人们根据各自的需要和兴趣，选唱着自己所喜欢的内容。裴昌禹和韦绚都说："刘大官人真是为夔州百姓做了一件大好事。"

四　其他民歌

《竹枝词》的成功，使刘禹锡十分得意，因为流传于夔州民间的《竹枝词》，经过他在韵律、语言等方面的润饰加工，显得更加生动活泼，丰满多姿。如果说王翰、王之涣是以《凉州词》的慷慨悲凉、音节响亮，贺知章是以《柳枝词》的语浅情深、委婉柔美，李白是以《清平调词》的风流旖旎、清词丽句，王建是以《宫词》的设色绚烂、光彩流动而称胜于唐，那么，以刘禹锡《竹枝词》的清新刚健、缤纷多采，恐怕也能够步其后尘，相与媲美了吧。

然而，得意并没有使刘禹锡忘形。他觉得夔州地方还有不少民歌，音调也各有魅力，还没有引起人们的注意，何不将它们一并挖掘出来，加以润饰改造，公之于世，传给后人呢？

想到这儿，首先在他脑海中出现的便是《浪淘沙词》。这种歌曲当地也十分流行，多以江浪淘沙为题，或借题发挥，也颇有特色。

于是，他又干脆模仿《九歌》，以《浪淘沙词》为题，将自己在黄河、长江边上的所见所闻，加以想象和发挥，写成九首诗。其一云：

九曲黄河万里沙，浪淘风簸自天涯。
如今直上银河去，同到牵牛织女家。

其七云：

八月涛声吼地来，头高数丈触山回。
须臾却入海门去，卷起沙堆似雪堆。

刘禹锡觉得，这两首《浪淘沙词》别无他意，只是紧扣题意，气势浩大，想象和比喻都极丰富，在自己的民歌创作中并不多见。然而，巴蜀沿江地方有一批专以淘金为生的青年女子，她们为了谋生，经常在天蒙蒙亮时便聚集在江岸弯曲的地方，从沙中淘金，非常辛苦，刘禹锡对她们极为同情，所以在写《浪淘沙词》时又想到了她们，把她们写进诗中。其五云：

濯锦江边两岸花，春风吹浪正淘沙。
女郎剪下鸳鸯锦，将向中流匹晚霞。

其六云：

日照澄洲江雾开，淘金女伴满江隈。
美人首饰侯王印，尽是沙中浪底来。

从这些淘金女郎的身上，刘禹锡又不禁联想到了自己和“永贞革新”时的伙伴们。永贞以后的那些年里，由于他们与“罪人”王叔文来往，不断受到敌对势力或一些别有用心的小人们的诬陷中伤，以致使他们在政治上一直抬不起头来，仿佛低人一等，近二十年来非但一直得不到朝廷的重用，还被一些小人或偏见者东贬西逐。随着时间的流逝，他们当初那些主张改革的人大半都已去世，即便那些少数存世者，也如浪中之沙一般，沉入江底，销声匿迹，不为世人所闻，与当年的参政革新，名重一时比起来，直如天壤之别。但他又转念一想，如果我们是沙中之金，在人们的辛苦淘漉下，也总有一天会被人们所发现，因而也不必悲观。想到此，他那一直恪守而不肯轻易动摇的信念仿佛又坚定了起来。于是，在第八首《浪淘沙词》中，他把自身的经历和信念也融化了进去：

莫道谗言如浪深，莫言迁客似沙沉。
千淘万漉虽辛苦，吹尽狂沙始到金。

除了《竹枝词》和《浪淘沙词》，他也注意到了一些其他民歌种类，写下了《潇湘神词》《纥那曲词》《抛球乐词》等一些仿民歌之作。在刘禹锡的润饰和改制下，一时间，夔州地方的民歌面目焕然一新，当地百姓到处传唱。数百年之后，宋人胡仔过苕溪，王十朋观竞渡，都还听到舟人夜唱刘禹锡的《竹枝词》。

五 编完柳宗元遗稿

作为一州之主，刘禹锡一边考察民情，改制民歌，一边也考察地形，利用自然，以改善当地人民的生活。

在宪宗以前，地方州官要反映本地的吏治、民生、灾害等情况，必须在规定的时限内，先上报节度观察使，得其同意，再转呈朝廷。如果节度观察使不转呈，朝廷就无法知道该地方的真实情况。宪宗登位后，为了及时了解各地方的利弊所在，便在元和十二年(817)四月八日颁布敕令："自今以后，刺史如有利病可言，皆不限时节，任自上表陈奏，不须申报节度观察使。"

此令出台，实际上也就增加了地方刺史直接向朝廷反映情况的权力。刘禹锡经过对夔州地形三年多时间的反复勘察和思考，向朝廷写了两份《夔州论利害表》，对夔州地方的利弊做了分析和议论。

公务之余，诗文之外，刘禹锡继续尽心编纂柳宗元的遗稿，他本着对亡友的深挚感情和负责精神，花了数年时间，终于把柳宗元的遗稿编纂完毕。然后，又怀着深情和敬意，在前面写了一篇序言——《唐故尚书礼部员外郎柳君集纪》：

> 八音与政通，而文章与时高下。三代之文至战国而病，涉秦、汉复起；汉之文至列国而病，唐兴复起。夫政庞而土裂，三光五岳之气分，大音不完，故必混一而后大振。初贞元中，上方嚮文章。昭回之光，下饰万物，天下文士，争执所长，与时而奋，粲焉如繁星丽天，而芒寒色正，人望而敬者，五行而已。河东柳子厚斯人望而敬者欤！
>
> 子厚始以童子有奇名于贞元初，至九年为名进士，十有九年为材御史，二十有一年以文章称首，入尚书为礼部员外郎。是岁以疏隽少检获讪。出牧邵州，又谪佐永州。居十年，诏书征不用，遂为柳州刺史。五岁不得召，病且革，留书抵其友中山刘某曰："我不幸，卒以谪死，以遗草累故人。"某执书以泣，遂编次为三十通，行于世。

> 子厚之丧，昌黎韩退之志其墓，且以书来吊曰："哀哉若人之不淑。吾尝评其文，雄深雅健似司马子长，崔、蔡不足多也。"安定皇甫湜于文章少所推让，亦以退之之言为然。凡子厚名氏与仕与年暨行己之大方，有退之之志若祭文在。今附于第一通之末云。

将柳宗元遗稿的序文写完以后，刘禹锡深深地舒了口气，感到既为自己办完了一件大事，也为朋友了却了一个遗愿。

六　荐举裴昌禹

刘禹锡编完柳宗元的遗稿后不久，忽然传来了穆宗驾崩的消息，朝野一时又为之震动，人心惶惶。

刘禹锡开始也很吃惊，后来才知道，自从宦官害死宪宗，拥立穆宗继位，他们在朝中的权势更加显赫。而穆宗当时仅不过是个二十多岁的年轻人，根本不是那班宦官的对手，所以在宦官的操纵下，他也只求生活痛快，纵欲奢侈，对政治也就睁一只眼，闭一只眼，后来也像宪宗一样，喜饵金石之药，以求长生不老，结果反因服长生药而病死，年仅三十岁。

穆宗去世以后，宦官和朝官又拥立他的长子李湛继位，是为唐敬宗，当时年仅十六岁。他虽号称皇帝，实际大权仍操纵在宦官手里，他只是过着奢侈荒淫的生活，过过皇帝的瘾而已。

刘禹锡虽在夔州，但凭着他的政治嗅觉，从皇帝的不断暴卒，宰相的不断更换，便估计到朝廷内部不平静，政治派别的较量相当激烈，不禁又为唐王朝和国家的前途忧虑起来。

白帝城就在夔州，俯视长江，紧扼瞿塘，是刘禹锡常去的地方，里面有座蜀先主庙，即为祭礼刘备所建造的祠庙。一次，刘禹锡独自闲逛此庙，不禁从刘备创建蜀国联想到刘禅亡国的那段历史，从而又从李世民建立唐朝联想到现在的国势衰弱，越想越感叹，越想越不是滋味，在归去的路途上，居然吟成了一首五言律诗，题为《蜀先主庙》：

天下英雄气，千秋尚凛然。
势分三足鼎，业复五铢钱。
得相能开国，生儿不像贤。
凄凉蜀故妓，来舞魏宫前。

敬宗继位以后，照例也是大赦天下。他继位两个月后，即长庆四年（824）三月，颁布了一份《御丹凤楼大赦文》，其中有一段说：

天下诸色人中，有贤良方正，能直言极谏；经术优深，可为人师；详闲吏理，达于教化；军谋宏远，堪任边将者：委常参官并诸道节度观察使，诸州刺史，各举所知，限来年正月到上都。

刘禹锡身为夔州刺史，自然也接到了这份文件。阅读以后，马上便想到了裴昌禹。因为他与裴昌禹自幼相熟，两心如镜，后来到连州，又知他为人正直，坦率敢言，并读过许多书，对《周官》《小戴礼》诸书尤有深入研究，何不把他推荐给朝廷？

想至此，他马上把裴昌禹找来，告诉了这一消息，并对他说：“我见兄也已到知天命之年，如再不抓住这次机会，恐日后耽误兄之前程，悔之莫及。”

裴昌禹一看到这消息，大喜过望，忙对刘禹锡说：“今如能得兄推荐，弟一定全力应制，尽豁生平。一则也不虚度此生，二则也不辜负兄的一片好意和期望。”

刘禹锡见裴昌禹乐意应制，如此兴奋，也为他有这次机会而感到高兴，便对他说：“兄既然愿去，弟全力协助，需要准备些什么，尽可告知。”

裴昌禹想了一下，说：“反正就我一人，也不需要什么，就给我备些干粮即可。”

过了几天，在裴昌禹临行前，刘禹锡特意为他设宴饯行。两人说了些旧事以后，刘禹锡说：“兄此次前往，弟为兄备了三个月的口粮，包括一部分干粮，未知足否？”

“足够，足够！”裴昌禹喝了一大口酒，连连点头，接着又深有感触地说，“无论在连州，还是这次来夔州三年多，每次都得到兄的盛情款待和周到安排，而兄却毫无怨言，弟终生难忘。”

“兄说到哪里去了。”刘禹锡忙摆摆手，不值一提地说，“兄此去如万一未被选中，仍到弟处来，弟仍一如既往，兄尽可放心便是。”

“弟心中明白。”裴昌禹知道，刘禹锡作为一个地方长官，每在他困难之际，便向他伸出援助之手，已相当够朋友了，但他毕竟也是个有志气的男子汉，岂能老是靠朋友帮助，自己也总得闯出一条路来才是。刘禹锡虽然不被朝廷重用，但至少总是个地方长官，而且文名传遍天下……想到文名，裴昌禹不禁对刘禹锡说：“弟此番离开夔州，也是一件大事，兄何不作一诗赠弟，对弟鼓励一番呢？”

“兄言之有理。”

刘禹锡一杯酒下肚，站起身，到屋外稍作徘徊，然后踅步进入屋内，对裴昌禹说了声“有了”，便操起笔，在纸上龙飞凤舞地写起来。裴昌禹走近一看，只见刘禹锡在纸上写道：

裴生久在风尘里，气劲言高少知己。
注书曾学郑司农，历国多于孔夫子。
往年访我到连州，无穷绝境终日游。
登山雨中试蜡屐，入洞夏里披貂裘。
白帝城边又相遇，敛翼三年不飞去。
忽然结束如秋蓬，自称对策明光宫。
人言策中说何事，掉头不答看飞鸿。
彤庭翠松迎晓日，凤衔金榜云间出。
中贵腰鞭立倾酒，宰臣委佩观摇笔。
古称射策如弯弧，一发偶中何时无？
由来草泽无忌讳，努力满挽当云衢。
忆得童年识君处，嘉禾驿后联墙住。
垂钩钓得王余鱼，踏芳共登苏小墓。
此事今同梦想间，相看一笑且开颜。
老大希逢旧邻里，为君扶病到方山。

"好！好！"裴昌禹读罢，连连叫好，满意地笑了。

七　告别夔州

送走裴昌禹不多时，同年五月，就得到了李程为宰相的消息。这对刘禹锡来说，应该是十分有利的。

实际上，自刘禹锡三年前与李程在鄂州辞别以后不久，李程便被调入京城任吏部侍郎，现在又升任宰相，作为他的朋友，刘禹锡自然是由衷感到高兴的，同时也不免有几分感叹和怀才不遇之慨。因为二十年前，他和韩愈、柳宗元、李绛、李程同是监察御史，其中李绛、李程都荣升为宰相，韩愈自从随裴度出征淮西，凯旋归朝后，虽因谏佛骨而遭受过打击，但自宪宗驾崩后，这两年政治地位又级级上升，在朝廷中担任过地位仅次于宰相的兵部侍郎、吏部侍郎等要职，唯独他和柳宗元，一个因贫病交加而中年早逝，一个则还在东西南北地辗转漂泊，走马上任。相形之下，这二十年来的风雨岁月，各人的命运差距也实在大了点，而自己也着实显得寒碜了一些。

但这一切也不是以他个人的意志所能转移的。面对人生，他也无可奈何，只能听凭时政的变化和朝廷的任命。

以他过去的习惯，很有可能会以朋友的名义给李程写封信，表示祝贺，同时也会婉转地表达一点希望援引的意思，但现在已是五十多岁的人了，对宦途的升降沉浮已淡泊了许多，所以也没去写。

不过，世界上的事情往往就是这样，有时屡唤不来，有时不唤自来。当年他在朗州、连州时，是那样地热望朝廷能对自己量移重用，却始终未能如愿，而今自己未必时时热衷于此，新的诏令却来了。这年夏季，朝廷下诏任命他为和州(今安徽和县)刺史。

这个诏书来得很突然，连刘禹锡自己也感到意外。因为这时朝廷并没有对地方官员进行大的调动，自己来夔州的时间也并不长，仅三年多，再说和州在元和六年(811)九月已升为上州，且离东京洛阳不远，这个调动显然是一种升迁。刘禹锡想来想去，或许就是新任宰相李程从中助了自己一臂之力。

当地的官吏和百姓得知刘禹锡将要调离夔州，都感到十分可惜，纷纷顶着烈日前来送行。大街小巷，江边码头，全都聚满了送行的人群。就连那些白发苍苍的老人也都纷纷来到江边，向他作揖送行。

这一切，反倒使刘禹锡感到有点不安起来了。因为他在朗州时，正逢大水和大旱，他曾帮忙解决了些百姓的衣食问题，在连州时也进行了不少开发和改造，发展教育，促进了当地的文化教育事业，唯独在夔州，虽然考察了当地的山形地势，给朝廷上了两道《夔州论利害表》，却至今未能正式动手开工，所以面对这些扶老携幼前来送行的官吏和百姓，他心里着实有几分惭愧。除了那几首《竹枝词》，还有什么呢？

望着众多前来送行者的一片热忱和依依惜别之情，刘禹锡不能无动于衷，在临上船东行前，他特意写了首《别夔州官吏》的诗用以答谢，诗云：

三年楚国巴城守，一去扬州扬子津。
青帐联延喧驿步，白头俯伛到江滨。
巫山暮色常含雨，峡水秋来不恐人。
唯有《九歌》词数首，里中留与赛蛮神。

第二节 赴任和州

一 游览长江

船儿离开白帝城，顺着长江，穿过瞿塘峡，向东飞流而去。

刘禹锡坐在船舷边，一边观赏着瞿塘峡的壮丽风光，一边默吟着李白《朝发白帝城》的诗句。忽然，他想起前面就是巫峡，而自己在夔州时，曾览遍了古今题写巫山的诗篇，搜集了一千多首，何不在自己途经巫峡时，再亲身感受一下，精选出几首切合实景的绝唱呢？

正想着，巫峡已逼入眼帘。他一边极目眺望着巫山上的神女，一边仔细品味着巫峡特有的魅力，那种雄浑的气势，再一次震动了他的心灵。

经过这次身历其境的实地考察和比较分析，刘禹锡最终选出了四首描写巫山的诗篇，他们的作者分别是：沈佺期、王无竞、李端、皇甫冉。

由于这次调任和州是一种升迁，所以虽然是大热天，但刘禹锡的心情却很轻松愉快，一路上凡遇名胜古迹，如松滋渡、洞庭湖、岳阳楼，他都尽兴畅游一番。不知不觉之中，夏天也就在游览中过去，秋天悄悄地来到了他的身边。

让他感觉着秋天来临的不仅仅是凉爽的江风，还有那长江两岸如火的红叶。当他游览江南沿岸古代的一些征战之地时，发现当年名震一时的战将如陆逊、甘宁都有祠宇，感到十分惊异。于是，他在船上迎着几分秋意，写下了一首题为《自江陵沿流道中》的诗：

三千三百西江水，自古如今要路津。
月夜歌谣有渔父，风天气色属商人。
沙村好处多逢寺，山叶红时觉胜春。
行到南朝征战地，古来名将尽为神。

不久，刘禹锡就来到了鄂州。这时李程虽已调至京城任宰相，但当年他赴夔州路经此地，受到李程盛情款待的情景，仍历历在目，今故地重游，觉得格外亲切。

特别令刘禹锡没有想到的是，当年李程请来为刘禹锡送行演唱的那位年轻唱歌女子，这次又碰上了。那女子依然娉婷绰约、风姿如故，而歌声也像三年前那样宛转动听，再次打动了刘禹锡的心。

自从元和八年(813)刘禹锡的妻子薛氏去世以后，他一直没有正式续弦，二十余年来一直过着独身生活，这次却不知为什么，与这位唱歌的美女再次重逢后，竟对她产生了好感，乃至产生了恋情。而这位唱歌女子对刘禹锡也颇有好感，这次重遇刘禹锡，也是十分欣慰和兴奋。她自知青春不可久驻，自己也不能老是光靠卖唱跳舞为生，迟早要找一个可依靠的人为归宿。现见刘禹锡对她有情意，又知他单身一人，且诗文之名传遍天下，不由也对他产生了爱慕之情。这样，两个人互有情意，一拍即合，刘禹锡当即就纳这位歌女为妾，彼此也都感到称心如意。

离开鄂州，刘禹锡继续乘舟东行。当行至西塞山(今湖北大冶东面)，他又登临游览。但见此山状如关塞，形势险峻，似头枕长江而卧，心中暗想：难怪古人常称此地为长江中游的要塞之一，果然险要！这时，他的脑海中立刻出现了一幅幅浩大的历史画面：西晋王濬奉晋武帝司马炎之命，征服了蜀国之后，又率领浩浩荡荡的水师大军，自益州(今四川成都)出发，直向东吴的首都建业(今江苏南京)进发；东吴闻讯，乱作一团，忙在西塞山等长江险要地带的江面上修筑铁索链来加以拦阻；王濬则从容不迫，命水军以火烧断铁索链，势如破竹，直取建业；而东吴见大势已去，纷纷在石头城(即建业)上举起了投降的旗帜……

当这些历史的画面闪现过后，刘禹锡不禁又从南北朝的历史想到了当今的政局：藩镇割据势力虽然已在宪宗时期大致扫平，唐王朝表面上取得了暂时而又残缺的统一局面，但他们时刻又会分裂出去，与朝廷对抗；而唐王朝内部也是矛盾重重，宦官擅权，敬宗又年少无能，长此以往，唐王朝难免风雨飘摇……

想到这里，刘禹锡望着江边故垒的芦苇丛，听着它们在秋风吹拂后发出的阵阵萧瑟之声，心情格外沉重，竟而低声吟咏了起来：

王濬楼船下益州，金陵王气黯然收。
千寻铁锁沉江底，一片降幡出石头。
人世几回伤往事，山形依旧枕寒流。
今逢四海为家日，故垒萧萧芦荻秋。

二　崔群邀往

过了浔阳（今江西九江），忽有驿马飞奔而来，递上信函一封。刘禹锡拆开一看，原来是自己的多年好友崔群送来的。

原来崔群在元和十二年（817）七月曾入朝为宰相，敢于直言，也能识大体，后皇甫镈在宪宗面前诬陷他，宪宗一怒之下，罢免了他的宰相之职，黜为湖南观察使，而这时正在宛陵（今安徽宣城）任宣歙观察使。因听说刘禹锡将赴和州任职，所以特地致函邀他中途到他那儿去住几天。他在信中并特意强调："必须见了我，才让你去上任。如不痛饮十天，我就不在码头给你准备车马。"

刘禹锡看了，会心地一笑，决定接受他的邀请。于是，船到池州（今安徽贵池），他就不再往东北方向行驶，而是改用车马，直向宛陵方向而去。

崔群为刘禹锡举行了隆重的欢迎仪式，两人见面，都是又惊喜又感慨。崔群当即摆下盛宴，为刘禹锡洗尘。刘禹锡笑道："兄如此盛情操办，岂不见外了？"

"哪里！"崔群道，"你我多年未见，今日有此一聚，真是难得。即以你我多年交情论，也是我欠你多，所以，兄今日只管痛饮，不必客气。”

“好吧!”刘禹锡倒也豪爽,举起酒杯,与崔群相碰,一饮而尽。

“想当初,”崔群放下酒杯,用略带感谢的口吻回忆道:“兄离开渭南主簿一职,入京为监察御史,还不是由兄推荐弟来接任你的职务?如果不是兄的举荐,有此开端,弟也很难平步青云,也不会坐到宰相的位置上。”

“兄过誉了。”刘禹锡忙摇摇手,“兄之为人和才学,世人皆知,当时由弟推选,弟也确实以为兄之才最为合适也。以后兄为相,与裴度共同秉政,力斥奸臣与宦官,敢于直言,士林中人人皆知。”

“兄如此褒奖,小弟受之有愧。”崔群忙拱拱手,接着略带遗憾地说,“以兄之才华,应在弟之上,可惜永贞以后,兄久在风尘,不为朝廷所重用。而弟虽在元和十二年后被起用为宰相,只因兄等在元和十年刚好触怒宪宗,一时无可援引,后弟又遭小人诬告,两年后也被贬出京城,故对兄一直未能相助,至今仍以为憾也。”

“不必,不必。”刘禹锡又摇摇手,“兄之在朝,弟完全理解处境之复杂,故从未想到要兄助弟。而兄之为人,韩退之以为‘明白淳粹,辉光日新’,柳子厚以为‘有柔儒温文之道’‘邪厚直方之诚’,所以兄不必记挂在心。”

说到韩愈,崔群忽然想起了什么,对刘禹锡说:“听说退之在今年五月得了病,现正在长安城南韩庄休养。”

“我也听说了,未知病情好转些否。”

“未见好转。听说最近因为他养病,把他的吏部侍郎职务也免去了。”

刘禹锡知道崔群与韩愈、柳宗元、白居易等也都是好朋友,于是边喝酒,边又谈了些朋友间的事。然后,他又十分坦率地对崔群说:“弟这一路上沿江东下,长江两岸的名胜古迹,几乎饱览已尽。

兄要弟在宛陵住几天，弟可答应，但此处的名胜古迹，希望也能让弟游览一下。”

“这事不难。”崔群胸有成竹地说，“明天就安排。”

这天晚上，他们边饮酒边谈心，直到三更以后方睡。

在以后的十天内，崔群日日以丰盛的酒食相待，并陪刘禹锡游览了宛陵附近的大小名胜。到刘禹锡临行的那一天，崔群送了一程又一程，一直送到离长江边不远的敬亭祠下，方才罢休。临行前，还特意赠给刘禹锡一匹好马，两人这才依依不舍地分手。

三　韩愈去世

刘禹锡告别崔群之后，便从姑孰（今安徽当涂）乘船渡江北上，于八月二十六日抵达和州。

没想到刚至和州，便听说和州前一段时间一直在闹旱灾，整个夏天极少下雨，农作物显然受到了影响，这直接关系到百姓的生活。于是，刘禹锡当天晚上就给敬宗写了《和州谢上表》，在表中特意说明：

> 伏以地在江淮，俗参吴楚。灾旱之后，绥抚诚难。谨当奉宣皇恩，慰彼黎庶。久于其道，冀使知方。伏乞圣慈，俯赐照鉴。

他这样写，一方面是向朝廷表明他将会采取安抚民众的政策，另一方面也是如实地向朝廷奏明灾情，设法救灾。

随后，刘禹锡又通过实地考察，参阅文献图经，写下了长诗《历阳书事七十韵》。

可是就在此诗写后不久，这年十二月的一个阴冷的早晨，忽然传来了韩愈痛逝的噩耗。刘禹锡闻知后，心情十分沉痛，一连几天沉默寡语。

他与韩愈在二十多年前便一起共事，交情虽非柳宗元可比，但较之一般的朝中官员和萍水相逢者，又要好上许多。韩愈与柳宗元倡导古文，刘禹锡也积极参与，大力支持。

不过，刘禹锡一方面承认韩愈在当时文坛的影响和领袖作用，一方面又觉得他的单行文笔固然流利华美，但在精思与佐证相结合的长篇大论上，却未必及得上自己。从政治派别上来说，他和韩愈是截然对立的。韩愈所写的《顺宗实录》，虽然也写到了"永贞革新"时一些好的举措，但大多数还是对他们取贬抑否定态度，其中也记录了刘禹锡和柳宗元的所作所为。然而，随着岁月的流逝，时过境迁，特别是柳宗元的去世，他和韩愈在政治上的隔阂早已消除。而且韩愈因上疏《谏佛骨表》，又曾被贬，政治上再次遭受打击。所以，刘禹锡对他的正直敢言方面也是深感钦佩的。作为他的老朋友和文坛名宿，刘禹锡经过几天来的思考酝酿，终于写成了著名的《祭韩吏部文》：

高山无穷，太华削成。人文无穷，夫子挺生。典训为徒，百家抗行。当时勍者，皆出其下。古人中求，为敌盖寡。贞元之中，帝鼓薰琴。奕奕金马，文章如林。君自幽谷，升于高岑。鸾凤一鸣，蜩螗革音。手持文柄，高视寰海。权衡低昂，瞻我所在。三十余年，声名塞天。公鼎侯碑，志隧表阡。一字之价，辇金如山。权豪来侮，人虎我鼠。然诺洞开，人金我灰。亲亲旧尚，丹其寿考。天人之学，可与论道。二者不至，至者其谁？岂天与人，好恶背驰？

昔遇夫子，聪明勇奋。常操利刃，开我混沌。子长在笔，予长在论。持矛举楯，卒不能困。时惟子厚，窜言其间。赞词愉愉，固非颜颜。磅礴上下，羲农以还。会于有极，服之无言。

岐山威凤不复鸣，华亭别鹤中夜惊。畏简书兮拘印绶，思临恸兮志莫就。生刍一束酒一杯，故人故人歆此来！

祭文写就后，立刻在文坛和朝廷士大夫中流传开来，韩愈的家属也深表感谢，有好事者还把刘禹锡此文与五年前所写的《祭柳员外文》对照起来读，看他对这两位文坛巨匠是怎样评价的。

四　《金陵五题》

和州在安徽中部的东面，离秣陵（今江苏南京）不远，四季分明，不像朗州那般潮湿，也不像连州那般炎热，所以刘禹锡很适应这里的生活环境。

写完了对韩愈的祭文，过了春节，天气转暖，刘禹锡以五十四岁的年龄，又对和州进行了采访考察。他考察了三国时魏吴濡须之战的遗迹，了解了当地的物产和历史沿革情况，同时也察看了和州的地理和人民生活，在宝历元年（825）六月二十一日撰成了《和州刺史厅壁记》。

在和州的郡楼对面，有一座大山形状十分奇特，与郡楼遥遥相对，隔江相望。刘禹锡自来和州以后，便已注意到了，于是问当地的地方官吏，官吏说："这山叫望夫山，高百丈，周围约五十里，在姑孰北面四十余里。据传说，曾有一男子到楚地去，接连几年不回来，他的妻子日日登此山眺望她的丈夫，结果便化成了石头，所以也有人叫望夫石的。"

"噢，我想起来了。"刘禹锡说，"李白有一首《望夫山》的诗，为《姑孰十咏》之一，是否就是这座山？"

官吏忙说："正是此山。"

刘禹锡点了点头，又对此山凝视了一会，显出若有所思的样子。过不了几天，他便写了一首《望夫石》的诗：

终日望夫夫不归，化为孤石苦相思。
望来已是几千载，只似当时初望时。

随行官吏阅罢，赞不绝口，又对刘禹锡说："其实秣陵离这里也不远，就在和州的东北方向，如果不是群山挡住，也必定是能望见的。"

"所谓秣陵，岂非就是古金陵城，六朝建都之地么？"

"是啊，刘大官人去过那里？"

"没有。"刘禹锡遗憾地摇摇头，"说来可笑，我从小在江南长大，去过江南的不少地方，却未去过秣陵，真不可想象，所以至今仍有遗恨。"

说罢，他竟在城楼上踮起脚尖，向秣陵方向望去，可惜唯有群山和长江而已。

过不数日，恰好有客人曾长期在秣陵居住，因久慕刘禹锡的诗名，递上了他所写的《金陵五题》的诗篇。刘禹锡读罢，不觉也引起了诗情。他在创作诗歌方面一直有着极强的想象力。如他从未到罗浮山去过，但在连州时有僧人向他谈起罗浮山上的奇异风景，他便凭着僧人的叙述和自己的想象，立刻写成了《有僧言罗浮事因为诗以写之》一诗，阅者无不称奇。又如他从未去过天坛山，有人曾向他说起过在天坛山上遇雨的奇异景象，他又凭着自己丰富的想象力，写下了《客有为余话登天坛遇雨之状因以赋之》一诗，极言天坛雨中胜景，笔法变化奇幻，令人目眩。而今他读了客人的《金陵

五题》,凭着自己丰富的历史知识和超妙的想象力,以及在诗歌创作上的杰出才华,也写下了一组《金陵五题》,依次如下:

石头城

山围故国周遭在,潮打空城寂寞回。
淮水东边旧时月,夜深还过女墙来。

乌衣巷

朱雀桥边野草花,乌衣巷口夕阳斜。
旧时王谢堂前燕,飞入寻常百姓家。

台　城

台城六代竞豪华,结绮临春事最奢。
万户千门成野草,只缘一曲《后庭花》。

生公讲堂

生公说法鬼神听,身后空堂夜不扃。
高坐寂寥尘漠漠,一方明月可中庭。

江令宅

南朝词臣北朝客,归来唯见秦淮碧。
池台竹树三亩余,至今人道江家宅。

当那客人读了刘禹锡写的《金陵五题》,立刻自叹不如,对刘禹锡钦佩得五体投地,一个从未去过秣陵的人,竟会写出如此绝响的诗篇,因而逢人便称刘禹锡为奇才,称《金陵五题》为金陵诗中绝唱。

不久,秋天来了。一天黄昏,刘禹锡独自夜泊长江中的牛渚。但见秋风忽起,芦苇飒飒作响,江水波纹条条,夕阳的余晖顿时由金黄而呈暗红,几只大雁哀号而过,几星渔家的灯火亮了起来……

目睹此景，他不禁想起了李白写过的《夜泊牛渚怀古》一诗。那是首五律，此时虽无心怀古，但何不也写首五律呢？想到此，不禁在清辉的月光下独自吟咏起来：

芦苇晚风起，秋江鳞甲生。
残霞忽变色，游雁有余声。
戍鼓音响绝，渔家灯火明。
无人能咏史，独自月中行。

当时，刘禹锡的朋友令狐楚正在汴州（今河南开封）任刺史，白居易正在苏州（今江苏苏州）任刺史，而他上任的和州地理位置正处于二人之间，所以，刘禹锡在为政之暇，也与他们有些诗文往来，给他的生活平添了一些逸趣。

第七章

渴望已久的新转机

第一节　赴洛待诏

一　与白居易同行

在和州的岁月里，刘禹锡虽然有时仍流露出能被朝廷召回的愿望，但并不十分强烈。这一方面由于自己已五十多岁，对一生也大致有个估计，锐意仕进的精神已消磨许多；另一方面和州的气候、环境和交通也比连、朗等州强多了，量移或重用与否都显得不那么迫切和重要了。所以，就整体而言，刘禹锡在和州的心态还是比较平和的，至少诗文中所反映的埋怨、牢骚或苦闷的成分是少多了。

不过，命运时常会与人开玩笑：你越是想要的东西，他越是不肯给你；而当你的愿望不是那么强烈的时候，他却主动给你送上门来了。

宝历二年(826)冬天，朝廷忽然发下诏书，要刘禹锡卸下和州刺史的职事，回洛阳待诏。

当刘禹锡得到这一诏令时，心情自然是十分高兴的。一则洛阳在当时相对长安而号称“东都”“东京”，地位仅次于长安，况且离长安又近；二则洛阳又是他的老家，对他有着特殊的魅力和亲切感。再说，自元和九年(814)赴京待诏，因玄都观诗案再度贬逐后，至今也有十多年了，久在他乡，思归之情可以说随时都会萌生。所以刘禹锡接了诏令，便马上整理和交代了有关公务，然后打点行李，告别了和州，向洛阳进发。

由于刘禹锡对金陵古城向往已久，在和州时就跂足眺望，并凭想象而撰成《金陵五题》，所以这次归洛，他特地坐船渡江，到金陵游览了一下，并在那里写下了《金陵怀古》《罢和州游建康》等诗。

更令刘禹锡没有想到的是，当他游罢金陵，来到扬州时，竟在那里碰到了常有诗书往来，却从未见过面的老朋友白居易。

白居易和刘禹锡同岁，两人在青年时可能在长安见过面，但无史料证实，以后是否重逢过就更难说了。不过在当时，刘禹锡与柳宗元并称“刘柳”，白居易与元稹并称“元白”，不论是政界还是文坛，都可以说是世人尽知。所以这次两人相逢，心里都有说不出的高兴，当即便设宴聚谈。

“乐天兄本在苏州任刺史，何以此番到扬州来了?”

“事出有因，我们本来还有诗歌来往呢。”白居易兴奋地点点头，接着又解释道，“今年二月底，我骑马出门，不巧落下马来，摔伤了腿，整整在床上睡了三个月。到了五月底，又患上了眼病，伤了肺脏，只得请了百日长假，度过炎夏。到了九月初，长假期满，便辞去苏州刺史，奉命到洛阳待诏，十月初离开苏州，一路游览，来到这里。”

“哎呀，说来巧了。”刘禹锡一听白居易也赴洛阳，高兴极了，忙道，“弟本在和州任职，前些时也得到赴洛阳待诏的诏令，看来我们可结伴同行了。”

“幸事！幸事！”白居易高兴得嘴也合不拢，端起酒杯递到刘禹锡面前，“来，为我们的一路同行干杯！”

“干杯！”刘禹锡也端起酒杯，一饮而尽。

几杯酒下肚，两人的话开始多了起来，而且大多集中在对以往生活和友人的回忆上。刘禹锡感慨地说：“纵观兄之宦途，较弟似乎要强许多。”

“但也有浮沉，也有坎坷。”白居易呷了口酒，放下酒杯，像沉入回忆似地说，“记得那年武元衡被刺身亡，我激于义愤，当即上疏请求捕杀刺客，以肃法纪。可是，执政中有些别有用心的人非但不支持我，反而说我不应该在谏官还没有上奏章之前就议论朝政，说我是抢先议政，越职言事，是僭越行为，要予以惩处。又有个别嫉贤者诽谤说我母亲因看花堕井而亡，而我却写了赏花诗和新井诗，是有亏孝道，岂不荒唐？结果就把我贬逐出京，任江州司马……”

说到这儿，白居易似乎有点动了感情，停顿下来，然后才说：“就这样，在外一晃荡就是五年，直到宪宗去世，才被召回长安。”

“这些情况，弟也听说过一些。”刘禹锡听了白居易的叙述，不由也想起了自己的宦海浮沉和人生经历，便慨然对白居易叹道，“不管怎么说，兄之曲折仍不如弟。兄是元和十年方被贬逐，而此时弟已在外被贬十年之久，且地处蛮荒，绝非江州之比。先朗州，后连州，接夔州，全是巴山楚水、人烟稀少之地，至今已有二十三年了。想当时，是多么想为国家社稷做些事，却从不被朝廷所重用，有力无处使，而自己的大好时光也就在这些贬谪生涯中默默流失了……”

白居易(772—846),早年诗文与元稹齐名,时称“元白”。晚年与刘禹锡交为诗友,且二人同岁,人称“刘白”。(图据《南薰殿圣贤画册》)

“的确可惜。”白居易听了刘禹锡的这番话，深表同情，但又怕他的情绪过于低落，为了提高彼此见面的兴致和乐趣，便故意问道，“兄乃诗坛高手，此次游览金陵古城，可有新作?”

经他一问，刘禹锡的兴致果然被转到了诗的领域，答道：“游金陵时，诗作并不多，仅有五绝等少数篇什，反在和州时，因有客出示《金陵五题》诗，弟凭想象，也写了五首，似差强人意。”

“快拿来我看。”

于是，刘禹锡当即拿出自己所写的《金陵五题》。白居易接过一看，第一篇就是《石头城》，便迫不及待地掉头苦吟，叹赏良久，然后又对刘禹锡说：“这句‘潮打空城寂寞回’最好，我知后来的诗人，不能再措词了。”

刘禹锡听了，脸上露出一丝得意的神色，心想：白居易也是诗坛高手，虽然后四首没得到他的赞叹，但有此《石头城》一首，也算没辜负他的赞赏之词。

当白居易读罢刘禹锡的《金陵五题》，不禁拿起筷子扣起盘碟来，并由衷地赞叹道：“梦得兄之诗名，虽仰慕已久，但真正领教，却在今日，果然名不虚传。”

“哪里，哪里，乐天兄过奖了!”刘禹锡斟满了一杯酒，对白居易道，“来，再干一杯!”

白居易也不知自己喝了多少杯酒，反正已有了醉意，而诗情也在萌生。他从内心深深钦佩刘禹锡的诗才，同时也为他的不幸遭遇而感到不平和同情，当即就在酒席上写了首诗送到刘禹锡的面前。

刘禹锡接过一看，是首七律，只见题为《醉赠刘二十八使君》。诗云：

为我引杯添酒兴，与君把箸击盘歌。

诗称国手徒为尔，命压人头不奈何。
举眼风光长寂寞，满朝官职独蹉跎。
亦知合被才名折，二十三年折太多。

白居易的赠诗，也引动了刘禹锡的诗心，他想：自己和白居易虽然都是五十五岁的人了，大半人生已经过去，许多友人如王叔文、韦执谊、柳宗元、吕温、韩愈都已去世，但时代仍在发展，新的生命仍在继续，这是自然规律，从古到今，无一例外。想到此，便也写了一首题为《酬乐天扬州初逢席上见赠》的七律，回赠给白居易：

巴山楚水凄凉地，二十三年弃置身。
怀旧空吟闻笛赋，到乡翻似烂柯人。
沉舟侧畔千帆过，病树前头万木春。
今日听君歌一曲，暂凭杯酒长精神。

白居易读了这首赠诗，又是赞叹不已，对于其中的五、六一联，更是反复吟咏，并对刘禹锡说："这两句特别高妙，在在似乎都有神物护持着一般。"

"不过，也是先有兄诗，方有弟之诗句。"刘禹锡拱了拱手。他难得说这样谦虚的话，可心里对自己的这两句诗着实比较满意。

当时，白居易的好友元稹正在越州(今浙江绍兴)任刺史，而刘禹锡的好友多已凋零，即便在世的也多在远地，难得相逢，所以这次与白居易在扬州的邂逅，彼此都感到是一种幸会，特别是两人能结伴同行，更是一种少有的难得机会。于是，两人在同赴洛阳的路上一边游览，一边唱和，兴致极好。别的不说，两人仅在扬州一地就逗留了半个月。每逢华楼高塔，两人必会共同攀登。如两人共同攀登了扬州栖灵塔后，就各自写了首七绝。白居易的诗题为《与梦得同登栖灵塔》：

半月悠悠在广陵，何楼何塔不同登？
共怜筋力犹堪在，上到栖灵第九层。

而刘禹锡的诗则题为《同乐天登栖灵寺塔》：

步步相携不觉难，九层云外倚栏杆。
忽然语笑半天上，无限游人举眼看。

两人当时的游兴之浓，于此可见一斑。当他俩路过汴州时，还特地去拜会了宣武节度使令狐楚，得到了他的盛情款待，彼此酬唱了一番。所以，两人一路应酬，一路游览，直到次年(827)春天，方才抵达洛阳。

二　赋闲在家

刘禹锡对洛阳最有感情的是他祖传的老宅，其次便是老宅附近的那泊湖，以及湖边上的那块大石头。前两次来湖边，都是冬天，心情又都很悲痛低落。此次赴洛待诏，心情与前大不相同，恰好又逢上春天，当他旧地重游，再次来到老宅附近的湖边时，但见碧波荡漾，春光无限，就连大石块边上的小草，也都换上了绿装，显得生气勃勃、春意盎然。这使得刘禹锡格外高兴，在湖边流连忘返，久久不愿离去。

洛阳毕竟是都城，消息分外灵通。刘禹锡刚到此地，便知道了唐敬宗在去年底驾崩的详细情况。

据说，十几岁的敬宗终究年少，喜欢玩耍，嬉戏无度。不知为什么，也许是活得无聊，他喜欢上了一桩特殊的游戏：在深夜里的皇宫中自捕狐狸，宫中称为“打夜狐”。他这一搞，非但自己不睡觉，就连一些老宦官也睡不成，陪他在半夜里捉狐狸。但许遂振、李少端、鱼弘志等宦官年纪大跑不快，无法配合他捉狐狸，小皇帝不称心，一气之下就把他们的中官职务都给撤了。除此之外，这小皇帝还喜欢打球，稍不如意，就用鞭子抽打旁边的宦官，弄得宦官们人人自危，心中怨恨，遂萌生了把他杀死的想法。

宝历二年(826)，也就是去年十二月八日晚上，敬宗夜猎回宫，又与宦官刘克明、田务成、许文端打了一会儿球，接着又与军将苏佐明等二十八人一起饮酒做乐。敬宗喝得兴起，便入室换衣。正在这时，殿堂中的烛火突然全部熄灭，刘克明等人在黑暗中趁机把十八岁的敬宗杀掉了。当天深夜，刘克明、苏佐明等马上又草拟假诏书，拥立宪宗的儿子绛王李悟暂且担当军国大事，第二天便让他见宰相以及百官于紫宸外庑，以便日后继承帝位。

然而，枢密使王守澄、杨承和，中尉魏从简、梁守谦等人却对敬宗的猝死持怀疑态度，于是便率领禁兵讨伐刘克明、苏佐明等人，并把穆宗的第二个儿子，也就是敬宗的弟弟江王李昂迎入宫中。双方发生格斗和残杀，结果，刘克明以及李悟等人全部死于乱兵之中。

就这样，经过又一次的宫廷内乱和相互残杀，在宦官王守澄等人的拥立下，年仅十七岁的李昂登上了皇位，是为唐文宗。二月十三日，他亲临丹凤楼，大赦天下，改元大和。

当刘禹锡听完这次敬宗被害和文宗继位的经过以后，就像当年听宪宗、穆宗登位和被害的故事一样，只淡淡一笑，也没有什么新鲜感了，或许中国的历史就是这么一页一页写下来的吧。不过，对于宦官擅权的祸害，他早在德宗年间便已意识到了，并在“永贞革新”时尽力加以削弱。没想到宪宗死后，宦官权力非但没有抑制住，反而越来越大，谋杀皇帝易如反掌，如同儿戏一般，这又不能不引起他的忧虑。但这又有什么用呢？也只能是忧虑而已。

三月二十九日，白居易得到了朝廷的诏书，要他到朝廷担任秘书监的职务，并赐金紫袋。这是秘书省的长官，从三品，官衔不小。白居易虽然已厌倦了朝廷中的官场倾轧，但朝令不可违逆，还是高高兴兴地离开洛阳，赴长安上任了。

但是，刘禹锡还是赋闲在家，等待朝廷的诏令。当时，他的祖先在洛阳附近的荥阳尚存一片贫瘠之地，陋室一间，偶尔兴起，他也会在浓浓的春意下，到那儿去小住两天，在花间饮饮酒，月下弹弹琴，领略一下故乡的春色。但一想到自己的人生抱负，又觉得眼下全是虚掷时光。这种矛盾和感觉，在贬谪时有，现在洛阳闲居时也有。一天春夜，当他饮了几杯酒，在月下弹了会儿琴以后，不禁诗情萌动，吟咏了一首诗——《罢郡归洛阳闲居》：

十年江海守，旦夕有归心。
及此西还日，空成《东武吟》。
花间数盏酒，月下一张琴。
闻说功名事，依前惜寸阴。

有时候，天晴日丽、牡丹盛开之际，他也会一个人在洛阳城中闲逛。当时，朝中许多文武大臣多喜欢在洛阳的繁华地段置地营造别墅园林，却又空关闲置，无人居住，刘禹锡对此十分感慨，曾写下“千金买绝境，永日属闲人”的诗句，认为是一种浪费。

清明那天，他又冒着蒙蒙细雨，到自己的祖坟去祭扫了一下，在父母的坟前伫立良久,久久难以离开……

春天过去,直到赤日炎炎的夏季来临,刘禹锡才接到了朝廷的诏书,任命他为东都尚书省主客郎中。

这官的名称虽然好听,也不必在外奔波辛劳,实际上却是一个闲职。这对于一个长久在外落魄漂流而又想报效朝政、有所作为的人来说,当然是感到失望的。不过,忙有忙的过法,闲也有闲的过法。既然得不到朝廷的重用,刘禹锡干脆就用闲的过法来消磨时光。每逢无风无雨的好天气,他就游览洛阳的风景名胜,如安国观、九仙公主旧院,是他经常去的地方,每有感兴,就写些诗,如《秋夜安国观闻笙》《经东都安国观九仙公主旧院作》,都作于此时。一次,他游览寺北楼,忽然发现墙壁上有盛唐大臣贺知章以草书题写的书法,笔势纵横,龙腾虎跃,觉得十分珍贵,便再三关照寺中山僧好好保护,回来后还特意写了首七律——《洛中寺北楼见贺监草书题诗》:

高楼贺监昔曾登,壁上笔踪龙虎腾。
中国书流让皇象,北朝文士重徐陵。
偶因独见空惊目,恨不同时便服膺。
惟恐尘埃转磨灭,再三珍重嘱山僧。

当然,至于老宅附近的那泊湖,仍是他经常光顾的地方。一个人坐在湖边的那块大石头上,极目远眺,看日落日出,云霞变幻,再回首往事,寻思自己跌宕起伏的曲折人生,倒也别有一番滋味在心头。

三　难友重逢

没想到,寺北楼归来不久,接着就是几场秋雨。毕竟是五十六岁的人了，凡遇下雨天，除非公务或特殊原因，刘禹锡基本上都安静在家，或看书作诗，或怡养性情。

然而，这场秋雨下得似乎特别长，好不容易才等雨歇天明，刘禹锡正待出门，忽然老朋友韩泰出现在门口。这种梦幻般的奇迹简直把刘禹锡惊呆了。

韩泰和刘禹锡自“永贞革新”失败以后，直到元和十年，才在京城匆匆聚过一次，以后他贬漳州刺史，刘禹锡贬连州刺史，各奔东西，十多年来就再也没有见过面。所以这次重逢，两人都是悲喜交集，心里都有说不出的感慨。

刘禹锡当即设宴款待这位风雨同舟的老友，寒暄过后，便问道：“据说兄自被贬漳州刺史以后，曾迁徙郴州（今湖南郴州）、睦州（今浙江建德）刺史，何以此番到洛阳来了？”

韩泰喝了口酒，又搛了筷子菜，才说道：“弟因得到朝廷诏令，便从睦州赴长安待诏，本以为这次或许能得到朝廷重用，没想到又让弟出外任湖州（今浙江湖州）刺史。因听说兄正在洛阳尚书省任主客郎中，机会难得，故途经洛阳，特来拜访一下。”

“难得，难得，宦海浮沉，东飘西荡，今天不知明天，明天不知后天，如同转蓬一般，能够聚上一面，确实不容易。”

说到这儿，刘禹锡兴致上来，把手一招：“来，请两位乐伎来弹上几曲。”

于是，上来几位擅长乐器的女子，便在旁边宛转地弹奏起来。悦耳的音乐，的确给酒宴增添了几分情趣。

韩泰望了望刘禹锡花白了的头发，以十分感叹而略带惋惜的口吻说：“回想十多年前，我们共同赴京待诏，兄写游玄都观诗那阵，弟见兄之头发，也只略有鬓白而已，没想到这次见面，兄之头发竟又花白了许多，真是光阴似箭，白发催人老哇！”

“一点不错。”刘禹锡喝了杯酒，也感叹地说，“想当初，我们在‘永贞革新’时，意气相投，群英聚会，经常一起上下朝廷，何等痛快，又何等威风！没想到宪宗继位，我们便被贬逐在外，病的病，死的死，不论生者死者，都够惨的。而且王叔文就像被定为罪人一般，宪宗死后，穆宗、敬宗，乃至今日的文宗，历经四朝，仍不让他平反昭雪，至少连个较为公平合理的评价和说法都没有，这太不公平了！”

“来，干上一杯。”韩泰与刘禹锡结交二十多年，深知他秉直的个性，此时见他激于义愤，嗓门大了起来，知道他有些激动，便连忙端上酒杯，劝他饮下，以便转移情绪。

不料刘禹锡今日酒喝多了，又碰上多年未遇的老朋友，正想痛痛快快地倾诉衷肠，所以把酒喝下，非但没能转移情绪，反而话越说越多：“而我们这些人，无非就是跟从了王叔文，对宦官专权的现象不满，对当时的弊政有所不满，有所改革，得罪了那些宦官，得罪了武元衡等权贵，得罪了有些小人，就永远翻不了身，这么些年过去了，许多当初与我们同辈或不如我们的人，基本上都被朝廷重用过，或任宰相，或任仅次于宰相的官位和要职，而我们这些人，除了程异一人例外，其余的都已两鬓苍苍，仍都贬谪在外做个区区的地方官，好像整个社会和朝廷仍用陈旧的老眼光看待我们，使得我们一辈子都在受连累，永远解脱不了。”

韩泰知道刘禹锡平时说话并不多，更不轻易说重话，今天见他牢骚满腹，也理解他的心情，知道他只有在老朋友面前才如此倾吐，于是便也应和着说：“想当初，海内闻名的‘二王八司马’，大概就只剩你我二人了吧？”

“柳子厚和程异去世以后，陈谏近些年也去世了，只是韩晔的近况不知，也许只剩我们两三个人了。”说到这里，刘禹锡不觉有些伤心，又叹息道，“即使你我在世，也是别离时多，相见时少啊！”

“二十多年，仅此两次。”听罢此言，韩泰不觉也伤心起来，沉浸在对以往旧友的回忆之中……

沉默了一阵之后，刘禹锡忽然对韩泰说：“昔日生死之交，今日难得晤面，弟当即口占七绝二首。”

“快读来我听。”

于是，刘禹锡便叫乐伎暂时停下，朗声吟起了即兴写成的诗句：

昔年意气结群英，几度朝回一字行。
海北天南零落尽，两人相见洛阳城。

“好！”还未等刘禹锡吟第二首，韩泰便称赞道，“前二句写昔日之盛，后二句写今日之衰，一盛一衰，何其悲凉！再念第二首。”

于是，刘禹锡清了清嗓子，又朗声吟道：

自从云散各东西，每日欢娱却惨凄。
离恨苦多相见少，一生心力在书题。

诗刚吟完，韩泰又大声叫好。刘禹锡道：“承兄如此谬赞，弟反倒不好意思了。来，干杯！今日一醉方休！”

随后，他又叫女乐伴奏，音乐声又袅袅响起。不料刚饮三杯，刘禹锡又大声叫道：“又成一首。”

韩泰笑道：“兄今日诗兴大发，如何了得！再读！”

刘禹锡放下酒杯，又朗声吟道：

今朝无意诉离杯，何况清弦急管催。
本欲醉中轻远别，不知翻引酒悲来。

“确实好诗！好诗！”韩泰闻罢，又连声赞叹。就这样，在韩泰的赞叹声中，刘禹锡为友人送行而一气吟成五首绝句。他知道这次与韩泰分手，也不知何日方能重逢，也许这辈子都很难再聚了。所以他送了一程又一程，一直送过洛阳桥，两人才依依不舍地挥手告别。

第二节　重 返 朝 廷

一　任主客郎中

送走了韩泰，迎来了冬季。临近春节时，白居易从长安回到了洛阳，这样，刘禹锡在洛阳城里度过了一个快乐而又闲适的春节。

然而，春节的气氛尚未完全消散，二月十九日，白居易接到了任他为刑部侍郎的职务，必须赶到长安。临走时，刘禹锡一直送他到洛阳近郊的临都驿。白居易理解他的心情，在临都驿互相以诗答谢起来。白居易《临都驿答梦得六言》诗的第一首云：

扬子津头月下，临都驿里灯前。
昨日老于前日，去年春似今年。

刘禹锡见他在诗中回忆了去年在扬州同游和临都驿里送别的情景，不禁也想起两人同游北固山和在洛阳待诏的情景，于是写下了《答乐天临都驿见赠》一诗：

北固山边波浪，东都城里风尘。
世事不同心事，新人何似故人？

白居易第二首云：

谢守临为秘监，冯公老作郎官。
前事不须问著，新诗且更吟看。

刘禹锡见他诗中自比为谢守，而把他比为东汉白首不见招的冯唐，似有为他鸣不平之意，心中十分感激，但同时又为朝廷中天子的不断轮换、宰相的不断更替，以及宦官与朝官之间的互相利用、勾结和残杀而心寒，想到这些，他觉得名利之类的玩意儿也无足轻重，还不如吟吟诗，消消闲，于是，他又赠白居易一诗道：

一政政官轧轧，一年年老骎骎。
身外名何足算？别来诗且同吟。

然而，正当他准备以诗解闷，以消闲安度晚年时，朝廷却又来了新的诏令，要他去长安担任主客郎中。

不管你有没有兴趣，也不管你愿不愿意，朝廷的命令总是不能违抗的。于是，他再次告别了父老乡亲，在春风的吹拂下，向唐代的政治中心长安进发。

到了长安刘禹锡才知道，自己作为王叔文的旧党，这次之所以能被破例召回朝廷任主客郎中之职，都是由于宰相裴度和窦易直两人的荐举。原来，裴度在这次诛杀宦官刘克明、拥立李昂为天子方面起过重要作用，所以李昂登位为文宗以后，对裴度十分信任。而裴度在元和末年因一直把主要精力投入在对藩镇割据势力的削平上，对援引刘禹锡等返朝一直无暇顾及，再说，朝廷自宪宗去世，也从未太平过，连他自己后因与元稹不睦，也被罢相，离开京城，所以有时也无力相援。但他一直认为刘禹锡是个有才华有能力的人，因而此次为相，知刘禹锡正在洛阳，便有引进朝廷之意，恰好另一宰相窦易直又是刘禹锡的旧日朋友，有诗文来往，对刘禹锡的印象也不错，所以一拍即合，便有了刘禹锡这次的长安之行和朝中之位。

当刘禹锡从白居易等人的口中知道了个中原委以后，马上就写下了《谢裴相公启》和《谢窦相公启》，向裴度和窦易直二人分别表达了自己的谢意。

更使刘禹锡没有想到的是，他这次所接替主客郎中一职的原任，正是他二十多年前就已认识的老朋友张籍。张籍字文昌，也是当时的著名诗人，与韩愈是好朋友。因他这次调迁为国子司业，所以主客郎中一职就由刘禹锡来接任。他虽然比刘禹锡大几岁，已满花甲，但一闻刘禹锡来京，对他仍是十分钦佩，在《赠主客刘郎中》一诗中谦虚地写道：

忆昔君登南省日，老夫犹是褐衣身。
谁知二十余年后，来作客曹相替人。

说来也巧，那时与张籍皆以乐府诗闻名的王建也正在长安，任太常寺丞，可惜刘禹锡与他认识不久，他就被任命为陕州（今河南陕县）司马，离开京城，刘禹锡和白居易知道后，都特意写诗为他送行。

二　长安旧情

长安的春色是迷人的。每到春季，长安人都喜欢外出游玩，或踏青，或逛街，这几乎成了他们的一个共同习惯，难怪韩愈有诗说："最是一年春好处，绝胜烟柳满皇都。"这对于阔别长安多年而又思想感情丰富的刘禹锡来说，更是感慨万千，浩叹无穷。

一连几日，他除了公务和必要的应酬之外，便到长安城的四周闲逛。这里曾经是他最初发迹的地方，也是他流寓远地而又日夜思归的地方，这里的一切是那样陌生，同时又是那样亲切。特别是当初自己曾经居住过的光福里旧宅，更使他流连忘返，往事历历在目。他想起了自己在这里与薛氏新婚后最初的夫妻生活，也想起了当初与柳宗元等友人之间的聚会和来往；想起了参政之际门庭若市的热闹盛况，也想起了被贬逐出京离家时的悲惨和冷清……

掐指一算，自己革新失败，离京出外已整整二十四年了！唐人以十二年为一纪，于是，在一个宁静的春夜，他写下了《初至长安》一诗：

左迁凡二纪，重见帝城春。
老大归朝客，平安出岭人。
每行经旧处，却想似前身。
不改南山色，其余事事新。

他爱好音乐，每在朝廷中听到宫中乐曲，便禁不住思潮翻滚，想起了当年在朝中任职的情景……

更出乎他意料的是，当年他离京时为他送行的歌唱家何戡居然还健在。而何戡此次重逢刘禹锡，见他头发花白，也是不胜感慨，问道："想当年刘大官人出行时，我为您弹唱《渭城曲》，一晃二十多年了，不知还记得否？"

"当然记得。"刘禹锡一遇何戡，便想起了当年出走时的凄凉景象，如何能忘？

"我知令官喜欢音乐，如今归来，再弹一曲，如何？"

"正中下怀！"

于是，何戡一边弹奏，一边引吭高歌，又唱起了当年曾唱过的《渭城曲》：

渭城朝雨浥轻尘，客舍青青柳色新。
劝君更尽一杯酒，西出阳关无故人。

对于王维的这首《渭城曲》，刘禹锡本是很熟悉的，曾听过无数遍，其中最使他难忘的是二十四年前离开京城，何戡为他送行时所唱的那一次，但不知为什么，今天重听何戡的演唱，觉得格外动情和亲切，二十四年前离别的那一幕又重现在眼前，可惜当年的许多友人都已存在，想到这一点，他就感到格外伤感，动情的泪水又涌上了眼眶……

在难以平静的心情下，他当即写下了《与歌者何戡》一诗：

二十余年别帝京，重闻天乐不胜情。
旧人唯有何戡在，更与殷勤唱《渭城》。

当何戡接受了这位当代著名诗人的赠诗，心中感到无上的荣耀，连连作揖，再三拜谢。

本来刘禹锡以为旧时的歌唱家只剩何戡一人，没想到没过几天，他又遇上了当年的宫中歌伎穆氏。与二十多年前相比，穆氏显然苍老多了，体态也肥胖了许多，昔日的风采和姿色再也看不到了，但她对刘禹锡仍是彬彬有礼，敬重如旧。

刘禹锡知道她的嗓门极好，音色亮丽，当即请她唱上一曲。那穆氏早就知道刘禹锡爱好音乐，过去常为他唱歌，彼此并不陌生，得到刘禹锡的邀请，便大大方方地亮开嗓门，唱起了贞元年间的供奉歌曲。

这已是二三十年以前的歌曲了，现在听来，显然已相当陈旧，可以说是“老调重弹”，可是在刘禹锡听来，却依然亲切。不过，当他聆听完毕，转而又想：现在的朝中百官，多为贞元以后入朝的，像穆氏所唱的贞元年间的供奉旧曲，又有几个人能听懂呢？想至此，他不禁又写下了《听旧宫中乐人穆氏唱歌》一诗：

曾陪织女渡天河，记得云间第一歌。
休唱贞元供奉曲，当时朝士已无多。

不过，贞元年间过来的朝士今天所剩虽已无多，但毕竟还能见上几个，如现任的兵部尚书崔群、检校司空李绛这些朝中大官，都可以说是当年的朝士，也都是刘禹锡的老朋友，只是都已成了年近花甲的老人了。

老人自有老人的交往，况且这些老人又都是朝中资历甚深、做过宰相而又擅诗能文的显赫人物。在当时，互相以诗唱和赠答，不仅是朋友应酬交际的一种常见形式，也是官场中一种比较高雅常见的娱乐形式。于是，在公务之暇，刘禹锡便与这些同辈老人，也就是朝中的一班高官，如裴度、李绛、崔群一起作诗取乐。

当时，京城曲江池西头有一座杏园，与慈恩寺相邻，园内杏树成片，杏花开时，竞相盛放，争奇斗艳，香气四溢，再加烟水明媚，风光诱人。一次，刘禹锡与裴度、贾餗等人在春池泛舟联句后不久，又与李绛、崔群、白居易等人到杏园游览饮酒。时虽黄昏，但依然千树随风，景色迷人，于是有人便建议互相以诗句赠答，联句成诗，大家一致赞成。崔群首先发句道：

杏园千树欲随风，一醉同人此暂同。

李绛接着吟诵道：

老态忽忘丝管里，衰颜宜解酒杯中。

白居易似乎早已胸有成竹，等李绛吟毕，便从容应道：

曲江日暮残红在，翰苑年深旧事空。

轮到刘禹锡时，他马上想到自己二十四年游离在外，能有今天杏园联句唱和赠答，岂非都靠老朋友的援引相助？于是便最终接道：

二十四年流落者，故人相引到花丛。

就这样，通过四个人的互相赠答，每人一联，如此迭相传递，一首完整的七言律诗就形成了。等刘禹锡一吟完，大家都感到非常满意，更加得意地开怀畅饮起来。

三　复杂的朝廷

从杏园联句回家以后，刘禹锡从杏园的花卉突然联想到了玄都观的桃花，心想：十四年前游玄都观看桃花，曾写下一诗，惹成大祸，使自己和柳宗元等友人都受连累，现在不知观内的桃花开得怎么样了，如有空闲，倒不妨再去一看。

三月里一个阳光明媚的日子，刘禹锡独自凭着春游的兴致，悄悄地来到了玄都观。令他没有想到的是，当初观里的一片桃花，已荡然无存，只有兔葵和燕麦在春风中摇摆着，除此之外，便是满地的青苔，当年被人捧如神仙的种桃道士，如今也不知到哪里去了。因此，他一个人一边游览，一边回想，抚今追昔，不禁又生感慨，于是，回家以后又写成一首重游玄都观的七绝。为了怕再次惹祸，他特意在诗前加了一段小序以作说明：

> 余贞元二十一年为屯田员外郎时，此观未有花。是岁出牧连州，寻改朗州司马，居十年，召至京师。人人皆言有道士手植仙桃满观，如红霞，遂有前篇，以志一时之事。旋又出牧。今十有四年，复为主客郎中，重游玄都观，荡然无复一树，唯兔葵、燕麦动摇于春风耳。因再题二十八字，以俟后游。时大和二年三月。

写完小序，他才把自己的七绝抄在下面：

> 百亩庭中半是苔，桃花净尽菜花开。
> 种桃道士归何处？前度刘郎今又来。

多年以前，裴度就一直认定刘禹锡是个人才，但因皇帝的不断变化，朝官的不断更替，宦官权力的参与，朝廷政局一直不稳，而况自己也数次被排挤出京师，所以对刘禹锡就难以插手安置。现在见刘禹锡回到朝廷，互相接触唱和之下，更深知其文才的老成和出众。当时裴度除任宰相以外，并兼任门下侍郎、集贤殿大学士、太清宫使等多种职务。因白居易在今年初春已由秘书监升为刑部侍郎，所以他想荐举刘禹锡担任知制诰，专门为朝廷起草重要的文件典册，以发挥他的文才。

由于这也是件大事，所以在此之前，他先探了探刘禹锡的想法，看他是否愿意。

其实，刘禹锡所任主客郎中一职，虽为朝官，比起以往被贬的地方小官，自然要满意多了，但只是礼部所属的各司之一，仅掌管藩国朝聘之事，还是个闲职，作为养老置闲，甚是合适，但是否发挥了他的作用，还谈不上，因而听了裴度的设想，感到还是比较如愿的，因为他在二十多年前的永贞年间，就曾与柳宗元时常出入禁中，为王叔文、韦执谊起草公文之类，所以对这项工作还是比较熟悉的，也就答应了下来。

裴度见刘禹锡应承此事，觉得自己身为宰相，又在中书，此事不难办到，就叫刘禹锡先做好准备，自己便向朝廷上奏荐举，而刘禹锡也以为裴度乃几朝宰相，德高望重，不会有阻，就奉命拟写起知制诰通常所撰的一些文章。

但是，令人意想不到的事情发生了。当时朝廷中有些执政者不知从哪儿听说刘禹锡又写了首重游玄都观绝句的诗，而且诗前还有一段小序，认为刘禹锡对以前写诗讽刺执政而被贬外出显然仍耿耿于怀，在第二次被召至京师后，又写诗讽刺执政，感到其劣行不改，甚是不悦。

就这样,裴度荐举刘禹锡任知制诰的事情就此搁浅了。连刘禹锡自己也没想到这小小的重游玄都观绝句又会惹是生非,捅出一个乱子来,看来柳宗元过去与他分别时所赠诗句“休将文字占时名”的忠告还是有道理的。还算好,现在毕竟不是宪宗和武元衡等人当道之时,“永贞革新”的阴影虽未彻底消除,但因年代久远,也早被朝廷中许多新的矛盾所淹没,所以执政者对他“永贞旧党成员”的身份倒并没有十分计较,主客郎中的职务仍旧保留,只是未兼知制诰而已。

可是,裴度却仍为刘禹锡的怀才不遇、不能为朝廷所重用而感到不平和惋惜。于是,他又以自己集贤殿大学士的身份,召刘禹锡为集贤殿学士,以提高他的文臣身价。

差不多在此前后,令狐楚又被调到朝廷任户部尚书,这样,刘禹锡在朝廷中又多了位得力的老朋友。

大和年间朝廷政治依然纷乱,虽然宦官仍有着极大的权力,与朝官之间有着政治倾轧,而裴度与元稹在政治态度上也表现不一,关系不和,但却主要表现在以牛僧孺、李宗闵为首和以李德裕为首的“牛李党争”上。而刘禹锡对宦官是从来不肯奴颜婢膝的,即使他们权力再大,也不会投到他们的门下;就裴度和元稹来说,他们之间虽有矛盾,但刘禹锡却是他们共同的朋友;就牛僧孺来说,虽多年前有过一次小误会,但刘禹锡在青年时就与柳宗元奉韦执谊之命去请过他,可以说是老相识了,而且他此时正出镇在外,不在朝廷;至于李德裕,他本是宰相李吉甫之子,长庆年间就与刘禹锡有酬唱来往,彼此关系很好。所以,无论从哪一方面讲,刘禹锡都是局外人,与他们都无宿怨。

正因为如此,朝中政界关系虽然错综复杂,但对刘禹锡来说却并不复杂,也没有一些妒贤嫉能的小人在背后散布谗言蜚语,较元和年间显然要稳定多了，所以到大和三年(829)，他就被提调为礼部郎中，仍兼集贤殿学士。

四　爱姬去世

按照唐德宗元年(780)正月所定的制度："常参官上后三日举一人自代。"这时，刘禹锡想起了自己的多年老友、至今仍贬谪湖州的韩泰。三年前，他与韩泰在洛阳分手后，曾写诗《寄湖州韩中丞》，表示慰问，总感到他文武双全，现仍不为朝廷所重用，实在太可惜，于是便马上写了一份《举韩泰自代状》，推荐他可入朝廷接替自己的主客郎中之职。

遗憾的是，刘禹锡毕竟多年在外任官，近来也是初次在朝任职，与朝中那些号称"中人""贵人"的宦官头子、宰相、兵部尚书等大官比起来，还属人微言轻，所以荐举未获成功。后来他还写了首《蒙恩转议曹郎，依前充集贤学士，举韩湖州自代因寄七言》的诗给韩泰，末有"今日荐君嗟久滞，不唯文体似相加"之句，对自己的荐举未成而表示叹息，并希望韩泰能够理解。

当然，作为韩泰来说，自然是领情的。可喜的是，他虽然未被召至朝廷任职，却在第二年被调任常州刺史，也许与刘禹锡推荐有关。

不过，正当刘禹锡在朝廷刚刚立稳脚跟，心情和生活也比较稳定的时候，他在鄂州认识并相爱的那位才艺姿色兼有的鄂姬却不幸去世了。他俩结识虽仅四年，但彼此感情很好，所以，这对刘禹锡精神上打击不小，一连好几天，他的心情都很伤感低落，并写了《有所嗟》二首，表达了自己的哀悼之情：

庾令楼中初见时，武昌春柳斗腰肢。
相逢相笑尽如梦，为雨为云今不知。

鄂渚蒙蒙烟雨微，女郎魂逐暮云归。
只应长在汉阳渡，化作鸳鸯一只飞。

他曾向白居易说起过有关鄂姬的事，所以白居易对刘禹锡的心情也十分理解，当他读罢刘禹锡的《有所嗟》二首之后，便写了一首和诗，题为《和刘郎中伤鄂姬》：

不独君嗟我亦嗟，西风北雪杀南花。
不知月夜魂归处，鹦鹉洲头第几家。

刘禹锡读罢，对白居易的善解人意深表感谢。为了摆脱自己的哀伤心情，他就经常与白居易饮酒对诗，借以消愁，一时倒也起了不小作用。

五　刘白唱和

这时，白居易因好友韦处厚暴病身亡，自己的身体也病弱无力，便不想再在朝廷任官，只想回洛阳求个清闲。他把这个想法告诉了刘禹锡，并对他说："弟昔与元稹诗文往来，人称'元白'，今垂老之际，又碰上兄台，彼此诗歌唱和往来，自扬州初逢，结伴北归，也已有三年多，所积诗歌有一百三十余首，想编一本《刘白唱和集》，不知兄以为如何？"

"当然可以。"刘禹锡一口应诺。平心而论，他过去与柳宗元唱和最多，彼此也觉得兴味盎然。柳宗元去世以后，他虽然与令狐楚、马总、李德裕等人也都有唱和，但多为逢场应景，属礼节性的往来居多，诗兴并不很高，数量也不是很多。只有在扬州初逢了白居易以后，彼此一来一往，一枪一剑，一句一吟，一唱一和，一赠一答，才觉得旗鼓相当，势均力敌，算是碰上了对手，诗情也更加郁勃，清词妙句，横见侧出，互相都觉得带劲过瘾。所以白居易有此打算，他自然是表示赞成的。

在获得了刘禹锡的同意之后，白居易立刻抱病写了一篇《刘白唱和集解》作为序言，他在其中写道：

> 彭城刘梦得，诗豪者也，其锋森然，少敢当者。予不量力，往往犯之。……予顷以元微之唱和颇多，或在人口，常戏微之云："仆与足下二十年来为文友诗敌，幸也，亦不幸也。吟咏情性，播扬名声，其适遗形，其乐忘老，幸也。然江南士女语才子者，多云'元白'，以子之故，使仆不得独步于吴越间，亦不幸也。"今垂老复遇梦得，得非重不幸耶？梦得梦得，文之神妙，莫先于诗。若妙与神，则吾岂敢？如梦得"雪里高山头白早，海中仙果子生迟""沉舟侧畔千帆过，病树前头万木春"之句之类，真谓神妙，在在处处，应当有灵物护之，岂唯两家子侄秘藏而已。乙酉岁（大和三年）三月五日乐天解

当刘禹锡读了这篇对他诗歌极尽赞美之词的文章以后，便对白居易说："乐天兄未免对弟褒奖过甚了。"

"一点也不过奖，全是实话。"白居易用十分肯定的语气说。

三月下旬，当白居易即将离开长安、赴洛阳任太子宾客分司东都时，刘禹锡、裴度、张籍三人特意在裴度的兴化池亭设下盛宴，为他饯行，大家还一起即席联吟，尽欢而别。

六　朝中局外人

中唐以后，特别是元和之后，唐王朝政界重要成员的调动相当

频繁，当“牛李党争”初露端倪以后，官场倾轧加剧，官员变动更如儿戏一般。就拿令狐楚来说，去年刚从宣武节度使被调到朝廷任户部尚书，仅上任几个月，今年三月一日，便调离朝廷，去洛阳东都留守。而白居易在同年三月下旬刚离开长安不久，同年九月，他的好友、原任浙东观察使的元稹便被调回朝廷任尚书左丞。

刘禹锡对元稹的召回京师自然是感到高兴的。在元稹未到长安，途经洛阳看望白居易时，便写了《乐天寄洛下新诗兼嘉微之欲到因以抒怀也》一诗，末尾道：“微之从东来，威凤鸣归林。羡君先相见，一豁平生心。”对元稹的到来表示欢迎。

然而，裴度却对元稹的返朝无所表示，因为在李逢吉的挑唆下，裴度与元稹一向不和，特别是元稹从反宦官到后来巴结宦官，虽荣登宰相之位，但朝臣未必看得起他。不过，裴度此时已六十五岁，且多病在身，自元和十年任宰相以后，至大和四年（830），已整整十五年了，在元稹这次未来京之前，就曾上疏文宗，提出辞职，而文宗因他德高望重，功劳显赫，且在拥立他登位上也运筹帷幄，所以暂不让他退位，并派御医给他诊视，每天都派宫中使者予以安抚询问。裴度虽很感激，但仍有引退之意，此次见元稹来京，此意更明，并请刘禹锡这位文坛上的大手笔给他撰文上表。

刘禹锡与裴度结交多年，也深知他的心事，在他的授意下，便为他撰写了《为裴相公让官第一表》，以后又为他撰写了《为裴相公让官第二表》《为裴相公让官第三表》。在裴度的再三推让下，文宗在大和四年九月让他离开朝廷，出镇为山南东道节度使。

其实，元稹来朝廷任尚书左丞仅三个多月，便在大和四年正月离开朝廷，出任武昌节度使兼鄂州刺史。实际上，元稹任浙东任观察使已达七年，生活虽然优裕安逸，但此次既然被召回朝廷，就不想离开长安，满以为谋求个宰相应当不成问题，没想到此时的朝政大权掌握在李宗闵手中，他认为元稹与李德裕相好，不宜重用，却极力荐举牛僧孺，以他为宰相兼兵部尚书，而把元稹排挤出朝。所以，元稹这次离京外任，心情非常不好。刘禹锡十分理解他的心情，一直把他送到长安近郊的浐桥，方才分手。

元稹为了感谢刘禹锡，在赴鄂州途中经过蓝桥时，寄赠给他一首诗，而刘禹锡在回赠的诗中又加勉励道："今日油幢引，他年黄纸追。……武昌应已到，新柳映红旗。"

如前所说，刘禹锡之能来朝廷任官，裴度曾在其中出了一分力。自来朝廷以后，裴度在复杂的朋党之争中又处处荐举刘禹锡，使他在朝廷中基本上站稳了脚跟。然而，自从裴度离开朝廷以后，刘禹锡似乎失去了靠山，又见朝中朋党倾轧，宦官扬威，自知难以久待，因此便向朝廷提出回洛阳继续担任分司的职务，这样一则可以避免朝中党祸的牵连和涉嫌，二则可以与白居易一起诗歌唱和，安度晚年。

然而，朝廷却没有同意他的要求。没有办法，刘禹锡只得继续在朝廷任职。

刘禹锡所任的礼部郎中是分掌礼仪的高级部员，上面还有礼部尚书、礼部侍郎，所以他的官位不算大，也不算小，在朝中属于一般，只是没啥实权。至于他的集贤殿学士，则纯粹是裴度以大学士的身份招致的，主要的任务便是在殿内书院整理图书、撰集文章、校理经籍、搜救逸书，倒也自在。当时集贤殿书院的图书府就在凤池西畔，只要礼部没有什么重大的礼仪活动，他便在集贤殿内阅书撰文，自得其乐。他在《题集贤阁》等好几首诗中，都曾写到自己在集贤殿内的情景。

然而，正当刘禹锡在朝廷内认认真真地做自己的本分工作时，一场重大的政治斗争却在他身边发生了。

由于李宗闵引牛僧孺为宰相，勾结宦官在大和四年九月先把裴度排挤出京，接着十月又把李德裕排挤出京，文宗觉得深受威胁，联想起宦官谋杀敬宗的情景，感到必须把宦官除掉才好。于是，他就选用宋申锡为宰相，并在大和五年(831)三月向他悄悄吐露诛杀宦官的打算。

宋申锡得了文宗的意图，便秘密为诛宦官寻找助手，结果找到吏部侍郎王璠，任他为京兆尹，并把文宗想要诛杀宦官的密旨告诉了他。王璠虽也赞成，却不小心泄了密。当宦官王守澄和朝臣郑注得知了文宗的这一密旨后，便派神策都虞候豆卢著诬告宋申锡要谋立文宗的弟弟漳王李凑为皇帝，王守澄并把此诬告上奏文宗。文宗不过二十岁刚出头，毕竟年轻，平时就知李凑有些声望，对他有所防备，所以一听王守澄上奏，不知是计，也不加核实，就听信谗言，勃然大怒，派王守澄去抓了与宋申锡亲近的一些人加以拷问，结果有的被打死，有的被屈打成招，文宗不知中计，还自以为证据确凿，当着满朝大臣的面宣布宋申锡的罪状，左常侍崔玄亮等认为应该移到朝外由司法部门复核才是，崔玄亮并叩首流涕对文宗说："杀一个匹夫尚不可不慎重，何况宰相呢!"

牛僧孺也知宋申锡有冤，对文宗进谏道："人臣地位之高，不过宰相；现宋申锡已高居宰相之位，他还要搞何阴谋？还有何求？我看申锡恐怕不会去干这种事。"

文宗觉得也有一定道理。这时郑注怕移朝外复核会暴露事情真相，就劝王守澄请文宗从宽处理。于是文宗就不再杀宋申锡，贬他为开州(今四川开县)司马，李凑也被贬为巢县公，也就是放桀于南巢的意思。

就这样，一场宫廷内争就此结束。文宗本来想靠宋申锡来诛杀宦官，结果反中了宦官的奸计，替宦官除去了宋申锡。其中为此而冤死、坐牢和流窜到外的共达数十百人。宦官们都暗中庆幸自己的成功，而文宗竟然却毫无察觉。

当刘禹锡听了这场宫廷内争的情况后，既为唐王朝的前途担忧，又无可奈何。但有一点是可以肯定的：德宗以后宦官擅权的局面，非但在永贞、元和年间想根除而未根除掉，至今反而愈演愈烈，几乎可以达到对天子拥有生杀废立的地步，连皇帝也感到是心头之患，对他们既有几分担心，也有几分害怕。

七　文宗接见

正由于朝廷中都是宦官和朋党的天下，正直而无特殊背景的朝官一般是很难有立足之地的。所以，就在宋申锡冤狱事件发生后不久，大和五年(831)十月十二日，朝廷任命刘禹锡为苏州刺史。

苏州虽离京城遥远，但在中唐以后一直是名邦剧郡。任苏州刺史的官阶相当于从三品，较之原来的连州、夔州、和州等刺史，自然大不相同，地位也要高许多。但对刘禹锡这样年满花甲的老臣来说，却未必合适。

就当时一般官职的升降来说，像刘禹锡这样资历甚深，且在贞元年间便已连登三科的老臣，如果不是“永贞革新”时的朋党牵连，他早就可成为宰相或地位仅次于宰相的那些朝廷重官。当年与他差不多稍前或略后的同科或同事，大多已登上过这些高位，唯独他与韩泰这样的极少数人，才因特殊原因而被长年流放在外。现在好不容易在朝中立稳脚跟，担任了正郎馆职，只要不犯大过，跻身卿阶大官，也是指日可待、为期不远的事。如果这时他被重新任命为外官，即便与朝官的品级相当，在朝内升擢的希望就已几乎是不可能的了。

所以，对于这次任命的前景意味着什么，刘禹锡心中是很清楚的。眼看就要来临的好事即刻化为泡影，刘禹锡的心里当然是很不愉快的。他联想起前几次外贬，都与个别人的谗言诬告有关，弄得不好，可能又有些人抬出"永贞革新"的老账来了。看来这个冤名这辈子也很难说得清楚了。

唐文宗也是唐代喜欢诗歌的皇帝之一，而且自己也喜欢作诗，尤擅长五言诗，风格清峻。自他少年时候起，就听说过刘禹锡的诗名，知道他是当今有名的诗人之一，只是一直没见过面，所以，这次在刘禹锡即将赴苏州上任之前，特地召见了他，允许他升殿晋见。当二十多岁的文宗看见久闻大名的诗人已是白发苍苍的老人时，一种由感慨和怜惜交织而成的心情油然而生，连忙请他平身。

而刘禹锡虽然在文宗朝已任职五年，其中在朝廷任职已四年，但升朝之时，多在殿下遥望，升殿晋见，且互相交谈问候，尚属首次。所以刘禹锡虽有不少话想与文宗交谈，但总以先尽君臣之礼为宜，所以未去畅言高论。

文宗先是对刘禹锡进行了问候，然后又对他的苏州之行好生勉励了一番，希望他能把朝廷与天子的恩德带到苏州。刘禹锡一一遵旨，谢恩而出。

八 "三十年来天下名"

离京那天，各方面前来送行的旧朋好友和文人学士非常多。刑部郎中姚合对刘禹锡的诗才钦慕已久，五年前在洛阳时就曾登门拜访过他，这次见他将要离京，特来送行，并写了两首《送刘禹锡郎中赴苏州》的七律以表心意。他在第一首的开篇就以钦佩的口气对刘禹锡赞叹道："三十年来天下名，衔恩东守阖闾城。"因他见送行者都拥到刘禹锡的马车前，以至九衢尽空，便在第二首的次联又写道："云水计程千里远，轩车送别九衢空。"真实地描述了刘禹锡离京时的动人一幕。

与白居易已有两年不见了，刘禹锡心里一直记挂着他，所以这次赴任苏州，途经洛阳时，他特意去看望了白居易。

白居易在这年春天被调任为河南尹，对刘禹锡也极为思念，所以这次见到了他，彼此都有说不完的话。白居易每天都以好酒相待，晨昏相处。一次，刘禹锡深有感触地对白居易说："想当初，弟初次被贬离京城时，不过三十四岁，而今一晃二十六年过去，此番外出，竟已是六十岁的老人了。"

"人生如梦。"白居易也感叹地说，"你我同庚。古人道：人生如白驹过隙。一点不错。今年七月，元稹在武昌病逝，比我们先走一步，你我当保重才是。"

"依弟之见，"刘禹锡斟满一杯酒，略带不平地说："元微之之病逝，恐怕与他离京后心情不好有关。朝廷把裴度排挤出京不算，又把元稹排挤出朝，实是不该。"

"弟以为兄还没把朝廷政事看透。"白居易放下酒杯，不以为然地笑笑，倒很轻松自在地说道，"你我都是耳顺之年了，所见世事也不算少了，过去我们不是说过：达则兼济天下，穷则独善其身？我们现在既然管不了朝廷大事，何不独善其身，豁达悠闲一番？"

"对！兄言之有理。"刘禹锡闻罢，有所感悟，举起酒杯一饮而尽。

平心而论，刘禹锡和白居易不仅诗情相当，对人生的态度也十分相似，只是白居易超脱归闲的思想似乎比刘禹锡更重一些。刘禹锡尽管也写过"为爱《逍遥》第一篇"等一些消闲归隐的诗句，但有时却又流露出一些老有所为的想法，总想在老年时再做一些事，以补昔日之蹉跎。就在这天晚上，他和白居易痛饮达旦，彻夜长谈，偶有诗兴，便当场吟咏，令陪座者刮目相看，而他也就在这天晚上写了一首五律赠给白居易：

一别旧游尽，相逢俱涕零。
在人虽晚达，于树似冬青。
痛饮连宵醉，狂吟满座听。
终期抛印绶，共占少微星。

当白居易读到“在人虽晚达，于树似冬青”两句，便笑着对刘禹锡说：“兄之诗毕竟与弟有所不同，比我振作多了。”

当时的东都留守已由李逢吉担任，与刘禹锡也是多年老友，听说刘禹锡来，也是一再宴请。不过，刘禹锡知道他与裴度、元稹、李德裕、李绅等人关系都不怎么和睦，也曾挑起过裴度与元稹之间的紧张关系，“牛李党争”局面的造成，他也是负有一定责任的。可是他毕竟曾在朝中两度为相，与令狐楚又是好朋友，与他本人也没有什么恩怨间隙，而况又是年近七十的老臣，所以对他的盛情款待，也只得应邀前往。只是在谈吐间不像与白居易那样坦率放纵，无所顾虑，多是追忆青年时代的一些人事和经历。

其时洛阳城里大雪纷飞，自洛阳到苏州的道路，都被冰雪阻塞，刘禹锡一时无法上路，而白居易因与刘禹锡感情甚笃，谈吐投机，也希望他在洛阳多住几天，所以一再挽留，并向他详细介绍了苏州的情况，特别是苏州的风土人情和名胜古迹。不知不觉，刘禹锡在洛阳已逗留了十四天之久，便对白居易说：“现在雪落不止，不可久等，弟明日无论如何要上路了。”

白居易见刘禹锡决意要走，便说：“好吧，弟明天在福先寺为兄做最后饯行。”

第二天，白居易特在洛阳延福坊的福先寺内排下盛筵，为刘禹锡饯行，因他知道刘禹锡喜欢音乐，还特意请来了乐伎进行伴奏演唱，以助酒兴。两人边饮边谈，边看歌舞，不觉已至凌晨，而外面的雪花仍在纷纷扬扬地飘洒着，白居易笑着对刘禹锡说：“随意得了两句：‘送君何处展离筵，大梵王宫大雪天。’然后再凑数句，就作为向兄饯行的赠诗吧。”

刘禹锡读了白居易的《福先寺雪中饯刘苏州》一诗后，又饮上一杯，沉吟片刻，便也笑道：“弟也随意得数句：‘二八笙歌云幕下，三千世界雪花中。离堂未暗排红烛，别曲含凄向晓风。’然后再装上头和尾巴，就作为弟的赠别之作吧。”

大家笑着饮着，渐渐都有些醉了。出得福先寺来，但见外面一片银色世界，大地全都铺满了洁白的雪花。白居易笑道：“对此雪景，弟不禁想起了陶渊明的两句诗：‘倾耳无希声，在目皓已洁。’真是绝妙。”

刘禹锡道：“王维的那两句也不错：‘隔牖风惊竹，开门雪满山。’似就为昨夜与今晨的飘雪情景而言。王维的‘洒空深巷静，积素广庭闲’二句也不错。”

“是啊！”白居易呵呵笑道，一边把刘禹锡送上路，一边问道，“洛阳是兄的老家，不知兄何时能再归来？弟总在此等候，翘首以待吧！”

说罢，语调里似有伤感之音。刘禹锡忙加劝慰，并特写了一首《醉答乐天》的诗加以安慰：

洛城洛城何日归？故人故人今转稀。
莫嗟雪里暂时别，终拟云间相逐飞。

就这样，这两位当时最负盛名的诗人便在茫茫的白雪中，依依不舍地频频挥手作别。白居易直到刘禹锡的马车成为一个小黑点在雪色中消失以后，才调转马头回家而去。

第八章

桑榆之年霞满天

第一节　再任外官

一　政绩卓著的苏州刺史

经过长途旅程，大和六年(832)二月，刘禹锡终于抵达了苏州。按照老规矩，刘禹锡在二月六日写下了《苏州谢上表》。对于这次外出任职，他总感到可能是李宗闵等人在背后散布流言所致，弄得不好又要把他与“永贞革新”的事情翻出来胡搅一番，从而蒙混了文宗的视听。现在反正重新离京担任外官，在朝廷内升迁任职的机会已无，干脆就在表中将自己的经历和情况向文宗说明一下，免得以后再遭人诬告。于是，他在表中特意写道：

臣本书生，素无党援。谬以薄伎，三登文科。德宗皇帝擢为御史，在台三载，例转省官。永贞之初，权臣领务，遂奏录用，盖闻虚名。唯守职业，实无朋附。竟坐飞语，贬在遐藩。宪宗皇帝后知事情，却授刺史。凡历外任，二十余年。……本末可明，申雪无路。

在表的末尾，他还特别提醒文宗：

臣闻有味之物，蠹虫必生；有才之人，谗言必至。事理如此，古今同途。了然辨之，唯在明圣。伏唯陛下察臣此言，则天下之人无不幸甚。

本来从白居易的口中，得知苏州是个富庶而又风景秀丽的历史文化名城，吴宫诸地尤可一玩，没想到刘禹锡来时，去年这里刚闹了一场特大水灾，于是，他在表中又特意写道："伏以水灾之后，物力索空。臣谨宣皇风，慰彼黎庶。"

刘禹锡不愧是个说到做到的人，他把给文宗的表奉上后，便马上四处奔走，察看灾情。这是他做第五任州官了，记得任朗州司马时，也闹水灾，所以他任地方州官还是有相当经验的。他在苏州一边穿街走巷，访贫问苦，一边奉宣皇帝的圣旨，说明当今皇上对他们的关心。而当地百姓一见朝廷和皇上派了新的命官来，并且又是一位著名人物，精神也振作许多，又听了刘禹锡的抚慰，不论男女老少，都很感动涕零。

不过，根据刘禹锡考察下来的情况看，灾后百姓的生活的确艰苦。由于大水淹没，庄稼歉收，一到冬天，许多百姓都受冻挨饿，不少人竟而被冻死饿死，横尸田野，刘禹锡看了，极为伤心。现在水势虽退，但流民和雇工尚多。他经过一个多月的实地巡视和考察，约莫核算了一下所需救济，便在三月二十四日给朝廷上了一份《苏州谢振赐表》：

> 臣某言：伏奉去年二月十五日敕，苏州宜赐米一十二万石，委刺史据户均给者。恩降九天，泽流万姓。伏以臣当州去年灾沴尤甚。水潦虽退，流庸尚多。臣前月到任，奉宣圣旨。阖境老幼无不涕零。询访里闾，备知凋瘵。方具事实，便欲奏论。圣慈忧人，照烛幽远。特有振恤，救其灾荒，苍生荷再造之恩，俭岁同有年之庆。臣忝为长吏，倍万常情。无任感激忭跃之至。大和六年三月二十四日。

在他的积极反映情况和多方设法之下，朝廷终于同意刘禹锡的申请，从本州常平义仓中调拨十二万石大米，逐户平均分发。与此同时，刘禹锡宣布减免赋役。

这一系列有力的措施，不仅及时拯救了一大批饥寒交迫的农民，同时也吸引一大批逃荒在外打小工的流民，极大地提高了他们的积极性，使他们纷纷投入到当年的春种生产中去。

同年夏天，刘禹锡又废寝忘食，考察苏州去年闹水灾的原因，积极疏浚引导水源，进行抗涝保收，使得当年的灾情得以缓解。到了第二年(833)，刘禹锡一点不敢大意，继续治理水源，使苏州的水灾得到了根本性的消除，迎来了一个丰收的金灿灿的秋天。

这年十一月，由于苏州政绩为天下之最，文宗十分高兴，特赐给刘禹锡金紫鱼袋，以示鼓励和恩荣。

刘禹锡在苏州的辛勤治理得到了皇上的肯定，他也马上得到了当地百姓的拥戴，威信迅速提高，自然感到十分荣耀，所以当白居易向他寄来贺诗的时候，他在酬答诗中用十分得意而又带有调

刘禹锡出任苏州刺史，姚合赠诗为他送行，有“三十年来天下名”之句。在苏州任内，刘禹锡抗灾救民，政绩卓著。（图据《苏州沧浪亭五百名贤像》）

侃的语气说:“旧来词客多无位,金紫同游谁得如?”

不过,他对文宗恩赐的答谢却显得很客气,在《苏州谢恩赐加章服表》中谦虚地称自己:“才术虽短,忧劳则深。幸免流离,渐臻完复。皆承圣化所及,遂使人心获安,岂由微臣薄劣能致?”

二　总算为自己编了本书

对于苏州的秀丽风光,刘禹锡是闻之已久的,只因初来之时便遇水灾,主要精力都放在救灾抗涝、百姓生计方面,无暇去游览这些名胜古迹,直到水势得到初步遏制,百姓生活得到初步改观,他才到灵岩山、姑苏台、馆娃宫、报恩寺、虎丘寺等地去观赏游览,每到一处,几乎都留下诗篇。特别当他在虎丘寺看到元稹在此留下的题名手迹以后,更引起了他对元稹的思念之情,写下了《虎丘寺见元相公二年前题名》一诗。

与此同时,远在洛阳的白居易仍频频寄诗给他。刘禹锡几乎是每来必往,两人一直保持着密切的诗歌唱和关系。说来也巧,与刘禹锡相好的不少朋友,又都是白居易的朋友。元稹在大和五年去世以后,崔群和崔玄亮也相续在大和六年和七年去世,白居易很伤心,曾写了《微之、敦诗、晦叔相次长逝,岿然自伤,因成二绝》寄给刘禹锡,刘禹锡读毕,虽然感到昔时的多年老友一个个离开人世,同样觉得伤感,但同时也认为这是自然界一个不可违逆的规律,就如自然界其他一些新陈代谢的规律一样。于是,他马上写成一首七律,题为《乐天见示伤微之、敦诗、晦叔三君子,皆有深分,因成是诗以寄》:

吟君叹逝双绝句,使我伤怀奏短歌。
世上空惊故人少,集中唯觉祭文多。

芳林新叶催陈叶，流水前波让后波。

万古到今同此恨，闻琴泪尽欲如何？

当白居易写诗祝贺刘禹锡得皇上所赐金紫鱼袋后，刘禹锡为了答谢他，特意投其所好，托人从苏州带给他一只华亭鹤。白居易见了，果然大喜，因为他在所有的动物中，最喜欢的就是白鹤，而华亭鹤在当时属名贵珍禽，一只就值千金。刘禹锡送此尤物，足见二人情谊之深了。

由于白居易曾把自己和刘禹锡在大和初年的唱和诗编为《刘白唱和集》，后来听说刘禹锡和令狐楚之间也有不少诗歌往来，且塞满巾箱，便动员令狐楚编一本新的唱和集。令狐楚是李商隐的老师，曾教李商隐文章之道，却自愧文才逊于刘禹锡，便请他来编排和写序。刘禹锡因与令狐楚是多年老友，也不推辞，于是便在大和七年（833）二月加以编纂，共一百余首，勒成两轴，前面还写了篇《彭阳唱和集引》，以明此书缘起。

可是，此书编纂后没多久，刘禹锡的子婿崔生即往西而行，临离苏州前，特来与丈人刘禹锡道别。那天正好天气晴朗，崔生见庭院里摊满了各种书籍和手稿，不禁问道："丈人何以摊出这么多的书籍和手稿？"

刘禹锡笑道："前些时发大水，下大雨，近来雨止天晴，怕纸湿虫蛀，所以拿出来晒晒。"说到这里，不禁叹了口气，随后又苦笑了一下，说："整个世道也不见得有些什么好，又要这些空文有何用呢？真可去供酱蒙药楮罢了。"

"不！"不料崔生一听此话，忙对刘禹锡说，"话不能这样说。我前些时曾游京城，许多高官和大人物听说我是丈人小婿，都纷纷问我：'你丈人近来有何新书？'有的甚至马上就要取走，而我只好回答‘没有’，但惭愧之色立刻出现在我的脸上。这次我要往西走，希望不要再发生类似情况，以消除我的惭愧。”

“原来如此。”刘禹锡若有所悟，像明白什么似地点了点头。

其实也难怪，元和以后的文坛，尽管名家辈出、群星争辉，聚集着张籍、王建、杨巨源、李翱、孟郊、贾岛、李绅、白行简、姚合、樊宗师、皇甫湜、李贺、薛涛、令狐楚等一大批诗人，但以诗文并擅而雄居前列者，还不得不推韩、柳、元、白和刘禹锡五大家，现在韩、柳、元三大家已去世，只剩刘、白两家，而且刘禹锡先与柳宗元合称“刘柳”，现又与白居易合称“刘白”，又只知为别人编遗集或文集，从不注意自己诗文集的问世，无怪乎京城高官和大人物都要问及他的新书了。现在崔生又诚恳提出这一请求，就不如编选一本吧。因此便对崔生说：“既然有此情况，可以考虑新书编选，只是你最好能推迟西行日程。”

“只要丈人答应，日程完全可以推迟。”

于是，刘禹锡便对自己以前所作的诗文逐一加以重阅和审定，最后选出了四分之一，删去了四分之三，共四十卷，取书名为《刘氏集略》，交给了崔生。

就这样，由刘禹锡亲自审定编选的诗文选集，就在全国各地传开了。

三 厉害的牛相公

然而，正当刘禹锡在苏州政绩斐然，把苏州治理得有声有色、井井有条，而他本人的威望也在苏州日渐提高之时，大和八年(834)七月十四日，朝廷突然降下一纸诏书，任命刘禹锡为汝州(今河南汝州)刺史，同时任命他兼御史中丞、充本道防御史诸职。

此时的刘禹锡，对苏州已颇有好感，再说这里流下过他与苏州百姓共同抗灾的辛勤汗水，但汝州也属上郡，与苏州平级，离他的老家洛阳很近，骑马一夜即可到达洛阳，而且与白居易的交往可以方便许多。所以，他离开苏州时，一方面在感情上有点依恋，一方面也向往汝州，自有一种新的欢喜和兴奋在内，旧的依恋与新的向往交织在一起，显得很矛盾。当他来到阊门外时，只见流水依然，初秋的微风吹拂着河边的柳条，他在这里曾经送走过许多朋友，而今自己也要远离这个地方，也许一辈子也不会再来，心里不由一阵酸楚，吟出了两首《别苏州》的五绝：

三载为吴郡，临歧祖帐开。
虽非谢桀黠，且为一徘徊。

流水阊门外，秋风吹柳条。
从来送客处，今日自魂销。

离苏州时路过虎丘寺，他在寺中的望海楼独宿了一夜，并写下了《发苏州后登武邱寺望海楼》一诗，记下了当夜的不眠之状：

独宿望海楼，夜深珍木冷。
僧房已闲户，山月方出岭。
碧池涵剑彩，宝刹摇星影。
却忆郡斋中，虚眠此时景。

当时的扬州是南北东西的交通要道，又是著名的繁华城市，刘禹锡北上赴任途中，又来到了他曾与白居易相逢的地方。那时牛僧孺正离开朝廷，在扬州任扬州大都督府长史、充淮南节度使，知刘禹锡经过此地，特置酒席款待他，并留他住宿。

实际上，刘禹锡虽然早就认识了牛僧孺，但对他并没好感。因为刘禹锡与裴度、李德裕等朝臣交好，反对宦官，而牛僧孺则被李宗闵所拉拢，勾结宦官，一味排挤裴度、李德裕等朝臣，结果把刘禹锡这个并无党派关系的朝臣也排挤出朝廷，使他再也无法在朝内升迁任职。只因牛僧孺仍兼宰相之位，他也只好受邀前往，与之应酬。

牛僧孺询问了一些他在苏州的任职情况以后，两人便叙起旧来。牛僧孺故意谈起刘禹锡在永贞年间的名望和声誉，以及他人投谒的一些话题，想以此引起刘禹锡对当年飞笔涂改他文章一事的回忆。不想刘禹锡已六十多岁的高龄，对数十年前的有些往事一时又想不起来，特别是他对“永贞革新”那一年的往事尤为忌讳，很少谈起，就怕有人翻此旧案，乱加诬蔑，所以对牛僧孺的提示一点反应也没有。

牛僧孺见他没反应，倒并没有认为他是羞于提及此事，觉得刘禹锡确实有可能一时想不起来，也不见怪，只是一味劝酒痛饮。

待酒过数巡，牛僧孺便建议道：“梦得乃诗坛名家，你我不妨作诗取乐。”

刘禹锡作揖道：“相公亦诗家高手，既然有此雅兴，可以先来。”

“好吧。”牛僧孺也不再相让，略一沉思，便对刘禹锡道，“已成七律一首，题为《席上赠梦得》。”

“相公请吟。”

于是，牛僧孺便摇头晃脑地朗声吟道：

粉署为郎四十春，今来名辈更无人。
休论世上升沉事，且斗尊前见在身。

珠玉会应成咳唾，山川犹觉露精神。
莫嫌恃酒轻言语，曾把文章谒后尘。

刘禹锡因为要和诗作答，必须先把牛僧孺诗的意思领会清楚，于是逐句再读一遍，当读到末尾两句时，觉得十分蹊跷，再一品味，终于想起了数十年前牛僧孺曾把诗给他，向他请教写诗的事，连连惊呼："惭愧！惭愧！不是牛相公诗中提示，老臣早已忘矣！"

牛僧孺见刘禹锡想起此事，十分得意，因见他脸面赧红，似有愧色，又觉得自己诗句太直，忙又招呼道："陋诗太拙直，冒昧之处，还望梦得宽宥，多多指教。"

"哪里，哪里。"刘禹锡连连摇手，"还是梦得愚昧，不识高人也。且稍容片刻，以作答诗一首。"

"愿得赐教。"

刘禹锡沉吟片刻以后，便撰成《酬淮南牛相公述旧见贻》一诗，朗声吟道：

少年曾忝汉庭臣，晚岁空余老病身。
初见相如成赋日，寻为丞相扫门人。
追思往事咨嗟久，喜奉清光笑语频。
犹有登朝旧冠冕，待公三日拂埃尘。

牛僧孺听到末尾，知道他诗中"待公三日"即指他任宰相三朝后主印，可以升降百司职务之意，便连忙谦虚地对刘禹锡说："'三日'之事，何敢望哉？"

于是，牛僧孺又换了个地方设宴款待刘禹锡，两人边饮边谈，竟通宵达旦。

通过这次会见和唱和，他们两人之间才有了较多的了解，以往的嫌隙也有所消除。而刘禹锡通过与牛僧孺前后交往这件事，后来告诫自己的儿子咸久和承雍说："我过去曾成他人之志，哪里想到反惹了是非，你们这辈人进修，要以守中为上。"

四 从汝州到同州

经过二十天的行程，刘禹锡于七月二十四日到达汝州。在《汝州谢上表》中说："臣久居远服，恋阙常深。忽降新恩，近乡为贵。"可见他到了汝州以后，对这个任命还是比较满意的。

可是，他在此任职仅十四个月——大和九年(835)十月，朝廷忽然又降下诏书，任命他为同州(今陕西大荔)刺史。刘禹锡觉得费解，但又深知同州地处畿辅，在渭南之北，离长安甚近，地位重要，所以又离开汝州，前往同州上任。

到同州必须要经过洛阳。这时白居易刚任太子少傅分司，知刘禹锡来，眉开眼笑，殷勤接待。刘禹锡道："记得大和五年与兄洛阳分手，已是四年不见，没想到兄之精神仍如此健旺，甚是难得。"

"这都是因兄之故。"白居易一边斟酒，一边高兴地说，"只要见到兄来，弟之精神就好。"

寒暄以后，刘禹锡仍带有不解的口气对白居易说："弟任地方刺史已有多处，最短的也有两年以上，唯独这次汝州上任，仅一年出头，便又调任同州，如此周转，像弟六十余岁高龄，如何抵挡?"

不料白居易听罢，哈哈大笑起来。刘禹锡更是丈二和尚摸不着头脑，问道："吾兄何故大笑?"

"兄有所不知，容弟慢慢道来。"白居易斟满一杯酒，也不喝，只搁在一边，笑着说，"实不相瞒，这同州刺史一任，本来朝廷是要让弟来担任的……"

“哦——”刘禹锡更觉奇怪了，“这是怎么回事?”

“兄听弟说。”白居易又继续说道，“九月初九日，朝廷调同州刺史杨汝士回朝任户部侍郎，要弟任同州刺史。当九月下旬诏书下达洛阳时，弟颇犹豫，后细思之下，觉得文宗已在去年中风，朝中政界混乱，官场黑暗，实在令人可叹，最后决定不去，便找了个身体有病的借口搪塞过去了。所以拖到十月下旬，朝廷无奈，便改授弟为太子少傅分司东都之职，而让兄任同州刺史了。”

“原来如此!”刘禹锡恍然大悟，“实际上此番是代兄上任了。”

“是啊！是啊!”白居易连连点头。

说罢，两人都抚掌大笑起来。接着，白居易又说：“裴相公已在去年来洛阳代替李逢吉任东都留守，他听说兄来，一定是很高兴的，我们何不一起去看看他。”

裴度此时已七十一岁，虽一头银发，然精神矍铄，满面红光，鹤发仙姿，见了刘禹锡，果然十分高兴，忙在自筑的绿野堂设宴款待刘禹锡。当时李绅正由浙东观察使调洛阳任太子宾客，也被裴度请来作陪。四位老友即席饮酒，唱和联句，煞是热闹。

刘禹锡因与裴度已有五年未见，故此番重逢，话语颇多，席间曾问道：“裴令公乃四朝宰相，众乎所望，现离朝廷，任职东都，可惜于朝廷无补。”

“朝廷自有人管。”裴度淡然一笑，说，“我老了，现在洛阳午桥建别墅，又有绿野堂的凉台暑馆，四周花木万株，四季四景，以此安度晚年，亦知足矣!”

白居易知道刘禹锡经世明志的思想尚未除尽，借此喝酒聚会的机会，又劝慰了刘禹锡几句。可是，就当这四位朝中老臣天天聚集、饮酒作诗之际，却从长安传来了一件令人震惊的宫廷惨案——“甘露之变”。

自从文宗想利用宰相宋申锡诛杀宦官失败以后，宦官王守澄等更加气焰嚣张，对文宗的监管更严。文宗忧心忡忡，总怕哪天会死在宦官手中，并将自己的顾虑密告了亲信李训和郑注，要他们设法诛灭宦官。李训、郑注便为文宗密谋，先提拔宦官仇士良为中尉，分散王守澄的权力，接着又把喜与宦官相勾结的李宗闵斥逐出朝廷，同时又把许多朝臣指控为李宗闵或李德裕的朋党，也贬逐出朝，让他俩扶植的亲信来担任要职。就在这一年，文宗任郑注为凤翔（今陕西凤翔）节度使，李训为宰相兼兵部郎知制诰，二人趁声威大振之机，杀死了王守澄及其他一些大宦官，也无人敢言。于是，二人又布下密谋，由郑注去凤翔挑选精兵数百人为亲兵，计划等王守澄落葬，文宗便命令全体宦官去会葬时，郑注率亲兵将宦官一网打尽。

此计应说是很不错的。不料李训为人轻狂狡诈，觉得如此一来，头功将被郑注拿去，不如在郑注去凤翔选兵之际，先把宦官杀了，然后驱逐郑注，这样便可独得大功。于是，李训就派韩约上朝时奏称左金吾大厅后石榴树上有甘露。朝臣们都以为祥瑞，相次为贺，李训便奏请文宗亲自前往观看。文宗到含元殿后，命李训等朝臣们先看。他们回来后都说："恐怕不像是真甘露。"

文宗便又命左右中尉仇士良、鱼志弘等带宦官们再去看。仇士良等观看时见韩约脸色发白，汗流满面，又见风吹帷幕，发觉有伏兵，大惊失色，连忙奔回含元殿，劫夺了文宗逃进宫内。李训派兵想夺回文宗而未成，只得只身逃出。结果仇士良等宦官夺得文宗，便指挥禁军四处捕杀参与者，李训、郑注以及宰相王涯、贾竦、舒元舆等全部被杀，其他朝臣如王璠、郭行余、罗立言、李孝本、韩约等也都被满门抄斩，一时间京城大乱，横尸千余人。自此，宦官更加耀武扬威，文宗完全成了一尊傀儡。

裴度、刘禹锡等听了这一事变，一时都无可奈何，唯有浩叹而已。

刘禹锡在洛阳逗留了近一个月的时间，临别之际，裴度、白居易、李绅等又为他设宴饯行。当时裴度曾赠诗给他，他也写了两首《两如何诗谢裴令公赠别》。其二云：

一东一西别，别何如？
终期大冶再熔炼，愿托扶摇翔碧虚。

因“甘露之变”，宦官权势益重，故刘禹锡在诗中希望裴度能再度出山，他也愿追随其后，为重振朝纲出力。

等刘禹锡在十二月二日到达同州时，才知道这地方已连续四年遭受旱灾，百姓生活苦不堪言，流离失所者很多，远近共知。所以他一到此地，在十二月二十一日给朝廷的《同州谢上表》中便说：“今本部灾荒，物力困涸。忝为长吏，敢不竭诚？”

接着，他一边考察灾情所造成的损失，一边深入闾里了解民情，一边又不断向朝廷上疏报请，提出救济措施。

那时，朝廷因“甘露之变”，人心受挫，文宗为了表示从头开始，便在第二年(836)正月初一宣诏改元开成，大赦天下，同时对刘禹锡的上奏情况也很重视。于是，在刘禹锡的再三呼吁下，朝廷特地免去了开成元年(836)夏季的青苗钱和其他欠款。刘禹锡又为同州争取到了六万石粟麦的赈济粮。粟麦运至同州，刘禹锡亲自督管，不允许任何抽敛于百姓的情况出现。一时民情欢悦，人心大快。

当刘禹锡看到许多在死亡线上挣扎的百姓因有粮食而得救，不少流民重新归来，春耕生产得到保证时，这才松了一口气。

可是，当同州刚刚有了起色，百姓有了生机，这年秋天，刘禹锡的脚部却患了毛病。朝廷知道后，为了照顾他的身体，马上给了他一个较为舒适的职务——太子宾客、分司东都。

第二节 退居洛阳

一 受欢迎的朋友

刘禹锡离开同州，刚到洛阳，裴度就为他置酒洗尘，欢迎他的到来。白居易乐呵呵地笑道："想当初，我从苏州回洛阳，也是患的足疾，想不到刘郎此番从同州回洛阳，也是因足疾之故，如此凑巧，缘分，缘分！"

巧的是，差不多是前后脚，刘禹锡的老朋友李德裕于同年九月从滁州（今安徽滁县）刺史改任为太子宾客、分司东都，也来到了洛阳，住城外平泉别墅。刘禹锡因在十年前即与他有诗歌唱和，又与其父李吉甫有交，故特意前去拜谒。

李德裕为名门之后，曾任过宰相、兵部尚书等要职，却也善诗，对比他大十五岁的刘禹锡一向尊重。见他前来，忙延引入座，寒暄之后，李德裕说："兄近来与白乐天唱和颇多，在外时有所闻。"

"一点不错。"刘禹锡点点头，兴致浓郁地说，"我自和州上任以来，特别是与他扬州初逢，结伴归洛，以后不论在长安、苏州，或汝州、同州，每到一处，便与他诗歌往来，即使近来初到洛阳，也有唱和数首。其集子不少，不知相公近来可曾得到过乐天的文集否？"

"有。他经常赠送给我。"李德裕说，"不过，我总让人别处收贮好，一直也没去翻阅过，既然兄今天提起，我就为兄翻阅一下。”

说罢，他就令人取来专门收装白居易文集的竹箱子。刘禹锡凑身一看，里面都是白居易的书，有大部的，也有小本的，上面都积满了灰尘，显然是从没看过。李德裕拿起一大本翻开看了一下，随后又把它卷上，对刘禹锡说：“白乐天这人，不足久矣！他的文章精绝，何必再去看呢，但恐怕回我之心。”

刘禹锡没想到李德裕这么瞧不起白居易，心里一惊，但又不便与他分辩。不过，李德裕九月十九日抵达洛阳，十二月四日便又离开，去担任浙西观察使了，在洛阳只住了两个多月。临行之际，刘禹锡作诗为他送行唱和。

然而，李德裕对白居易的看法并没有影响到刘禹锡。这也是仁者见仁，智者见智。李德裕离开洛阳后，刘禹锡还是照例与白居易饮酒谈心，诗歌往来，彼此都觉得快乐。就在李德裕离洛阳不数日，白居易写诗提议裴度在明年(837)开春举行一次宴会，刘禹锡写诗表示附和。

开成二年(837)春，裴度果然邀请刘禹锡、白居易来绿野堂赴宴，酒过数巡，三人酒酣耳热，便又照老规矩联句唱和，斗诗取乐。裴度首先开口吟道：

成周文酒会，吾友胜邹枚。
唯忆刘夫子，而今又到来。

刘禹锡一听，便知道后二句是对他而言的。接着白居易吟道：

欲迎先倒屣，入座便倾杯。
饮许伯伦右，诗推公干才。

刘禹锡才听第一句，便知是对自己的欢迎，而第三句则以西晋刘伶来比附自己的酒量，末句则是以建安七子之一的刘桢来比自己的诗才。于是刘禹锡一杯下肚，也高声吟道：

洪炉思哲匠，大厦要群才。
他日登龙路，应知免曝腮。

裴度和白居易一听，便知首句是以“哲匠”喻裴度，末二句是希望裴度能重回朝廷，再振雄风，以现“元和中兴”之势，自己也能一展报国素志。其实这时的裴度和白居易对朝廷已不抱希望，无志于此，所以听后都只赞诗好，不说别的。白居易还对刘禹锡说：“梦得兄报国之心至今未灭，可嘉但不敢认同。去年兄在同州，弟赠《闲卧寄刘同州》一诗末句谓：‘可怜闲气味，唯欠与君同。’即谓兄之闲逸之气有胜弟之处。兄来洛城，更有改观，前些时兄《酬乐天偶题酒瓮见寄》诗之首句谓‘从君勇断抛名后，世路荣枯见几回’，似有醒悟，怎么几天一过，今日又忘了？”

“唉！”刘禹锡深深叹了口气，然后又无奈地摇摇头，“弟每与乐天兄相处，谈诗论佛，便有清静隐逸意，然每念朝政混乱，宦官擅权，便又想为国尽微薄之力，时起时伏，甚是矛盾啊！”

实际上，刘禹锡所言，也正是裴度、白居易的心里话，只是他们在朝时间较刘禹锡为长，所见朝政倾轧又较刘禹锡为多，于是逃避政治和党祸的思想就较刘禹锡为重。因此，白居易又善意劝道：“梦得兄不必感慨，我等老矣，来日无多，即使管也管不了，无甚作用，还不如多饮几杯吧，来！”说完，又举起了酒杯，与裴度、刘禹锡同饮而尽。

中国古代有一习俗，喜欢在三月初三上巳日修禊，即在水滨举行消除不祥的祭祀活动。当时的河南尹李珏也想在洛阳的水边搞一次这样的祓祭，便在三月二日向裴度申请，裴度表示同意。

于是，第二天三月三日，裴度便召请刘禹锡、白居易、太子宾客萧籍、李仍叔、前中书舍人郑居中、国子司业裴恽、河南少尹李道枢、仓部郎中崔晋、司封员外郎张可续、驾部员外郎卢言、虞部员外郎苗愔、和州刺史裴俦、淄州刺史裴洽、检校礼部员外郎杨鲁士、四门博士谈弘谟共十五人，在洛滨的船中聚宴，而刘禹锡、白居易分坐在裴度的两旁。船从斗亭出发，经过魏堤，再抵达津桥，登临溯沿。从早晨到黄昏，簪组交映，歌声笑声不断传出，先嬉水而后听伎乐，案桌上放满了酒壶和笔砚。裴度、刘禹锡、白居易等人就这样一边饮酒，一边吟诗唱和，时而挥笔书写，望之如神仙一般。而岸边观者如堵，都要争睹刘、白、裴度等当代名流的风采。他们一边观望，还一边指点，谁是裴度，谁是白居易，谁是刘禹锡……

直到天黑月出，洛水两岸欢闹歌笑的人群才逐渐散去。

二　为陋室作铭

这时的刘禹锡已是六十六岁的高龄，年老体弱，又患足疾，早已无当年的壮志和锐气，再加上朝政宦官专权，文宗架空，朝官中也是各有朋党和派系，所以他即使关心朝政，也无能为力。于是，他就经常与裴度、白居易等一批前朝名臣互相诗酒来往，消闲作乐，安度晚年。

除了裴度的绿野堂、白居易的居处，刘禹锡在洛阳附近的祖传老宅中有一“陋室”，也是这些高官名士常去的地方。因其地远，裴度不常去，然有些体质尚好的老臣仍愿去相聚交谈。刘禹锡为了提高大家的兴趣，特在“陋室”中备置了一些《金刚经》等大家感兴趣的佛书；因他喜音乐，又备有一张素琴，吟诗唱和之余，还可以听听琴乐之声。刘禹锡有时在洛阳城中感到太热闹，想要清静一下，便会骑马车来到此处安住几天。

就在三月三日祓禊洛滨后不久，刘禹锡在一个明丽的日子，乘着满城的春色，又来到了洛阳附近的祖传“陋室”。

这小屋年久失修，虽然陈旧了一些，绝比不上裴度的绿野堂、李德裕的平泉别墅，但也别有一种情趣，特别是在今天春色的映衬下，似乎也焕发了一些生机。他之所以珍爱这间普普通通、并不起眼的“陋室”，一方面可能跟祖上传下有关，另一方面，每当他遇有不痛快、不顺心的事，来此一坐，顿时便会宠辱皆忘，达到一种难以言喻的美妙而又特殊的境界。今天虽然没有什么不愉快的事，但城中嘈杂，途中倦惫，来此清坐，即可消除，得几分安宁，便是一种享受。

当他望着门阶外绿色的苔痕和门帘外青青的春草，一股文思便潜然涌动。他走到桌边，操起毛笔，写下了千古名篇《陋室铭》：

> 山不在高，有仙则名；水不在深，有龙则灵。斯是陋室，唯吾德馨。苔痕上阶绿，草色入帘青。谈笑有鸿儒，往来无白丁。可以调素琴，阅金经。无丝竹之乱耳，无案牍之劳形。南阳诸葛庐，西蜀子云亭。孔子云：“何陋之有？”

写完以后，他又吟咏了一遍，自己也感到比较满意；接着又环视了一下自己的陋室，自赞自语道：“是啊，何陋之有？”

三　与白居易共创新词

不久，同年五月，朝廷任命裴度为太原尹、北都留守、河东节度使等职，裴度的东都留守之职，则由牛僧孺来替代。在他离洛赴太原之际，刘禹锡、白居易都写诗为他送行。

牛僧孺来洛阳后建宅于归仁里，一如他在扬州时的爱好，庭阶旁放着各种奇形怪状的石头，另有树木和竹林相映，显得十分清静幽深。白居易与他一直有着交往，刘禹锡虽然因与裴度、李德裕交好，年轻时怠慢过他，过去关系略有嫌隙，但自扬州相逢，彼此饮酒唱和，谈起往昔的误会以后，前嫌尽释，关系也恢复正常。所以，牛僧孺来后，马上就与刘、白二人唱和起来，大有取代裴度诗友之位的味道。

这时牛僧孺因被罢相数年，特别是“甘露之变”后，对朝廷也失去信心，再也没有进取之志，在诗中也常流露一些消极情绪，一次，在与刘禹锡痛饮通宵以后，赠刘禹锡七律一首。刘禹锡也便顺着他的心情，回赠一首以示安慰：

抛弃人间第一官，俗情惊怪我方安。
兵符相印无心意，洛水嵩云恣意看。
三足鼎中知味久，百寻竿上掷身难。
追呼故旧连宵饮，直到天明兴未阑。

不过，就刘禹锡、白居易二人与牛僧孺唱和的情况来看，白居易显得随便一些，时时流露出一些以老朋友自居的味道，刘禹锡对牛僧孺就要谨慎多了，也许他过去常因诗而惹祸，故诗句中多含赞美之意，自视也不敢太高，措辞也很谦抑。

当然，若说到他与白居易之间的唱和交往，那显然更为频繁，也要随便得多。两人除了诗歌往来、谈佛论道，对音乐也都很感兴趣，也都重视民歌。两人饮酒作诗，常有歌妓在旁唱歌伴舞，借以助兴。如白居易就有两个小妓，一个名叫樊素，嗓子不错，善于唱歌；一个名叫小蛮，身姿娉婷艳丽，善于跳舞。他自己曾写诗说："樱桃樊素口，杨柳小蛮腰。"此外，白居易还有一妓名叫杨柳。因白居易常邀刘禹锡前来聚谈，时间一久，刘禹锡也跟她们熟识了。

一次，刘禹锡被邀至白居易家，两人唱和以后，忽然谈起民歌。白居易说："梦得兄过去被贬朗州、夔州诸地，多采访民歌，至今诸地所唱《竹枝词》，率多兄所作之词。以前曾听兄说起《竹枝词》音调美艳哀婉，可惜未曾亲聆其音，兄可会唱么？"

刘禹锡说："以前湘西南乃至巴蜀一带，多唱《竹枝词》，音调虽稍不同，然大同小异，弟听得多了，曾学唱过一些。"

"那太好了！"白居易鼓掌道，"请兄唱来听听。"

"试一下吧。"好在刘禹锡与白居易关系已相当熟悉，随便惯了，有时还经常在诗中调侃、开玩笑，所以也不推辞，就拉开嗓门唱了起来：

杨柳青青江水平，闻郎江上唱歌声。
东边日出西边雨，道时无晴却有晴。

"好！好！"白居易凝神静听，一曲听罢，便连连称赞。刘禹锡又唱了数曲，白居易连连叫好，并对刘禹锡说："声调确是很动听，可惜太悲了一点，令人听后愁绝。"忽而又说："兄刚才首唱一曲，以'杨柳'开篇，未必定与杨柳有关吧？"

"未必。"刘禹锡解释道，"《竹枝词》只是泛咏风土人情，不仅与竹枝无关，与杨柳枝更无关。"接着，他呷了一口酒，又道："你我唱和之作也已不少，不妨创作点新的歌曲，有点新声，传诸后人，岂不更好？"

"此意甚妙！"白居易立刻赞成，"微之已逝，当今诗坛，舍你我而谁？我们不写，谁写？依弟之见，古曲有《折杨柳》或《折柳枝》，至唐代名唤《杨柳枝》，开元时已入教坊，现在各种新歌新曲甚多，我们何不把《杨柳枝》翻作新声，肯定会受到人们的欢迎，如何？”

“可以。”刘禹锡颔首认同。忽而想起了白居易有“杨柳小蛮腰”之句，又有小妓杨柳，心下思忖道：他对杨柳枝如此有兴趣，莫不与此有关吧？

于是，他俩决定：凡新创的《杨柳枝》词，未必一时一地，但必以杨柳枝为专咏对象，且基本上都以七言绝句的近体形式出现。

约定以后，两人在一段时间里，就各自新翻《杨柳枝词》，以柳枝为题一来一往，互相作诗。白居易断断续续地写了八首，刘禹锡则断断续续地写了九首。白居易第二首是咏洛阳之柳的：

陶令门前四五树，亚夫营里百千条。
何似东都三二月，黄金枝映洛阳桥。

刘禹锡第四首也咏洛阳之柳：

金谷园中莺乱飞，铜驼陌上好风吹。
城中桃李须臾尽，争似垂杨无限时。

白居易另有三首分别吟咏苏州、杭州的柳树，而刘禹锡另有四首吟咏长安的柳树，其中两首颇为有名，如九首之五：

花萼楼前初种时，美人楼上斗腰支。
如今抛掷长街里，露叶如啼欲恨谁。

又如九首之八：

城外春风吹酒旗，行人挥袂日西时。
长安陌上无穷树，唯有垂杨绾别离。

还有一首是写扬州隋堤之柳的，为九首之六：

炀帝行宫汴水滨，数株残柳不胜春。
晚来风起花如雪，飞入宫墙不见人。

他在第一首还如同宣言似地开宗明义宣布：

塞北《梅花》羌笛吹，淮南《桂树》小山词。
请君莫奏前朝曲，听唱新翻《杨柳枝》。

然而，正当刘禹锡与白居易二人研制新词，注意洛下新声，断断续续地时而分写、时而交流各自的《杨柳枝词》时，同年十一月，刘禹锡忽然得到了令狐楚病故的噩耗。令狐楚在临终前，还专门给他写了一封信，在信的末尾并托他千万要转达对白居易的问候。刘禹锡自然照办。在写了哀悼他的诗后，继四年前写了《彭阳唱和集引》，今次又特意写了《彭阳唱和集后引》，追述他和令狐楚之间的认识、交往和唱和。

办完这些事，转眼又是春节。就在开成三年(838)三月里的一天，白居易忽然兴冲冲地来找刘禹锡："日前独游香山，忽然想起自己在苏杭任刺史的日子，以及江南的如画美景，于是依李德裕《谢秋娘》之调创作了三首小曲，题为《忆江南》，自己觉得尚可，还比较新鲜别致。”

刘禹锡知道《谢秋娘》一曲是李德裕为亡姬所作，已有所闻，今见白居易如此快活，像有新发现似的，也不扫他的兴，便说：“既然兄以为新鲜，总有道理，吟来听听。”

于是，白居易清了清嗓门，拿出自己已书写并谱成曲拍的三首《忆江南》，高声吟唱了起来：

江南好，风景旧曾谙。日出江花红胜火，春来江水绿如蓝，能不忆江南？

江南忆，最忆是杭州。山月寺中寻桂子，郡亭枕上看潮头，何日更重游？

江南忆，其次忆吴宫。吴酒一杯春竹叶，吴娃双舞醉芙蓉，早晚复重逢。

刘禹锡认真听完以后，颇感兴趣地说：“李德裕本为追忆爱姬谢秋娘所作的曲调，现在兄依其曲拍填进新词，作为对江南的追忆，确实有点新鲜别致。”

“多谢兄之认可。”白居易知刘禹锡不轻易乱吹捧，见他认可，十分欣慰，又解释道，“说是《忆江南》三首，其实各有所咏，内容实有不同。”

“我已听出。”刘禹锡说，“第一首是忆江南的春水，其次忆杭州的秋天，最末是忆苏州的舞蹈。”

“对，对。”白居易连连点头。

“弟自幼在江南长大，”刘禹锡回忆说：“江南风光至今依稀可追，后又在苏州任职，多有印象。如今皆成烟云，弟愿依此曲拍，和上两首。”

“那当然最好了。”

过不数日，洛阳城中春意阑珊，刘禹锡又来到老宅附近的那泊湖，见湖边柳絮飘飞，湖面上桃花瓣瓣，漂流不定，石块边的小草也日见浓郁茂密，看看春色将尽，便依白居易的曲拍，写下了两首《忆江南》：

春去也，多谢洛城人。弱柳从风疑举袂，丛兰挹露似沾巾，独坐亦含嚬。

春过也，笑惜艳阳年。犹有桃花流水上，无辞竹叶醉樽前，惟待见青天。

四 “今之能诗，无过刘禹锡”

当时刘禹锡、白居易在洛阳唱和，或制新词，或翻新声，早已为满朝官员所闻，天下文士所知。可是，这时又有一位名叫李廓的中年诗人冒了出来，一时以才藻而驰名诗坛，与姚合、贾岛、顾非熊等诗人也都相友善。

文宗喜好诗歌，见本朝诗人负盛名者也不少，并不亚于元和之时，十分得意，一次上朝，偶然兴起，便对众朝臣说：“朕见本朝诗人阵容亦颇强大，想设置诗学士七十二员，以振兴本朝诗学，使其兴旺发达，不知众卿以为如何？有合适者尽可荐举。”

这时宰相杨嗣复上奏道：“今之能诗，没有一个能超过宾客分司刘禹锡。”

文宗本以为众臣也许会推举诗坛新秀李廓，没想到首先推举的还是老诗人刘禹锡。不过，刘禹锡自贞元末以来就有文名，历时已久，这一点文宗也很清楚，杨嗣复是白居易的亲戚，两人关系相好，他首推刘而不推白，说明他也是实话实说，但刘禹锡一向反宦官，这又如何是好？文宗一时竟不知如何表态是好。

这时朝中仅两名宰相，另一宰相李珏见文宗沉默不语，便也上奏道："当今要发起设置诗学士，这名目似乎稍有不佳。而况诗人多穷薄之士，对于做官任职的基本道理并不谙熟。如今的翰林学士都有文词，陛下如能得以通览古今作者和诗篇，自然可以怡悦于其间。如有疑问之处，只需问问学士就可以了。陛下过去曾命王起、许康佐为侍讲，天下都说陛下好古宗儒，敦扬朴厚。臣听说宪宗为诗，格合前古。当时轻薄之徒，摛章绘句，聱牙崛奇，讥讽时事，而后鼓扇名声，谓之'元和体'，其实并不是宪宗的好尚如此，都是那些诗人所造成的。今陛下再设置诗学士，臣深深忧虑那些轻薄小人，将竞相作嘲咏之词，属意于云山草木，难道不会称之为'开成体'吗？玷点皇化，实在不是小事。"

这一席话，似乎使文宗想起了韩愈、元稹诸人，也想起了白居易的讽谕诗，刘禹锡的游玄都观诗……于是，他权衡了一下，打消了设置诗学士的想法。

五 刘白继续唱和

开成四年(839)，六十八岁的刘禹锡在太子宾客、分司东都的职位上，又被朝廷加上了尚书的头衔。在唐代，政府行政机关分为吏、户、礼、兵、刑、工六部，每部最高长官皆称尚书。刘禹锡的尚书头衔虽然是虚衔，但朝廷念他是资历甚深、在外多处都有政绩的老臣，才给了他这样一个重要头衔，享受尚书待遇，这也说明了朝廷对他的重视。

同年十二月，朝廷又下诏任命他为秘书监分司。

开成五年(840)正月，文宗因病驾崩，唐武宗李炎继皇帝之位以后，在会昌元年(841)春天，在他原有的职位上又加封检校礼部尚书，兼太子宾客的职务。

应该说，除了宰相的职位和实权以外，刘禹锡早年一直想被朝廷重用、能在朝廷担任要职的夙愿，在他的晚年都已实现了。

然而，这时的刘禹锡已七十高龄，身体衰弱，瘦瘦的身子，稀疏的头发，由于过去经常在灯烛下长久看书写字，眼力也不好，逢到毛病发作，还要针灸，服药丸。因此，他对过去曾一度追求的仕途名利之类，已看得极淡，几乎视为身外之物。正如他过去在给白居易的诗中所说的："曾向空门学坐禅，如今万事尽忘荃。眼前名利同春梦，醉里风情敌少年。"

当然，晚年的刘禹锡也曾写过"马思边草拳毛动，雕盼青云睡眼开。天地肃清堪四望，为君扶病上高台"等一些力图振奋的诗句，但毕竟精力不逮，再加上白居易时而向他谈论一些知命乐天、知足常乐的思想，使他的闲适诗也逐渐多了起来。如他在《岁夜咏怀》中写道：

弥年不得意，新岁又如何？
念昔同游者，而今有几多？
以闲为自在，将寿补蹉跎。
春色无情故，幽居亦见过。

这时白居易的足疾又复发了，在晚年也很需要有刘禹锡这样一位诗人朋友。当元稹、李绛、崔群这些共同的朋友相继去世以后，他就一直把刘禹锡当作自己最知心的朋友，在给刘禹锡的一封信中曾说：

> 平生相识多矣，深者盖寡，就中与梦得同厚者，深（李绛）、敦（崔群）、微（元稹）而已，今相次而去，奈老心何……微既往矣，知音兼为勍敌者，非梦（得）而谁？

特别是当裴度在开成四年（839）去世以后，白居易与刘禹锡的来往就更密切了。在他们共同踏入七十高龄的时候，白居易写了《偶吟自慰兼呈梦得》一诗给刘禹锡。诗云：

且喜同年满七旬，莫嫌衰病莫嫌贫。
已为海内有名客，又占世间长命人。
耳里声闻新将相，眼前失尽故交亲。
尊荣富贵难兼得，闲坐思量最要身。

经他这一说，刘禹锡有时也会产生一种满足感。觉得自己虽已老态龙钟，但与柳宗元、韩愈、元稹等一些同辈人比较起来，还算是幸运的，如今他和白居易二人的诗名已传遍天下，仅凭这一点，也就不应有憾了。他在《酬乐天咏老见示》一诗中写道：

人谁不顾老，老去有谁怜？
身瘦带频减，发稀帽自偏。
废书缘惜眼，多炙为随年。
经事还谙事，阅人如阅川。
细思皆幸矣，下此便翛然。
莫道桑榆晚，为霞尚满天。

当白居易读到末尾两句，不禁反复吟咏，啧啧称赞，自叹不如。

正当此际，有一位名叫南卓的人来担任洛阳令。因他善诗能文，精通音乐，又早慕刘禹锡、白居易的大名，所以一到洛阳，就来拜谒他们二位。刘禹锡因从未见过此人，便问道："令官从何处来此？"

南卓拱手施礼道："后生最初游学于吴楚之间，羁旅十多年，大和二年中贤良方正，任拾遗时，因直言诤谏，被贬为松滋县令。今年刚从松滋县调至洛阳，久仰二位大名，今日有幸一睹尊颜，真是不胜欣慰。"

"哦，从松滋县来。"刘禹锡若有所思，回忆说，"我过去曾数次路过此处，那里有个渡口，我曾写过《松滋渡望峡中》一诗。"

"愿闻教诲。"南卓立刻兴奋地说。

白居易也插话道："过去听兄说起过，极愿一闻。"

"那好像是我在赴夔州刺史时，路过松滋渡而作的，似乎是冬末初春的样子，还下着蒙蒙细雨。"刘禹锡竭力回忆着，然后便吟咏了起来：

渡头轻雨洒寒梅，云际溶溶雪水来。
梦渚草长迷楚望，夷陵土黑有秦灰。
巴人泪应猿声落，蜀客船从鸟道回。
十二碧峰何处所？永安宫外是荒台。

吟完以后，白居易道："果然身手不凡。"

南卓更是高兴地说："一点不错。'巴人泪应猿声落，蜀客船从鸟道回。'是这种情景，太妙了！"

从此，南卓只要有机会，便来陪刘禹锡、白居易宴游。有一次，三人在白居易家聚饮。旁边有一小家僮，佐酒甚殷。南卓见状，觉得十分有趣，不由向刘禹锡、白居易谈起了以前的几件轶事，其中有关于竭鼓的，也有关于唐玄宗以后的一些琐事。刘禹锡、白居易一边饶有兴趣地听，一边不时地点头应和，并特意关照他："所言甚佳。就如同吾友所谈，应该用文字记录下来，不可让这些资料湮没掉，否则太可惜了。"

南卓见他俩如此认真相关照，便连连点头表示应诺。随后，三人又一起饮酒谈心，在谈诗的同时，又特别多地谈到了音乐，以及与羯鼓有关的几种宫曲。后来，南卓便把这些谈话资料和其他轶事整理成《羯鼓录》一书，成为后人研究唐代音乐的重要资料。

第三节　自我总结

一　沉浸在回忆之中

晚年的刘禹锡，当与白居易一起饮酒对诗的时候，是那样的愉快高兴，无忧无虑，常常会发出孩童般快乐的笑声；而当他一个人的时候，又是那样的沉默，似乎在思索，又似乎在回忆。

那时候，在洛阳的街上，或是南庄，或是龙门，或是玉泉寺，或是福先寺，或是洛城近郊的名胜古迹和田间小路，或是刘家祖传老宅和老宅附近的湖水边，经常可以看到这位瘦弱老人的身影。他有时对着高山，有时对着河流；有时对着灿烂的朝霞，有时对着绚丽的晚霞；有时对着初春的花朵，有时对着中秋的明月；有时对着郁郁的树林，有时对着皑皑的白雪；有时对着欢快的儿童，有时对着热闹的人群……都会驻足观望上一阵，流露出若有所思的样子。也许是身患足疾的关系，他更多的时间则爱观赏老宅附近的那泊湖水，坐在湖边的那块大石头上，静静地凝望着眼前的自然景色，像是在品味，或者便默默地站在那里，像是在深思，然后再慢慢地移开步履，悄悄地离去……

是的，我们的诗人对人生是留恋的，但他不信鬼神，懂得自然的规律，知道每个人应有的归宿。

他一方面留恋着人生，一方面也经常沉浸在对往昔生活的回忆之中。

嘉禾、洛阳、长安、渭南、朗州、连州、鄂州、夔州、和州、扬州、建康、苏州、汝州、同州……那一座座城市，一处处地方，甚至是沿途路过的那些村庄田野、名山大川、丛林草原、名胜古迹，不断地在他脑海里闪现，时而模糊，时而清晰，有如人生旅途的一个个驿站，在他眼前飞掠而过。

而他的那些亲人，父母、妻子、儿女，以及裴昌禹、皎然、灵澈、杜佑、柳宗元、韩泰、吕温、韩愈、李程、崔群、元稹、裴度、王叔文、韦执谊、王伾、令狐楚、李德裕、权德舆、姚合、程异、陈谏、凌准、李益、李绛、韩晔、董侹、李绅、白居易等数不清的朋友，那一张张脸庞，一个个身影，甚至包括武元衡、窦群、李珏、牛僧孺等一些与自己有过积怨的人，都像走马灯似地在他的脑海里萦绕，时近时远，时起时伏，就如同梦中所见一般。

由于这时的他和白居易都已成了公认的文坛元老，所以，经常有友人的家属和后代来请他撰写碑志，而他每写一篇，都会激起一层感情的浪花，引起一阵感慨，勾起他对友人和以往一段生活情景的怀念。

二　写完自传

当历史进入会昌二年(842)的时候，刘禹锡也已跨入了七十一岁的高龄。

这时，久踞在他身上的毛病又复发了，他也知道自己快要走到生命的尽头，来日不会太多了。

那些天，他经常睡不好觉。有时白天昏昏沉沉地睡一会儿，到晚上便要失眠；有时晚饭后早睡，谁知半夜里又会醒来；有时干脆是通宵失眠，“老人无睡到天明”。

每当他失眠难卧的时候，便又会沉浸到以往生活的回忆之中。

他不仅回忆，而且似乎还在总结。因为他来到这个世上，打从少年时代开始，就想献身社稷，干一番事业，以便青史留名。但他没想到历史竟这样复杂，仕途会这样坎坷，自己的人生道路又会是这样曲折艰难。回首往昔，连他自己也难说清，自己这七十年的人生道路究竟是怎样一步步走过来的。

他的认真的人生态度，决定了他必须对自己的一生做一个大致的总结。

对于父母，他一向是孝敬的，自小听从父母的教诲。父亲早逝，他未及报答，后来便把自己的孝心全部奉献给母亲，使她寿终正寝，以近九十高龄离开人世。

对于自己的妻子儿女，他也问心无愧，尽到了一个丈夫和父亲应尽的责任。妻子去世以后，过了十多年，他才纳了一位鄂姬为妾。对于自己的儿女，他也都悉心照料，把他们一个个拉扯大，抚育成人，有的考中进士，一个个都成家立业，找到了各自的归宿。

对于朋友，他也都尽了自己的情谊。他最要好的朋友柳宗元临终前托他编遗稿等一系列遗嘱，他都一一照办；宰相李绛、令狐楚、韦处厚等去世以后，其后代或亲属请他编遗集，写序文，他也都一一照办；至于好友吕温、董侹的遗集，他更是照办不误；对于僧人灵澈也是乐助其成。此外，韩愈、元稹、王播诸友人去世，他或写祭文，或写悼诗，都表达了自己的哀痛之情；王叔文与韦执谊后来虽闹矛盾，关系不和，他和柳宗元基本上倾向于王叔文一边，但当韦执谊的儿子韦绚前来求学，他二话没说，便收留在身边，朝夕相处；他少年时的朋友裴昌禹落拓中找上门来，他每次都热情相待……

即便是自己的政敌或怨家，如武元衡数次对他打击报复，在被刺身亡后，他仍写诗作悼；窦群曾在朝廷中公开弹劾他“挟邪乱政”，双方积怨多年，但当窦群受挫贬逐，请他代撰表章，他也尽弃前嫌，不作计较，为他撰文，与他唱和；牛僧孺年轻时请教他，因他一时疏忽而造成误会，一经点明，两人便也消除误解，礼尚往来，晚年唱酬颇多。

对于国君，他基本上也都识君臣之体，行君臣之礼，并无怨怼。只有当宪宗初继皇位，对“二王八司马”大加挞伐时，他私下才有幽怨，但当宪宗抑制宦官、削平藩镇割据，成“元和中兴”之局时，他也衷心拥护，连连写诗祝捷，即使到了晚年，在向朝廷所上的各种奏表中，也从没对宪宗有任何贬意。

对于自己当官为政，不论是朝官还是外吏，他觉得基本上都能奉公守法，清廉自律。每到一地上任，在上呈朝廷的每一篇报表中，都很自豪地表白了这一点。此外，不论是朗州、连州、夔州、和州、苏州、汝州、同州，他每到一地，都能察访民情，关心民生疾苦，凡遇灾害，都积极设法赈济百姓，消除灾情，为当地百姓带来丰稔。

当然，他也很清楚，他这一辈子最风光得意的，便是“永贞革新”的那一段时间。虽然只有短短的半年光景，却是他人生的辉煌点。不过，这也是他一生灾难的开始，他后半辈子的坎坷曲折、潦倒失意、怀才不遇、连遭压抑，都与这点有关。

然而，风风雨雨的三十七年过去了，朝廷也经历了穆宗、敬宗、文宗、武宗四朝皇帝，当他回头重新考察永贞年间的那些革新措施时，感到许多政治举措仍都是正确的，不少后来的执政者，在不少领域至今还在照着他们当初提出的方案努力争取着。尽管如此，朝廷却还一直把王叔文当作罪人看待，只要一提起他，便把他当作来俊臣、李林甫、杨国忠等权奸一样的人物，这似乎已成了历史的定论，而很少或不敢有人再出面说句公道话，弄得刘禹锡后来为免遭小人诬陷，也不得不时时回避这段历史。

他觉得这样太不公平了！作为这段历史的亲身经历者，作为当时参加这场政治革新所有成员的最后一位幸存者，作为王叔文的朋友，他觉得有必要把埋在心里几十年的话说出来，有必要再将这段历史澄清一下，有必要告诉今人和后人。这不仅是对自己的朋友负责，也是对自己负责，更是对历史负责！

想到这儿，他感到自己在弥留之际，可以在写自传的同时，把这段历史写进去。

七月的夏天，赤日炎炎，闷热难当，但白发苍苍的他，还是从病榻上尽力支撑起虚弱的身体，用他那颤巍巍的手，操起已握了一辈子的毛笔，在纸上写起了他的自传——《子刘子自传》：

子刘子，名禹锡，字梦得。其先汉景帝贾夫人子胜，封中山王，谥曰靖，子孙因封为中山人也。七代祖亮，事北朝为冀州刺史、散骑常侍，遇迁都洛阳，为北部都昌里人。世为儒而仕，坟墓在洛阳北山。其后地狭不可依，乃葬荥阳之檀山原。由大王父已还，一昭一穆如平生。曾祖凯，官至博州刺史。祖锽，由洛阳主簿察视行马外事，岁满转殿中丞、侍御史，赠尚书祠部郎中。父讳绪，亦以儒学。天宝末应进士，遂及大乱，举族东迁，以违患难，因为东诸侯所用。后为浙西从事，本府就加盐铁副使，遂转殿中主务于埇桥。其后罢归浙右，至扬州，遇疾不讳。小子承夙训，禀遗教，眇然一身，奉尊夫人不敢殒灭。后忝登朝，或领郡，蒙恩泽先府君累赠至吏部尚书，先太君卢氏由彭城县太君赠至范阳郡太夫人。

初，禹锡既冠，举进士，一幸而中试。间岁又以文登吏部取士科，授太子校书。官司闲旷，得以请告奉温凊。是时年少，名浮于实，士林荣之。及丁先尚书忧，迫礼不死，因成痼疾。既免丧，相国扬州节度使杜公领徐泗，素相知，遂请为掌书记。捧檄入告，太夫人曰："吾不乐江淮间，汝宜谋之于始。"因白丞相以请，曰：诺。居数月而罢徐泗，而河路犹艰难，遂改为扬州掌书记。涉二年而道无虞，前约乃行，请补京兆渭南主簿。明年冬，擢为监察御史。

贞元二十一年春，德宗新弃天下，东宫即位。时有寒隽王叔文以善弈棋得通籍博望，因间隙得言及时事，上大奇之。如是者积久，众未知之。至是起苏州掾，超拜起居舍人，充翰林学士，遂阴荐丞相杜公为度支盐铁等使。翊日，叔文以本官及内职兼充副使。未几，特迁户部侍郎，赐紫，贵振一时。予前已为杜丞相奏署崇陵使判官，居月余日，至是改屯田员外郎，判度支盐铁等。

按初叔文北海人，自言猛之后，有远祖风，唯东平吕温、陇西李景俭、河东柳宗元以为言然。三子者皆与予厚善，日夕过言其能。叔文实工言治道，能以口辩移人。既得用，自春至秋，其所施为，人不以为当非。

时上素被疾，至是尤剧，诏下内禅，自为太上皇，后谥曰顺宗。东宫即皇帝位。是时太上久寝疾，宰臣及用事者都不得召对。宫掖事秘，而建桓立顺，功归贵臣。于是叔文首贬渝州，后命终死。宰相贬崖州。予出为连州。途至荆南，又贬朗州司马。居九年，诏征复授连州。自连历夔、和二郡，又除主客郎中，分司东都。明年，追入充集贤殿学士，转苏州刺史，赐金紫。移汝州，兼御史中丞。又迁同州，充本州防御、长春宫使。后被足疾，改太子宾客，分司东都。又改秘书监，分司一年，加检校礼部尚书兼太子宾客，行年七十有一。身病之日，自为铭曰：

不夭不贱天之祺兮，重屯累厄数之奇兮。天与所长不使施兮，人或加讪心无兹兮。寝于北牖尽所期兮，葬近大墓如生时兮，魂无不之庸讵知兮！

当他写完以后，深深地舒了一口气，像是完成了最后一件大事，了却了最后一桩心愿。

没过几天，这位当时名声最大、资格最老的诗人的心脏停止了跳动，终年七十一岁。

尾　声

刘禹锡去世以后，白居易最早得知这一噩耗，他为失去这最后一位挚友而深感痛惜，当即写下两首《哭刘尚书梦得》的七律，以示哀悼：

四海齐名白与刘，百年交分两绸缪。
同贫同病退闲日，一死一生临老头。
杯酒英雄君与操，文章微婉我知丘。

贤豪虽殁精灵在，应共微之地下游。

今日哭君吾道孤，寝门泪满白髭须。
不知箭折弓何用？兼恐唇亡齿亦枯。
窅窅穷泉埋宝玉，骎骎落景挂桑榆。
夜台暮齿期非远，但问前头相见无？

当朝廷知道了刘禹锡去世的噩耗，出于对这位七朝老臣和著名诗人的敬重和缅怀，特追赠他为兵部尚书（一说为户部尚书）。

十四年以后，曾在刘禹锡身边求学，此时已为散朝大夫、江陵少陵的韦绚，把当年刘禹锡的一些谈话记录整理成《刘公嘉话录》一书，刊刻问世。

刘禹锡在朗州、夔州任职期间，为当地百姓填写了许多新歌，三百多年以后，这些歌仍在湘西南和巴东地区广为传唱。

在连州北山寺，人们造了"四贤祠"，以纪念他和韩愈、张浚、张栻四位地方长官。此外，在州学内还建有"五贤堂"，以纪念刘禹锡、韩愈等五位地方长官。

唐代的苏州自从韦应物、白居易、刘禹锡三位著名诗人来此任地方长官，风物雄丽，为东南之冠。当地百姓为了纪念他们，特地在郡斋后面造了"思贤堂"，后又改名为"三贤堂"。在虎丘山，人们为了纪念韦应物、白居易、刘禹锡、王禹偁、苏轼五位著名诗人，又造了一座"五贤祠"。在甪直镇，人们为了纪念刘禹锡和刘知幾二人，还特意造了一座"二刘公祠"。

八百多年以后，明代文学家曹学佺游夔州，还见到过刘禹锡当年的故宅。

一千多年以后，夔州——也就是现在的奉节市，人们造起一尊白色的刘禹锡塑像，那从容的表情和深沉的目光，给人以永远的遐想。

2011 年，广东省连州市召开了首届刘禹锡学术研讨会暨刘禹锡纪念馆开馆揭幕仪式，来自全国的专家学者出席了会议。一尊刘禹锡全身铜像屹立在纪念馆前，左手抚剑，右手执笔，双目炯炯有神，直视前方。

是的，他仿佛没有死，他那些优秀的文学作品，至今仍活在人们的生活中。

图书在版编目(CIP)数据

刘禹锡传 / 孙琴安著 .— 上海 ：上海社会科学院出版社，2017
ISBN 978-7-5520-2035-9

Ⅰ. ①刘… Ⅱ. ①孙… Ⅲ. ①刘禹锡(772—843)—传记 Ⅳ. ①K825.6

中国版本图书馆 CIP 数据核字(2017)第 156955 号

上海文化发展基金会图书出版专项基金资助项目

刘禹锡传

著　　者：孙琴安
责任编辑：黄飞立
封面设计：周清华
出版发行：上海社会科学院出版社
　　　　　上海顺昌路 622 号　邮编 200025
　　　　　电话总机 021-63315947　销售热线 021-53063735
　　　　　https://cbs.sass.org.cn　E-mail:sassp@sassp.cn
排　　版：南京展望文化发展有限公司
印　　刷：上海龙腾印务有限公司
开　　本：890 毫米×1240 毫米　1/32
印　　张：9.625
插　　页：1
字　　数：220 千
版　　次：2017 年 8 月第 1 版　　2025 年12月第11次印刷

ISBN 978-7-5520-2035-9/K·398　　定价：46.00 元